古代歷史文化研究輯刊

三一編

王明蓀 主編

第 11 冊

清朝嘉道時期積案問題研究（下）

陳麗 著

國家圖書館出版品預行編目資料

清朝嘉道時期積案問題研究（下）／陳麗 著 -- 初版 -- 新北市：
花木蘭文化事業有限公司，2024〔民113〕
目 4+158 面；19×26 公分
（古代歷史文化研究輯刊 三一編；第 11 冊）
ISBN 978-626-344-663-2（精裝）
1.CST：司法行政 2.CST：司法制度 3.CST：清代
618   112022525

ISBN-978-626-344-663-2

古代歷史文化研究輯刊
三一編 第十一冊   ISBN：978-626-344-663-2

清朝嘉道時期積案問題研究（下）

作 者 陳麗
主 編 王明蓀
總 編 輯 杜潔祥
副總編輯 楊嘉樂
編輯主任 許郁翎
編 輯 潘玟靜、蔡正宣 美術編輯 陳逸婷
出 版 花木蘭文化事業有限公司
發 行 人 高小娟
聯絡地址 235 新北市中和區中安街七二號十三樓
電話：02-2923-1455／傳真：02-2923-1452
網 址 http://www.huamulan.tw 信箱 service@huamulans.com
印 刷 普羅文化出版廣告事業
初 版 2024 年 3 月
定 價 三一編 37 冊（精裝）新台幣 110,000 元

清朝嘉道時期積案問題研究(下)

陳麗　著

目

次

第四章 官民兼治：嘉道時期
積案問題的解決策略

　　清代的積案問題是由多方面因素造成的社會問題，因此也需綜合使用法律、行政和教化等多種手段進行清理和整治。整體來說，嘉道時期積案問題雖顯著，而其時國家權力依然集中於中央，令行禁止，對積案問題處置較為得宜，具有一定的成效，為後世留下了較多可資借鑒的經驗。及至太平軍興，國家動亂，疆臣坐大，外患侵襲，捐納盛行而嚴重拉低了官吏的整體素質，晚清面對的積案問題更加棘手。

第一節　通過法律手段調整

　　清朝實行人法並治，對很多事宜都及時立法，通過制度化方式以專責成，這是值得肯定的地方，也是嘉道時期清理積案依靠的重要手段。

一、完善治官之法，嚴格追責

　　積滯問題只能疏導而不能堵塞，這是嘉道時期君主的基本立場。採取積極措施將積案清理、對官員加強約束、為民眾提供更為高效且公正的訴訟環境是治理積案問題的根本。

　　道光五年九月二十日，御史賀熙齡指出「民間之累，惟訟為甚。安民之道，息訟為先。」他從嚴飭士習、嚴懲誣告、嚴究訟師、嚴禁胥役、稽查積案五方面提出了安民息訟的建議。就第五點而言，他請旨敕下各省督撫，「凡州縣及各府詞訟案件，專責成巡道實力稽查，如有延擱枉斷，據實揭參。或

該道奉行不力，該督撫亦即據實參處。」即主張專人稽核，實力奉行，減少獄訟。最後，賀熙齡還以「其剔弊必因乎法，而行法尤恃乎人，得其人則習套常規皆為實政，不得其人，則良法美意，盡屬虛文」〔註1〕為由，請求飭紀整綱、約束臣下。

（一）從處分則例的增修看嘉道時期治官之法的轉變

傳統中國有一套完整的治官之法，法典中有專門的關於職務犯罪的規定，在令、則例等特別法中也有詳盡的規定。傳統中國很早就區分公罪和私罪，與審判活動有關的處分則例在嘉道時期有兩個顯著的變化，一是嘉慶帝要求對所有的處分例進行刪定，二是道光帝明確要求在處分例中注明「公罪」和「私罪」字樣。一般來說，承審遲延等屬於公罪範圍，但因官員個人原因導致案件承審錯誤也會承擔私罪後果。嘉慶十三年五月二十四日，皇帝「命嗣後吏兵二部議處罪案，除私罪不准查抵外，如有實係公罪，經特旨交議者，其應否準抵之處，於摺內聲明，請旨裁奪。」〔註2〕嘉慶十八年十一月，裁減吏兵二部處分則例。〔註3〕嘉慶二十二年，皇帝要求吏部議處事件時，「照例定議分別公罪、私罪。」〔註4〕嘉慶二十五年，諭令吏部和兵部「各將處分則例，悉心確核，於各條下，皆注明『公罪』『私罪』字樣」，酌改裁汰，務歸簡明。〔註5〕其後，吏部奏請開館纂修則例，皇帝諭令吏部「將應修則例，悉心確核，刪其煩苛。其所注『公罪』『私罪』，務令判若列眉，俾援引時確有遵守，不得互相淆混，仍啟弊端。」〔註6〕

1. 嘉道時期新增的「審斷」相關的處分則例

清代對於官員的處分有一套嚴格的管理制度，並在嘉道時期不斷完善。

〔註1〕署掌京畿道監察御史賀熙齡：《奏為請釐積弊以清庶獄事》，道光五年九月二十日，錄副奏摺，檔號：03-2848-059。

〔註2〕《清仁宗實錄》卷195，嘉慶十三年五月己未，中華書局1986年版，第3冊第585頁。

〔註3〕《清仁宗實錄》卷278，嘉慶十八年十一月丙寅，中華書局1986年版，第4冊第791頁。

〔註4〕《清仁宗實錄》卷336，嘉慶二十二年十一月丙午，中華書局1986年版，第5冊第430頁。

〔註5〕《清宣宗實錄》卷7，嘉慶二十五年十月丙午，中華書局1986年版，第1冊第162～163頁。

〔註6〕《清宣宗實錄》卷9，嘉慶二十五年十一月壬申，中華書局1986年版，第1冊第188頁。

《吏部處分則例》已將相應的行政責任注明，筆者欲以光緒二年重修《吏部處分則例》〔註7〕為素材，通過對卷四十七「審斷上」所載則例以分析嘉道時期關於案件審斷方面的變化，藉以觀察其中哪些情形承擔「私罪」後果。「審斷上」共分33目，其中明確注明為嘉道時期新修的則例如下表：

表 4-1　光緒二年《吏部處分則例・審斷上》所載嘉道時期新增則例

目	則　例	補充說明
承審限期	道光十七年六月，本部奏各省卑幼擅殺期功尊長、屬下人毆傷本管官、妻妾謀死本夫、奴婢毆故殺家長及殺死三命、四命之案，承審限期應遵照本例兩個月限期辦理外，其餘有關期功尊長等案，而前非例內所指擅殺謀死等情者，俱分別情節照各項命案六個月、四個月承審限期辦理。（此條新增）	
	道光十五年五月初四日奉上諭，嗣後該省遇有咨查冊檔之案，著統以准到部覆之日為始，再行起限，仍先咨明戶部暨都察院查照該督務當嚴行督催，依限訊斷。倘稍涉遷延，即行照例參處。等因。欽此。（此條新增）	《清宣宗實錄》卷266，道光十五年五月四日〔註8〕
	道光十五年閏六月，戶部具奏，直督奏請勘丈之案以勘定之日為始，再行起限，業經奉旨允准。惟查控案勘丈限期，向無專條，即在承審限內，今該督請於勘定後起扣承審限期而於勘丈應如何立限，並未聲明。是勘丈直無限期矣！且春秋則禾稼在地，難以施弓，冬夏則雨雪泥淤，無從著足，隨時皆有藉口。誠恐各該州縣任意遲延，臣部無憑查究，相應請旨，嗣後俱比照勘丈入官地畝，千畝以上限三個月，百畝以上限兩個月，百畝以下限一個月，繪圖詳報，即於勘竣之日起扣承審限期，仍將何日起勘，何日勘竣，隨文聲報以憑查核。其實有一時難以勘丈之處，俱令先期分別咨報，酌請展緩。其展緩之期不得過三個月，如有任意遲延，即行照例查參。庶足以昭核實而嚴考成。（此條新增）	
	道光十二年閏九月初八日，本部奏准，查外結徒犯無關人命，向係彙冊報部，核與一切雜犯有關人命分別題咨專案報部者不同，州縣官審理無關人命徒罪人犯，如於統限四個月屆滿尚有遲延，核計逾限在一月以上者，即擬降一級留任，	注明：此條在光緒十三年《六部處分則例》〔註9〕中獨列一目「外結

〔註7〕〔清〕文孚等纂：《欽定吏部處分則例》五十二卷，〔清〕沈賢書、孫爾耆校勘，光緒二年（1876）三善堂重刻本。

〔註8〕《清宣宗實錄》卷266，道光十五年五月壬戌，中華書局1986年版，第6冊第80頁。

〔註9〕〔清〕文孚纂修：《欽定六部處分則例》卷47，載沈雲龍主編：《近代中國史料叢刊》第34輯332，文海出版社1969年版。

	如係府州臬司轉詳遲延或督撫批結遲延，亦照此例議處。至臬司造冊彙報，督撫出咨，如有逾限，均應按其遲延日期照欽部事件遲延例，核計逾限一月以上者，罰俸一年；半年以上者，罰俸二年；一年以上者，降一級留任。（此條新增）	徒犯承審限期」
	道光十二年七月十五日奉上諭，嗣後順天府衙門現審咨交案件，有關罪名者，注明收審月日，及已完未完，月終具奏一次，交吏科京畿道逐件核對，按限詳查。若有應行扣限，於月摺內注明。倘無故遲延，即據實劾參。其餘無罪可科<u>自理</u>（《實錄》無此二字）之案，免其例入月摺。該府尹等嚴飭承審之員，隨到隨結。如有逾限者，立即查取職名<u>送</u>（《實錄》為「咨」）部覆議。至該衙門遇有咨查各旗冊檔，及傳質人證之件，著照戶部現在奏定章程，於接准咨文之日起，限半個月咨覆。如仍任意遲延，致逾定限，即將該旗指參，照例議處。等因。欽此。（此條新增）（《實錄》還有「<u>其有原告意存拖累，投詞後傳訊不到，著照原告兩月不到案之例注銷。</u>」）	《清宣宗實錄》卷215，道光十二年七月十五日〔註10〕
	道光十年九月初二日奉上諭，嗣後著各該督撫、府尹均將京控咨交逾限未結之案，每屆半年彙奏請旨交部議處一次以歸畫一。俾承辦各員，咸知儆畏。至向來（《實錄》為「例」）承審遲延與提解遲延處分，輕重懸殊，並著各該督撫、府尹，嗣後每屆半年彙奏之期，確切查明，如係承審遲延，即行據實指參，不得概以提解遲延為詞，致啟避重就輕情弊。將此通諭知之。等因。欽此。（此條新增）	《清宣宗實錄》卷173，道光十年九月二日；〔註11〕光緒十三年《六部處分則例》在「奏咨案件督撫親審限期」目，見第983頁。
審案 展限	道光十年十一月十九日奉上諭，嗣後一切控案，著該撫督司清釐，嚴催審解。如實係未能依限完結者，方准照例咨部展限。其餘命盜控案，分別按限查參，更不准詳咨展限，以杜挪延而清庶獄。等因。欽此。（此條新增。此條於道光十六年三月奏定）	《清宣宗實錄》卷180，道光十年十一月十九日〔註12〕
	道光十七年十月十四日，本部具奏，嗣後各省審理京控、上控及命盜雜案，遇有詳請展限者，均由該督撫提同案（按）察使親提人證，復行查訊。實係不能依限完結方准咨請展限。若案本易結冊庸展限者，即將捏詳之員據實嚴參。其距省窵遠之州縣遇有詳請展限者，<u>查照秋審解勘之例由該管道員提訊轉詳</u>。倘有徇隱情弊，經該督撫查出，一併嚴參。	光緒十三年《六部處分則例》中該則例末尾載「俱公罪」，見第966頁。

〔註10〕　《清宣宗實錄》卷215，道光十二年七月己未，中華書局1986年版，第4冊第203～204頁。

〔註11〕　《清宣宗實錄》卷173，道光十年九月丁巳，中華書局1986年版，第3冊第682頁。

〔註12〕　《清宣宗實錄》卷180，道光十年十一月癸酉，中華書局1986年版，第3冊第829頁。

	州縣詳請展限案件，由該督撫、按察使提訊，若案本易結毋庸展限者，將捏詳之州縣官照易結不結例革職。至距省窵遠州縣詳請展限，照秋審之例解勘，由該管道員提訊轉詳者，查有徇隱情弊，即將該管道員照徇隱例降二級調用。（私罪）（此條新增）	
	道光十八年七月二十九日本部具奏，嗣後凡承審督撫因關提人證未到，業經限內展限而接准拿解之地方官，除去程途例限，尚未解到，亦未將何以不能拿解緣由聲覆，即由承審督撫將咨覆遲延之處據實指參。臣部先行照例議處，仍嚴飭催提，俟提解到日或將未能拿解緣由聲覆到日，均按遲延月日照例議處。如承審督撫並未參奏，一併議處。（此條新增）	
府道廳員審轉專條	文選司付稱：道光十二年十二月十四日，本部具奏，湖南永州府同知准其移駐錦田所，改為江藍理瑤督捕同知並司緝捕事務，永州府通判准其移駐楊家鋪，改為永桂理瑤通判，桂陽、寧遠、新田三州縣捕務統由該通判管理。所管瑤人詞訟及民瑤互控罪在枷杖以下，由該同通就近審理。其徒罪以上應會司，各該縣由縣審擬解勘，遇有失事開參之案，各就該同通所轄地面分別參處。其零陵、道州、祁陽、東安、永明，非該同通專管之地，仍照例以同知督緝以符定制。（此條新增）	
	道光十三年六月初五日，本部具題，查陝西寧陝廳江口東北八保地方，距廳較遠。該撫聲請援照平利縣、鎮平縣丞之例，凡遇命盜等案，即由江口主簿勘驗，牒廳詳辦。私燒私宰奸拐逃人，均責成該主簿緝捕，經刑部核准咨覆。臣部查寧陝廳江口主簿分管境內，凡遇命盜等案由江口主簿勘驗，牒廳詳辦，私燒私宰奸拐逃人，均責成該主簿緝捕，既經刑部覆准在案。所有一切失察處分應開參主簿職名以專責成之處，亦應如該撫所咨辦理。（此條新增）	
州縣自理詞訟	嘉慶十五年二月初八日奉上諭：御史西琅阿奏，州縣延擱詞訟請酌立稽察章程一摺。向來州縣審理詞訟，無論案情大小，定例俱有限期，近日各省不能實力奉行。州縣承審大案，於通詳時報有起限日期尚知慮干參處，不敢遲延。其自理詞訟，多不詳報起限，往往任意延擱。治負屈小民屢次呈催，猶復輾轉懸牌，拘傳守候，致胥役從中訛索，人證等被累無窮。實為怠玩惡習。著照該御史所請，嗣後各省州縣自理詞訟，將所收呈詞，每月造報該管道府，按例起限。其前報各案已結未結，俱於續報冊內陸續聲明，即責成道府依限督催，於年底具結申報藩臬兩司查核。如各州縣延擱案件，及該管道府有縱容徇庇等情，即當據實嚴參，以示懲儆。將此通諭各省知之。欽此。	《清仁宗實錄》卷 225，嘉慶十五年二月初八〔註 13〕

〔註 13〕《清仁宗實錄》卷 225，嘉慶十五年二月壬辰，中華書局 1986 年版，第 4 冊第 876 頁。

稽查佐雜	道光十四年七月二十七日奉上諭，嗣後著各省督撫務嚴飭所屬地方官，遇有詞訟案件，恪遵前降諭旨，虛衷聽斷。不准佐雜等官擅行收審，致釀人命。如有仍前擅受釀命者，將該佐雜等官照例治罪，並將該地方正印官一併據實參辦。倘各省督撫不將正印官一併參奏，著吏部於此等案件議處時，核實查參。等因。欽此。	《清宣宗實錄》卷254，道光十四年七月二十七日〔註14〕
人命重案知府早為親訊	嘉慶十二年六月二十日奉旨，此案知府鳴清於人命重案，經屍親具控於府兩次，並不提犯親審。迨迭赴上司衙門呈控，俱批府查訊，該府仍不速為訊辦。直遲至九月之久，始行親審。復藉詞懸宕，經年不結。以致屍親心懷不服，來京控訴。發交欽差提集人卷審明定擬結案。試思欽差審訊，不過一兩旬之間，即將案情質對明確，原告輸服無辭。並非難辦重獄。設該府早為親訊，將案內情節，向原告細為剖析，折服其心，何至屢控不休。是該地方人民來京控案之多，皆官司不為申理所致。刁風之長，實由於此。知府為方面大員，似此因循怠惰，非嚴示譴懲，不足以儆玩習。吏部將鳴清議以降三級調用，伊有加一級抵銷，仍降二級。內閣照例票擬雙簽請旨，殊屬輕縱。此等不以民命為重，惟知尸位偷安之劣員，尚何足惜。鳴清著實降三級，以京員用，其本有加一級不准議抵。嗣後凡人命重情，有經呈控到案，復由上司批委提訊者，若不親為審理，遲延至半年以上，即著實降三級調用，無庸查級議抵。內閣進本時，亦無庸票擬雙簽。著為令。欽此。	《清仁宗實錄》卷182，嘉慶十二年六月二十日〔註15〕
緊要案件督撫親提審訊	嘉慶十四年六月九日奉上諭，從前乾隆年間，各省民人有赴京訟冤控告官吏者，俱經皇考高宗純皇帝簡派廷臣前往訊辦。朕親政後秉遵成憲，遇有民人控告情節重大之案，節經派員馳往研訊，務得實情。惟因近年控案愈多，都察院、步軍統領衙門每隔數日，輒有封奏。若皆派員前往，不勝繁擾，且京外並重，部院中亦需人辦事，不便多令曠職。因思外省各大員，同係委任辦事之人，且非其本管之案，諒無迴護，是以往往委（《實錄》中「委」後有「派」字）隔屬上司官員提案審辦。伊等經朕特旨派辦，即與欽差無異。惟當一秉至公，庶成信讞。乃日前步軍統領衙門奏山東平原縣民人張文興控告該縣浮收漕糧將伊胞叔張樹桂押禁身死、本省不為申理一案，降旨特交馬慧裕親提嚴審，並經詳諭該河	《清仁宗實錄》卷213，嘉慶十四年六月九日〔註16〕

〔註14〕《清宣宗實錄》卷254，道光十四年七月庚寅，中華書局1986年版，第4冊第395～396頁。

〔註15〕《清仁宗實錄》卷182，嘉慶十二年六月己丑，中華書局1986年版，第3冊第395～396頁。

〔註16〕《清仁宗實錄》卷213，嘉慶十四年六月戊戌，中華書局1986年版，第3冊第859～860頁。

督，以案情較重，必須逐細審明，檢驗核辦，不可稍有瞻徇。馬慧裕奉旨之後，自應親自提鞫，不得假手屬員，即欲派員隨同研究，亦應於所屬之河員內酌量遴派。而馬慧裕仍委派地方各員，任其扶同隱飾，輒以所控虛誣，屍母具呈攔驗，草率奏結。旋經刑部駁審。屍妻張李氏又來京控告縣書等有賄勸嚇逼、令伊姑攔驗等情，不能定案。是馬慧裕徇庇地方官員，不以交審事件為重，咎無可辭。本日吏部議以照違制例降四級調用，因無級可降請旨革職。自應如此懲治。惟念馬慧裕辦理河工事務，尚屬謹慎小心，現在河工大員，一時簡用乏人，姑從寬降為三品頂帶，仍帶革職留任，以觀後效。此後如再有委派屬員不自行提審者，即照此次示懲。欽此。	
道光十二年七月本部具奏，嗣後各省督撫除事關重大、案涉疑難，應行提審要件或奉旨發交審辦以及民人控告官員營私枉法濫刑斃命。……	光緒十三年《六部處分則例》有改動，見第970～980頁
道光十年八月二十七日奉上諭，嗣後各督撫遇有上控之案，事關重大者，務須親提研鞫。其尋常案件，著發交鄰近府縣審辦，勒限完結，不得仍發原審之本府本縣，以杜弊端。倘該督撫於應提之案，並不親提，及將上控案件，仍發交原問官審辦，定將該督撫懲處不貸。至委審各員，不能依限完案，以致懸宕莫結，即著該督撫隨案嚴參，無得姑容干咎。將此通諭知之。等因。欽此。（此條新增）	
各省督撫遇有事關重大、案涉疑難，應行提審要件及民人赴京控訴，奉旨發交審辦之案，俱率同司道等親行研訊，不得僅委屬員承審。如有檢驗、查勘等事，即遴委賢員，不得仍令會同原問官辦理。督撫藩臬道府等官遇有民人控告屈抑之案，無論事理輕重，即行親提究辦，不得轉委屬員。其藩臬兩司於督撫批發案件，如係戶婚田土尋常等事，頭緒紛繁，必須酌派委員代為查訊者，於取供後仍由該司親提確審，定擬覆詳。若控官控吏之案，一經批發，如親身勘問，不得復委他員代訊。其民間控司之案，亦照此辦理。至道府奉到上司批發控詞，無論事情鉅細，均即親身提訊，自行定擬具詳，不准轉委。其民間控道府之案，亦照此行，轉委照告狀不受理杖八十公罪律降二級留任。（公罪）。倘有仍發原問官收審或仍令會審者，照違制杖一百公罪律革職留任（公罪）。（此條新改，此條於道光十六年三月奏定）	
道光十八年正月二十四日，刑部會奏，嗣後各衙門吏役中有犯舞弊擾害詐贓等案，控經本管官不行究辦，經上司審出者，如控經上司或仍發原審或仍照原斷別經發覺者，將本管官及該上司均照徇庇例降三級調用（私罪）。仍令各督撫於結案時將有無徇庇之處分別聲明以昭核實。（此條新增）	

	道光十八年十二月十一日奉上諭，嗣後京控發交事件，著各該督撫等於審結時，將是否親提之處，隨案聲敘。如有應親提而委審、應親提委審而仍發原問衙門者，俱著專案報部，照例分別議處，以昭核實。欽此。（此條新增）	《清宣宗實錄》卷317，道光十八年十二月十一日〔註17〕
	督撫藩臬道府，如有應行親提訊究之案，發交原問官收審或仍令會審者，照例議以革職留任。若一案控告在三次以上，俱發原問官收審及會審者，降一級調用；五次以上，降二級調用；十次以上，降三級調用。（俱公罪）。至應行親提之案如有轉委別員審辦者，照例議以降二級留任。若一案控告在三次以上，俱轉委別員審訊者，降三級留任；五次以上者，降四級留任；十次以上者，革職留任。（俱公罪）。俱令各該督撫遵照道光十八年十二月所奉諭旨，於審結時將是否親提之處在案聲敘，如有應親提而委審，應親提委審而仍發原問衙門者，專案報部，臣部照例分別議處。如該督撫瞻徇不報，照瞻徇情例降二級調用。（私罪）（此條新增）	
奏咨案件督撫親審限期	嘉慶十二年五月初六日奉上諭，給事中茅豫奏，請嚴各省奏咨案件違限處分、以懲怠玩一摺。據稱欽部事件違限，定例本有處分，未便任其日久虛懸，致滋貽誤，請敕下原交衙門填注遲延月日，開單進呈，照例議處。並請嗣後凡遇奏交咨交之件，俱隨案登記，分別扣查，如有違逾即據實嚴參等語。近來各省交審事件甚多，而奏結者甚少。該督撫於奉文之後，任意延宕，經年累月，怠惰因循，以致善良赴訴不休，而奸民告訐愈甚。訟獄之繁，皆由於此。朕本欲嚴立章程，隨時稽考，該給事中適有此奏，所論甚是。第各衙門奏交咨交之件，其情事輕重既有不同，尚應分別核辦。即如特旨交審事件，此與派欽差前往無異，何以欽差馳至該省無不迅速奏結，而督撫承審之案動輒稽延，即云案犯不齊，亦無難勒限嚴提，何得有心泄泄。嗣後特交事件，著該督撫於奉文之後，隨時咨報軍機處，自原告到省之日起依限審結，即有因人證難齊，或該督撫有公出事件，不得不稍為展緩，亦當隨案報明，倘涉遲逾，即行分別參奏。其各衙門咨交事（至此完，有缺頁，後接「五城兵馬司審限」，裝訂有誤）<u>件，亦著照此登記檔案，依限飭催。如違分別辦理。至各省距京道路遠近不同，案情亦繁簡互異，即各省交審案件，亦多少不一。其應如何分別立限酌定處分，並著吏部參考舊例定議具奏。欽此。（據光緒十三年版《六部處分則例》第981～982頁補充，至此完。）</u> 尋議：欽交案件以提齊人犯之日起，限四個月；咨交案件仍	《清仁宗實錄》卷179，嘉慶十二年五月六日〔註18〕

〔註17〕《清仁宗實錄》卷317，嘉慶十八年十二月戊寅，中華書局1986年版，第5冊第948頁。

〔註18〕《清仁宗實錄》卷179，嘉慶十二年五月丁未，中華書局1986年版，第3冊第349～350頁。

	照舊例以接奉咨文之日起，限四個月。其限內有難結緣由，欽件咨報軍機處，咨件報原交衙門。奏結後，將展限月日申報吏部。其無故遲延，逾限不及一月者，將該督撫罰俸三月；一月以上，罰俸一年；三月以上，降一級調用；半年以上，革職。從之。（《實錄》所載）	
稽查積案	各省督撫司道衙門自理詞訟及批發案件，如有遲延，除積存僅止一二案及在任不及一月者，免其處分，其自三案以上罰俸一年，十案以上，降一級留任，五十案以上，降一級調用，一百案以上，降二級調用。（俱公罪）	又見光緒十三年《六部處分則例》第 985 頁；據《嘉慶會典事例》所載為嘉慶朝初步制定，〔註 19〕但事例與則例的後半部分內容有差別，可能後期進行了修改。
刑部現審事件	道光十年閏四月十六日奉上諭，嗣後在京衙門承審事件，限一個月完結。刑部現審事件，杖責等罪，限十日完結；發遣軍流等罪應入彙題者，限二十日完結；命盜等案應會三法司者，限一個月完結。其鬥毆殺傷之犯，到案後以傷經平復，及因傷身死之日為始；行查及提質，並案犯患病，以查覆及提到並病癒之日為始；接審者以接之日為始。仍將應行扣限，及三法司會審日期，並於科道衙門注銷內聲明。倘司員因循，或法司不即會審，以致逾限，如係書役作弊者，將書役嚴加治罪，承審司員及會審遲延之堂司官，一併交部分別議處。內外移咨行查，如催文三次無回文者，照例題參。行文八旗、內務府、五城、順天府提人，於文到三日內，無故不行送部者，亦照例參處。至宗人府會審之案，例無明文，每於傳審時不即到案，以致結案遲延，著宗人府定立限期，分別辦理。並著各該衙門纂入則例，永遠遵行。等因。欽此。	《清宣宗實錄》卷 168，道光十年閏四月十六日〔註 20〕
順天府現審咨交案件	道光十二年七月十五日奉上諭，嗣後順天府衙門現審咨交案件，有關罪名者，注明收審月日，及已完未完，月終具奏一次，交吏科、京畿道逐件核對，按限詳查。若有應行扣限，於月摺內注明。倘無故遲延，即據實劾參。其餘無罪可科之案，免其列入月摺。該府尹等嚴飭承審之員，隨到隨結，如	《清宣宗實錄》卷 215，道光十二年七月十五日〔註 21〕

〔註 19〕　參見〔清〕托津等纂：《嘉慶會典事例》卷 98，載沈雲龍主編：《近代中國史料叢刊三編》第 65 輯《欽定大清會典事例（嘉慶朝）》，文海出版社 1991 年版，第 4602～4603 頁。

〔註 20〕　《清宣宗實錄》卷 168，道光十年閏四月癸卯，中華書局 1986 年版，第 3 冊第 603～604 頁。

〔註 21〕　《清宣宗實錄》卷 215，道光十二年七月己未，中華書局 1986 年版，第 4 冊第 203～204 頁。

	有逾限者，立即查取職名咨部覆議。至該衙門遇有咨查各旗冊檔，及傳質人證之件，著照戶部現在奏定章程，於接准咨文之日起，限半個月咨覆。如仍任意遲延，致逾定限，即將該旗指參，照例議處。其有原告意存拖累，投詞後傳訊不到，著照原告兩月不到案之例註銷。等因。欽此。	
押審人犯自盡	押候審訊人犯自盡，如供證確鑿，罪無可疑者，即按其罪名輕重將該管官照監犯在獄自盡失防止有獄官例議處（例載「禁獄」門），如供證未確，罪難懸擬者，將該管官照軍流以下人犯中途自盡之例降一級留任。（公罪）（此條新改，此條於道光十六年三月奏定）。	

必須說明的是，光緒二年版《欽定吏部處分則例》〔註22〕雖記載了道光二十七年上諭，實際對於道光朝後期有些則例並未載入。另據光緒十三年版《欽定六部處分則例》卷47，應當還有以下幾條需要進行補充。

承審限期：原問官於未經招解以前離任，接署官亦未招解，原問官即行回任者，其承審限期並遲延月日均應前後合計，如原問官回任後，業經接審官招解，或原問官先已招解經上司駁令覆審者，其承審日期不准並計，亦不准另扣。審限如有遲延，各按前後遲延月日分計議處。若駁審時，並非原審招解之員，准其予限一個月。（道光二十三年增修）〔註23〕

緊要案件督撫親提審訊：道光十二年七月十四日奉上諭，都察院奏查明各省上控未結親提各案開具清單呈覽，各州縣審斷不公，致令小民上控，該管上司自應親提審辦，俾無冤抑。前經通諭各省督撫京控奏咨各案該管上司如未親提，即將違例之員嚴行參處，何以各省應提不提之件仍有十二案之多，殊屬延玩。著各該督撫即查取該管上司各職名速行送部議處。嗣後審結各案即於覆奏時一面聲敘甘結虛實，一面將職名隨案附參。等因。欽此。〔註24〕

保押人犯脫逃：押候審訊人犯乘間脫逃，果係供證確鑿，罪無可疑者，即據實聲明按其應得罪名輕重照前例分別議處，如供證未

〔註22〕〔清〕文孚等纂：《欽定吏部處分則例》卷47，〔清〕沈賢書、孫倜者校勘，光緒二年（1876）三善堂重刻本。

〔註23〕〔清〕文孚纂修：《欽定六部處分則例》卷47，載沈雲龍主編：《近代中國史料叢刊》第34輯332，文海出版社1969年版，第962頁。

〔註24〕〔清〕文孚纂修：《欽定六部處分則例》卷47，載沈雲龍主編：《近代中國史料叢刊》第34輯332，文海出版社1969年版，第980～981頁。

確，罪難懸擬者，亦於文內聲明，先將該員議以罰俸一年（公罪），俟日後獲犯審明各按罪名改擬，將原議之案查銷。（道光二十七年增修。）〔註25〕

此外，在光緒十三年《欽定六部處分則例》第48卷《審斷下》也不乏嘉道時期制定的新例，除有關秋審等內容外，也包括「處理錯誤」「錯行收贖」「錯擬罪名遇赦」「深刻定罪」「審出實情議敘」等內容。

以新增的「審案多起出力人員議敘」目為例，其制定背景為：

「道光二十五年九月初二日奉旨，吏部奏委員審案出力議敘條例等語。嗣後各省命盜等案，委審官能將原問官審擬錯誤，有關生死出入大案，究出實情，改擬得當者，即照審轉官例，一體送部引見。如原問官擬罪有關出入，無關生死，委審官平反得實者，每案准其紀錄二次。如原問官擬罪並無出入，止於未能審出實情，委審官研訊得實者，每案准其紀錄一次。均由該督撫於定案時，將何官錯誤，何官駁正之處，隨案聲明辦理。其並無平反，僅止研訊出力者，如係案情重大，人犯眾多，該委員果能秉公細心妥速研鞫，實在出力，仍准該督撫保奏，並著將該委員如何出力之處，詳細敘明。不得以委審出力空言聲請，致滋冒濫。」〔註26〕餘依議，欽此。查部議內稱，如無承問原官，一經獲犯，該督撫特派委員審辦，嗣以研鞫出力奏請議敘者，查係案關重大，非尋常命盜等案可比，凌遲、斬絞立決之案，准其加一級，斬絞監候之案，准其紀錄二次；如該督撫專摺保奏，奉旨允准。除僅先請加升銜，毋庸核議外。如係有關升補，仍由臣部核議等因。道光二十五年十一月初七日，閩浙總督劉准咨，吏部謹奏為各省保奏審案出力人員案件多寡不一，請將議敘章程以定限制奏明請旨遵辦事。竊查道光二十五年，臣部議奏審案出力人員議敘章程內開各條原審錯誤改議平反者，將委審官分別議敘，其並無承審原官，一經獲犯，該督撫特派委員審辦，嗣以研鞫出力奏請議敘者，查實係案關重大非尋常命盜等案可比，凌遲斬絞立決之案，准其加一級；斬絞監候之案，紀錄二次。

〔註25〕〔清〕文孚纂修：《欽定六部處分則例》卷47，載沈雲龍主編：《近代中國史料叢刊》第34輯332，文海出版社1969年版，第990頁。

〔註26〕參見《清宣宗實錄》卷421，道光二十五年九月庚申，中華書局1986年版，第7冊第279～280頁。

－219－

以上各情，如由該督撫專摺保奏，奉旨允准者，係有關升補仍由臣部核議。其與例相符者，遵旨知照；如與例不符，即將不合緣由聲明請旨。等因。於道光二十五年九月初二日具奏，奉旨，嗣後各省命盜等案，委審官能將原問官（審）擬錯誤改擬得當平反得實者，均由該督撫於定案時將何官錯誤，何官駁正之處，隨案聲明辦理，其並無平反，僅止研訊出力者，如係案情重大、人犯眾多，該委員果能細心妥速研鞫、實在出力，仍准該督撫保奏。餘依議。欽此。欽遵在案。臣等查自定章程以後，如督撫於審案出力人員，其以案情重大，人犯眾多保奏者，審案人員及所審之案多寡不一，自未便一律辦理。如道光二十六年二月，據湖廣總督裕泰以襄陽府同知候補知府姚華佐先後審結要案三百餘起，奏請以湖北、湖南兩省遇有合例知府缺出，儘先補用，奉旨允准。本年二月，據兩江總督李星沅以江蘇候補知府鍾殿選審結命盜等案三百四十起，奏請遇有江蘇、安徽合例應補知府缺出奏請補用，奉旨允准。均經臣部核其審結要案至數百案之多，且多係該員一人審理，正與案情重大、人犯眾多，該委員果能秉公細心妥速研鞫，仍准該督撫保奏諭旨相符。當即遵旨知照。又查二十七年七月，據前任山東巡撫覺羅崇恩以候補知縣張文林等研審巨匪，設法究追，不遺餘力，奏請儘先補用，奉旨允准。當經臣部核其審結僅止數十案且非止一人審理，與保奏升補之例不符，仍照章程奏明給予加級紀錄。各在案。臣等伏思辦理審案出力人員議敘，雖係照委審人員及審結案數多寡分別甄敘。惟究未明定限制，似不足以昭畫一而杜冒濫。應請嗣後委審人員研訊出力實係一人審結要案至百案以上，內有凌遲斬絞立決之案至十案以上者，由該督撫專摺保奏。奉旨允准，臣部即遵旨知照。如委審並非一人或案不及百起並凌遲斬決之案不及十案者，均按照道光二十五年奏定章程給予級紀，聲明請旨。至應給予加級人員，如審結至數十案之多，若逐案給予加級，亦屬漫無限制，應請嗣後如審結例得加級不及十案者，每案給予加一級，案數較多者，酌加至十級為止。似此明定章程，庶辦理皆歸畫一而甄敘不至冒濫。如蒙俞允，臣部即通行各直省督撫、府尹一體遵照，並纂入例冊，永遠遵行。所有臣等申明審案出力人員議敘章程奏明請旨遵辦

緣由理合恭摺具奏。伏乞皇上聖鑒訓示遵行。謹奏。道光二十八年三月二十一日具奏，本日奉旨依議。欽此。道光二十八年四月初十日浙撫梁准咨。〔註27〕

是故，增加「審案多起出力人員議敘」一目，包含兩條，即：

審案多起出力人員議敘（新增）：

委審人員研訊出力，實係一人審結要案至百案以上，內有凌遲斬絞立決之案至十案以上者，由該督撫專摺保奏，其所奏並未越次，奉旨允准者，即遵旨辦理。如奉旨交議者，准照委審官平反得實之例送部引見。如委審並非一人或案不及百起並凌遲斬決之案不及十案者，均照例給予級紀。

應給加級人員，如審結不及十案者，每案給予加一級，案數較多者，酌加至十級為止。（道光二十八年三月二十一日奏定）〔註28〕

這是相當重要的一個則例，與道光朝在清理積案時官員議敘和議處直接相關。這則材料完整地記錄了該則例的生成、變化和定型，不啻為研究清代中後期司法的重要資料。

2. 按數處分，行政追責

對相關責任人員問責也面臨法律漏洞填補的問題，吏部的議處奏摺鮮明地反映了針對地方大員稽查積案不力的行為從前期比照其他則例議處到後期制定新例並遵循新例議處的轉變，體現了因時制宜的立法特色。

嘉慶十二年二月和四月，針對江西歷任巡撫和按察使名下的積案，吏部議處時所適用的都是「比照不隨時查催例降二級調用」。〔註29〕「不隨時查催例」即乾隆四十七年制定的──「州縣自理戶婚、田土等項案件，定限二十日完結，仍設立號簿，開明已未完結緣由。如有心弊混，不造入號簿，或

〔註27〕〔清〕文孚纂修：《欽定六部處分則例》卷48，載沈雲龍主編：《近代中國史料叢刊》第34輯332，文海出版社1969年版，第1017～1020頁。

〔註28〕〔清〕文孚纂修：《欽定六部處分則例》卷48，載沈雲龍主編：《近代中國史料叢刊》第34輯332，文海出版社1969年版，第1020～1021頁。

〔註29〕大學士管理吏部事務慶桂，等：《奏為江西積案太多議處任官最久者秦承恩及先福事》，嘉慶十二年二月十九日，錄副奏摺，檔號：03-1506-076；大學士管理吏部事務慶桂，等：《奏請將積案最多原江西按察使衡齡等嚴加議處事》，嘉慶十二年四月二十七日，錄副奏摺，檔號：03-1507-073；〔清〕托津等纂：《嘉慶會典事例》卷98，載沈雲龍主編：《近代中國史料叢刊三編》第65輯《欽定大清會典事例（嘉慶朝）》，文海出版社1991年版，第4602～4603頁。

未結捏報已結，巡道不隨時查催者，降二級調用」。〔註30〕首先，這條則例中規定的前提是「自理詞訟」，然而地方積案除自理詞訟外，還有命盜案件，更包含許多迭次京控的大案，與自理詞訟不算吻合，因此只能「比照」這個條款；其次，比照與實犯有差，這種不分積案多寡統以「降二級調用」的行政處分較為嚴苛，若非皇帝特諭免處或從寬，那麼多數督撫藩臬都將調離原崗。情勢變遷召喚著新則例的出臺。而從二月十九日到當年八月，針對這一問題的新例尚未產生。其後雖有直隸總督奏報積案情形，因不算嚴重，也未能引起重視。

六月，當湖南巡撫景安奏報湖南情形後，朝廷終於制定了新例（開始屬於成案，其後載入會典事例，而在處分則例中內容發生了一些變化），即按照積案數目對督撫司道進行懲處。此項新例之後頻頻出現在吏部議處條奏中。按照數量問責的制度體現了一定的合理性，也存在一定的弊端。此則定例在五十案以下劃分較為細緻，五十案以上設定的檔數過於籠統，適用的最嚴重行政責任也不過降二級調用。前文所列舉的各地方大員名下的積案不乏在兩三百案以上者，降調不算重懲。但仔細思量，我們也會發現這一定例旨在保全方面大員，在責任設置方面當經過了深思熟慮。該新例最終成為處分則例，即：「各省督撫司道各衙門，遇有自理及批發詞訟案件，如有遲延，除僅止一二案，或在任不及一月者，免其議處，自三案以上至十案者，罰俸一年，自十一案至五十案者，降一級留任，自五十一案以上至數百案者，降二級調用。」〔註31〕

對於其他外結獄訟來說，對於承審遲延的處分，在定例上也有重大的變通，即從時間和數量兩個角度進行規範。「嗣後凡人命重案，有經呈控到案，復由上司批委提訊者，若不親為審理，遲延至半年以上，即著實降三級調用。」〔註32〕這類則例的出臺對於應對積案問題起到了良好的作用。

〔註30〕此則例具載於《吏部・處分例・外省承審事件》部分，於乾隆四十七年奏准。見〔清〕托津等纂：《嘉慶會典事例》卷98《吏部八十五》，載沈雲龍主編：《近代中國史料叢刊三編》第65輯《欽定大清會典事例（嘉慶朝）》，文海出版社1991年版，第4585頁。又見〔清〕昆岡等修：《欽定大清會典事例》卷122《吏部一百六》，載《續修四庫全書》編纂委員會編：《續修四庫全書》第800冊，上海古籍出版社1996年版，第149～150頁。

〔註31〕〔清〕托津等纂：《嘉慶會典事例》卷98，載沈雲龍主編：《近代中國史料叢刊三編》第65輯《欽定大清會典事例（嘉慶朝）》，文海出版社1991年版，第4602～4603頁。

〔註32〕〔清〕托津等纂：《嘉慶會典事例》卷98，載沈雲龍主編：《近代中國史料叢刊三編》第65輯《欽定大清會典事例（嘉慶朝）》，文海出版社1991年版，

除上述兩個版本的處分則例外，《光緒會典事例》也詳載了多則嘉道時期應對積案的上諭，茲不贅述。

（二）完善《大清律例》中的治官之法

嘉道時期也通過完善《大清律例》「捕亡」「斷獄」門條例，約束官員。

如盜賊捕限—29：「各省審辦無關人命徒罪案件，即照承審一切雜案，定限四個月之例，州縣兩個月解府州，府州二十日詳司，司二十日詳督撫，督撫二十日批結。至批結之後，由該臬司按季匯齊，務於每季後二十日內，造冊詳報該督撫，該督撫務於十日內，出咨報部，總不得過一月之限。其報部冊內，務逐案詳敘供招，並將人犯到案，及州縣、府、司、督撫審轉批結各日期，詳細明注，聽候查核。倘有審辦遲逾分限，及造冊報部遲延者，交部議處。」〔註33〕這個條例制定於道光十二年，由御史周日炳條奏，刑部會同吏部議覆而定，通過對無關人命的徒罪案件定立四個月審限以確保這類外結案件可以及時得到處理，按季彙報到刑部以便稽查。

「淹禁—03」條例要求各直省府廳州縣監獄，除了按照向例設立循環簿填注監犯信息申送上司查閱外，還規定要將監禁人犯，「無論新收、舊管，逐名開載，填注犯案事由，監禁年月，及現在作何審斷之處，造具清冊，按月申送該管守巡道，認真查核，如有濫禁、淹禁情弊，即將有獄官隨時參處。」〔註34〕道員巡歷時也應親提在監人犯，查照清冊，逐名點驗。道員每季還應將府廳州縣所報監犯清冊，匯送督撫、臬司查核。這一條是道光十三年，經河南道監察御史許球奏准，專門用於防止地方州縣濫禁、淹禁人犯。

嘉慶五年，據惠齡所奏，欽奉上諭纂修「官司出入人罪—06」條例，規定：「凡駁飭改正之案，刑部即檢查該府州縣原詳，據實核辦。如原詳本無錯誤，經上司飭駁，致錯擬罪名者，將該上司議處。如原詳未奉飭駁，該上司代為承當，除原擬之員仍按例處分外，將該管上司照徇庇例嚴議。」〔註35〕這是審辦地方案件錯誤經中央駁斥而追責的規定。

　　　　第 4602～4603 頁。

〔註33〕〔清〕吳坤修等編撰；郭成偉主編：《大清律例根原》，上海辭書出版社 2012
　　　　年版，第 1746～1747 頁。

〔註34〕〔清〕吳坤修等編撰；郭成偉主編：《大清律例根原》，上海辭書出版社 2012
　　　　年版，第 1767 頁。

〔註35〕〔清〕吳坤修等編撰；郭成偉主編：《大清律例根原》，上海辭書出版社 2012
　　　　年版，第 1804 頁。

嘉道時期「辯明冤枉」和「有司決囚等第」等條例也進行了大規模的修改。

（三）嚴格落實原告不到，按時詳銷之例

積案中有一類特殊情形，即原告呈訴之後久不到案質對，而被告和證人等久押待質、滋生弊端的，官府對此類案件採用按時詳銷的辦法。嘉慶五年直隸總督胡季堂指出「每有被告、證佐已經傳齊，而原告轉稱病不到，並有藉詞外出之事。州縣如將被告、證佐，先行保釋，原告探知又必到官催審。地方官因慮原告逞刁，不得不將被告、證佐管押以待質審。不惟被告之人受其拖累，而證佐人等亦多波連，不免廢時失業，且原告不到，被告候審，尤易啟胥役需索之端，此等刁風殊為人心、風俗之患。」胡季堂奏請申明定例，「凡原告遞呈後，如兩月內不行投案候審，所告之事勿論虛實，即立案不行，將被告、證佐人等概行省釋，以免拖累。即原告再行他控，亦照例不與審理。如所控涉有重大情節，或誣告人曖昧情事，獲日仍照律坐誣。」〔註36〕

胡季堂的奏請有充分的依據。《大清律例》「336 誣告—05」條例載：「赴各衙門告言人罪，一經批准，即令原告到案投審。若不即赴審，輒行脫逃，及並無疾病事故，兩月不到案聽審者，即將被誣及證佐，俱行釋放。其所告之事不與審理，拿獲原告，專治以誣告之罪。其情虛逃匿，經差緝始行獲案者，再加逃罪二等。」〔註37〕

薛允升指出「此條繫康熙年間現行例，乾隆五十五年增修，嘉慶二十年改定」，〔註38〕且稱雖有此例，但多半是將案件詳銷，而以誣告罪懲治原告的「十無一二」。

考察該條例的康熙年間舊例：「凡告言人罪，不即赴審輒行脫逃者，除將被誣及證佐俱行釋放外，脫逃犯人拿獲，所告之事不與審理，仍以誣告擬罪。」〔註39〕乾隆五十五年增修：「凡赴各衙門告言人罪，一經批准，即令原告到

〔註36〕直隸總督胡季堂：《奏為分別勒限清整積案並申明原告不到注銷之例以免拖累事》，嘉慶五年三月初十日，錄副奏摺，檔號：03-2174-008。

〔註37〕〔清〕吳坤修等編撰；郭成偉主編：《大清律例根原》，上海辭書出版社 2012 年版，第 1481 頁。

〔註38〕〔清〕薛允升著；胡星橋、鄧又天主編：《讀例存疑點注》，中國人民公安大學出版社 1994 年版，第 689 頁。

〔註39〕〔清〕吳坤修等編撰；郭成偉主編：《大清律例根原》，上海辭書出版社 2012 年版，第 1473 頁。

案投審。若不即赴審，輒行脫逃，及並無疾病事故，兩月不到案聽審者，即將被誣及證佐俱行釋放，其所告之事不與審理，拿獲原告，專治以誣告之罪。」〔註40〕可見，在乾隆晚期增加了兩月不到案而銷案的決定，嘉慶年間又增加情虛逃匿加逃罪二等的規定，以進一步打擊惡意訴訟的行為。

有些原告將狀紙投遞到官，獲得准理後，即遠逃或避匿，只能白白拖累被告和中人乃至證人。因此，通過按時詳銷可以清理案件，省釋案件相關人員。

嘉道時期各地的清訟實踐亦嚴格落實原告兩月不到按時詳銷之例，嘉慶十二年五月，署理直隸總督溫承惠將之進一步細化，其奏明「其原告情虛畏質之犯，俟各人證傳齊解省，即令地方官出示曉諭，如一月內尚不報到就審，即將人證寧釋，立案不行。如逾限再行妄控，即治以誣告之罪。」〔註41〕若原告情虛規避在逃年久，即照原告兩月不到之例，詳請注銷。〔註42〕「如有原告遞詞後，旋即逃匿不到者，即照例詳銷；若再翻控，另作新案辦理。」〔註43〕章煦也奏明：「如有被告到案，原告屢傳不到，查係情虛畏審，即照原告不到之例請銷。」〔註44〕湖南巡撫景安〔註45〕、江蘇巡撫朱理〔註46〕、河南巡撫牛鑒〔註47〕等督撫都奏明適用此例，並說明原告不能按時到案，給審理帶來了極大的困難。

（四）重申自理詞訟審限

自理詞訟是積案的重要組成部分，但因督撫奏報多為省城情形，除參罰

〔註40〕〔清〕吳坤修等編撰；郭成偉主編：《大清律例根原》，上海辭書出版社 2012年版，第 1479 頁。

〔註41〕署理直隸總督溫承惠：《奏為遵旨清釐積案飭令藩臬兩司及各道府廳州縣迅速審結辦理事》，嘉慶十二年五月二十七日，朱批奏摺，檔號：04-01-01-0512-043。

〔註42〕湖南巡撫景安：《奏報清釐全省積案設法催辦情形事》，嘉慶十二年六月十八日，錄副奏摺，檔號：03-2204-013。

〔註43〕貴州巡撫孫玉庭：《奏為查明未結積案分別辦理事》，嘉慶十四年四月二十日，錄副奏摺，檔號：03-2213-016。

〔註44〕江蘇巡撫章煦：《呈酌議清釐積案章程各款清單》，嘉慶十五年七月二十九日，朱批奏單，檔號：04-01-01-0521-008。

〔註45〕湖南巡撫景安：《奏為任內積案全完並未結新案數目事》，嘉慶十六年九月二十五日，錄副奏摺，檔號：03-2466-020。

〔註46〕江蘇巡撫朱理：《奏為勒限清釐積案事》，嘉慶十七年十一月二十二日，朱批奏摺，檔號：04-01-01-0542-033。

〔註47〕河南巡撫牛鑒：《奏為清理前任未結積案及本任奉到奏交咨交各案事》，道光二十年五月二十二日，朱批奏摺，檔號：04-01-01-0799-068。

一些特別不職的屬員外，對於各州縣的自理詞訟很少系統奏報。筆者在第一章已梳理出了自理詞訟月報制度的發展歷史，其基本定制在雍正朝和乾隆朝早期完成，後隨著時間的推移，加上巡道的司法職能一再調整，自理詞訟月報制度在實踐中並不理想。乾隆十九年據陝西巡撫陳宏謀條奏而纂修的「州縣自行審理及一切戶婚田土事件，責成該管巡道巡歷所至，即提該州縣詞訟號簿逐一稽核」的制度，似乎未能一直沿用。乾隆二十六年，江西按察使石禮嘉奏請州縣自理詞訟以及上司批審事件除依舊遵照二十日和一個月的審限外，如有逾限不結之案，「道府據實查明，申移兩司，查核存記檔案，俟季底彙報督撫，造冊咨部查參，照例議處。」〔註48〕後經部議從之。乾隆二十九年，李侍堯奏稱應當仍舊遵循州縣自理詞訟循環簿制度，每月申報該管上司，或由巡道提號簿查核，「如有玩延不結等弊，詳參議處」。吏部議覆指出「今州縣率多任意延擱，或將號簿藏匿，種種蒙混拖累，皆由巡道不實力稽查所致」，應照李侍堯所奏，責成巡道查提催結。「如有前項弊端，照疲玩參處。徇情枉斷者，按所犯輕重指參嚴處。巡道徇庇者，照例降調。」上諭從之。〔註49〕可見，地方官員並未始終實力奉行這一月報制度。乾隆四十一年，大理寺少卿江蘭奏稱，因自理詞訟由巡道專門稽核後，「而該管之府州因責有崇歸，漸致視為膜外。惟是巡道所轄地方較廣，耳目難周，不過摘取事由申詳完案，從未見有巡道因審斷遲延揭參州縣之事。是以州縣無所顧忌，往往積案繁多，沉擱不理。」〔註50〕乾隆中期巡道的司法責任有所增強，擔負起稽核地方自理詞訟的任務，但久而久之，這一職責也有所廢弛。

自理詞訟在獄訟中佔據更高的比重，若不加強審理和稽核，會使許多民眾飽受拖累。清廷也認識到這一問題的嚴重性，如嘉慶十二年上諭指出江西全省積案當不下萬餘起，各地也逐漸恢復自理詞訟月報制度。溫承惠較早採用了這一方式，「仍飭各府廳州縣將奉批自理各案分立循環號簿，仿照四柱冊式逐一登記，按月呈送，輪流更換。即可就其銷案之多寡以觀其辦事之勤惰。並責成該管親臨上司，按其事之輕重，路之遠近，立限查銷。不許任意延擱。倘屬員

〔註48〕江西按察使石禮嘉：《奏請敕定詞訟不結按季彙參之例以速案牘事》，乾隆二十六年十月初二日，朱批奏摺，檔號：04-01-010251-011。

〔註49〕《清高宗實錄》卷718，乾隆二十九年九月辛酉，中華書局1986年版，第9冊第1009頁。

〔註50〕大理寺少卿江蘭：《奏請清州縣拖延詞訟積習事》，乾隆四十一年七月初二日，朱批奏摺，檔號：04-01-01-0360-002。

承審未結，復赴上司衙門呈控，查其號簿並未登記者，即係有心隱飾，隨時量加懲徵。」〔註51〕阮元也明確提出要制定四柱清冊來考察各屬。其在浙江先行適用四柱清冊，「伏查浙屬七十八廳州縣，命盜搶竊秋審案件尚屬無多，而戶婚田土等項互控之案實為不少。臣前浙任時，曾經立定章程，嚴飭上下衙門各設詞訟四柱總簿，分列舊發、新收、開除、實在之項，其列於開除者，即審結者也，其列於實在者，即未結者也，各上司每月按簿計算摘催，承審官亦得逐月檢閱簿冊趕辦詳結。」他們將批准新案接續照前立簿，率同兩司逐月按簿查催，「務使舊者早清，不使新者復積」。〔註52〕阮元又將經驗帶到江西省，其奏明「查照臣前在浙江清釐積案章程，頒發冊式於各府，飭將未結各案及續到新案，按月開列舊發、新收、開除、實在四柱清冊，申送撫藩臬衙門按月查算，以每月開除之多寡，驗各員辦事之惰勤。」〔註53〕這種方式在多地進行了普及。嘉慶十五年，湖廣總督汪志伊針對湖北省的積案，在解決策略中「專立號簿，凡有批准呈詞，隨准隨記，並按月開造四柱清摺，查明未結之案，隨時開單嚴催奉批。」〔註54〕另外，《清仁宗實錄》《清宣宗實錄》中至少有5處記載明確要求重新沿用循環月報冊。

嘉慶二十年五月，御史蘇繹指出自理詞訟月報簿制度日漸廢弛，奏稱「州縣相率玩視，每月隨意填寫一二案，且聞竟有本月無案申送者，則又焉用此具文為耶。」〔註55〕二十五日，皇帝發布長篇議論——「民間詞訟，全在州縣官勤於聽斷，隨時速結」，因此「設有循環印簿，申送上司考核，以杜積壓」，而現在卻成為具文，「不過按月申送一次，全無稽察」，導致弊端累累，訟獄日滋，雖頻繁告誡，而積習相沿。他諭令州縣繼續申送詞訟循環簿，該督撫責成司道府州詳細稽考，隨時舉報，分別勸懲，毋得互相容隱，以崇法

〔註51〕署理直隸總督溫承惠：《奏為遵旨清釐積案飭令藩臬兩司及各道府廳州縣迅速審結辦理事》，嘉慶十二年五月二十七日，朱批奏摺，檔號：04-01-01-0512-043。

〔註52〕浙江巡撫阮元：《奏為通省未結詞訟甚多設法清釐事》，嘉慶十三年閏五月十八日，錄副奏摺，檔號：03-1601-016。

〔註53〕江西巡撫阮元：《奏報接任審辦積案緣由事》，嘉慶十九年九月二十九日，錄副奏片，檔號：03-2235-043。

〔註54〕湖廣總督汪志伊：《奏報到任後批准民詞已未結案實數事》，嘉慶十五年九月二十五日，朱批奏摺，檔號：04-01-12-0287-034。

〔註55〕山西道監察御史蘇繹：《奏請各省詞訟案件仍逐月登記循環號簿依限審結事》，嘉慶二十年五月二十五日，錄副奏摺，檔號：03-1568-041。

制。〔註56〕嘉慶二十年十二月，御史舒英指出，外省民人赴京控案絡繹不絕，推原其故，總由地方官積壓案件並不速為辦理所致，奏請制定新例，其中有一條建議為「如簡缺州縣積累案件至十案以上者，即不准調繁；繁缺州縣積累案件至二十案以上者，即不准保薦題升」。〔註57〕如此，則州縣自顧考成，亦必盡心依限清理。嘉慶二十四年四月，上諭再次強調遵照例設循環簿以實稽考。〔註58〕嘉慶二十五年二月，御史沈學廉奏請戒除州縣延壓控案積弊以清獄訟，皇帝也認識到督撫統轄通省對於尋常控案無法一一親提，因而必須「嚴察州縣，將自理詞訟，按照循環簿逐一考查，如有積壓過多者，即行糾參。」〔註59〕

道光五年九月二十日，御史賀熙齡奏請，上諭指出「各督撫遇府州縣詞訟案件，責成巡道趕緊審訊。如有延擱枉斷，據實揭參。或該道有心徇庇，該督撫即據實參處」，以期政平訟理，不可再生懈怠，視為具文。〔註60〕

（五）加強對奸胥蠹役的立法限制

直接裁汰逾額胥役是制約蠹役猾吏的好方法。嘉慶十一年十一月，御史陸言奏請申明例禁嚴汰州縣逾額官役。他指出京控案中因胥役訛詐勒索滋擾良民者十之八九。「浙江省城與縣治相近，目擊種種弊端，約計該縣正身白役不下一千五六百名。」直隸正定縣吏役有 900 餘名，已經欽差侍郎瑚素通阿等奏交直隸總督量加刪汰，報部存案。因此，他奏請各州縣遵照定額，其餘盡數刪汰，並將花名數目，春秋二季彙造清冊，咨送部科，作為稽查憑據。〔註61〕道光六年，直隸奏定「嗣後司道府廳衙門吏役不准過五十名」，「州縣衙門吏役不准過八十名」。七年，直隸總督那彥成斥革差役 23900 多名。〔註62〕劉衡也

〔註56〕《清仁宗實錄》卷 306，嘉慶二十年五月己酉，中華書局 1986 年版，第 5 冊 67～68 頁。

〔註57〕江西道監察御史舒英：《奏為州縣詞訟毋任積壓事》，嘉慶二十年十二月初三日，錄副奏摺，檔號：03-2479-046。

〔註58〕《清仁宗實錄》卷 356，嘉慶二十四年四月甲申，中華書局 1986 年版，第 5 冊第 701 頁。

〔註59〕《清仁宗實錄》卷 367，嘉慶二十五年二月戊申，中華書局 1986 年版，第 5 冊第 857～858 頁。

〔註60〕《清宣宗實錄》卷 89，道光五年九月甲辰，中華書局 1986 年版，第 2 冊第 425～426 頁。

〔註61〕掌山西道監察御史陸言：《奏為請嚴汰州縣逾額官役以清弊源事》，嘉慶十一年十一月十七日，錄副奏摺，檔號：03-1629-024。

〔註62〕劉錦藻撰：《清朝續文獻通考》卷 27，載《續修四庫全書》編纂委員會編：《續修四庫全書》第 816 冊，上海古籍出版社 1996 年版，第 36 頁。

在擔任巴縣知縣期間革除白役兩千多人。但這種問題並沒有根除，「各地州縣差役的實際人數均遠遠多於定額，少者百餘人，多者數百人、上千人甚至數千人。」〔註63〕

　　道光十七年十月，監察御史胡長庚奏請嚴懲奸胥蠹役，並請酌改條例。他認為吏役之壞法殃民，為害甚多，且大多漏網。既有定例對吏役懲罰過輕，「伏思罪名加等，以次遞增，罪不至死，而二死、三流均同一減，加減之數雖同，罪名分輕重懸殊」，這樣的規定容易使得知法犯法者規避取巧。他還提出加等治罪專指書吏舞文弄弊，至書差借案生事擾累害民，人情尤可惡，應請一併照平人例加一等治罪，即要求對於吏役犯罪從重懲罰。他還奏請「嗣後吏役中有犯舞弊擾害詐贓等案，控經本管官不皆完辦，經上司審出者，本管官即照徇庇衙蠹例議處，控經上司，或仍發原審或仍照原斷辦理，發現者，該上司即照扶同徇庇例議處。」他另外指出「各省留養之案，差役獨多，殊失定律本義。應請嗣後差役犯案無論案情准否留養，一概毋庸查辦以杜狡脫。」〔註64〕此奏切中時弊，但暫不知實效如何。

二、完善治民之法，減少訟端

　　除整飭官常外，加強對民眾不合理訴訟的打擊力度也是治理積案問題的重要舉措，在立法上也有充分的體現。嘉道兩朝除了對「訴訟」門加大立法力度外，也注重對其他門類的立法進行完善。

（一）嚴禁越訴、匿名揭貼和誣告

　　首先，從完善訴訟程序防治積案問題而言，嘉道兩朝完善了「越訴」例。延續到清末的《大清律例》中的「越訴例」共 27 條，其中嘉道時期修改達 12 條，另外嘉慶七年刪除 1 條，道光二十三年刪除 3 個條例。這意味著在這 55 年中，變動的「越訴例」佔據了總量的一半。其中有 9 條均為嘉慶時期制定。如嘉慶五年對「來京呈訴」定例，由步軍統領衙門奏准，要求民眾必須在地方逐級上控，不得遽行京控，否則要先被治以越訴之罪。〔註65〕即

〔註63〕魏光奇：《有法與無法：清代的州縣制度及其運作》，商務印書館 2010 年版，第 169 頁。

〔註64〕山東道監察御史胡長庚：《奏為嚴懲奸胥蠹役酌改條例事》，道光十七年十月十七日，錄副奏摺，檔號：03-4057-008。

〔註65〕〔清〕薛允升著；胡星橋、鄧又天主編：《讀例存疑點注》，中國人民公安大學出版社 1994 年版，第 679 頁。

制定嚴格的上控秩序，以緩解大量京控給中央法司衙門造成的壓力。嘉慶二十年又制定民人將本省審結題咨到部的案件再行來京翻控的定例。〔註66〕顯然，該條例除了打擊纏訟外，還打擊誣告和越訴行為。

其次，完善「投匿名文書告人罪」例用於打擊匿名揭告行為。「投匿名文書告人罪」延續到清末共5個條例，其中2條均為嘉慶朝制定，如「胥役匿名揭告本管官，如所告得實，仍照律擬絞監候，若係誣告，擬絞立決。」〔註67〕嘉慶朝開始大力查辦匿名揭帖，後來規定只查辦涉及揭發謀反等重情的揭帖，其他的均要銷毀。嘉慶十一年，牟昌裕奏請申明舊例，飭下問刑各衙門，遇有匿名訐告，照例概不准行，仍將匿名揭告之人查拏治罪。〔註68〕上諭指出「倘指控情節，案關重大，亦豈容概不奏聞，總俟奏上時，朕權衡輕重，分別應行查辦與否，隨時指示。」「嗣後遇有此等案件惟當一面奏聞，一面嚴拏匿名之犯，按律治罪，無任隱匿漏網。」〔註69〕直到嘉慶十三年定「凡有拾獲匿名揭帖者，即將原帖銷毀，不准具奏。惟關係國家重大事務者，密行奏聞，候旨密辦。」〔註70〕這類條例對於民眾傾陷他人、製造冤獄也起到了一定的預防作用。

此外，誣告是造成案件輾轉積壓的重要原因。清代沿襲歷朝制度，定有「誣告」律例以制裁誣告行為。嘉慶十三年正月，莫晉奏請嚴懲誣告，指出地方官通常薄懲兩造，或曲宥兩造，乃至不肖官吏及庸懦鄉愚賄囑原告，令自行改供認誣。久而久之刁民有恃無恐，「刁風愈長，訐訟滋興，奸民無所顧忌於官府。」他奏請嚴飭各省官員應按律追究誣告者的責任，不得用「情尚可原」「事屬有因」等為民眾開脫，若矇越到京控訴不實要在誣告罪上加等問擬，「誣告情輕者也不得濫行減等，一經部駁，照故出人罪例嚴加議處」，並主張遵照「原告脫逃及無故兩月不到案聽審者」定例辦擬，無稍疏縱。〔註71〕

〔註66〕參見〔清〕薛允升著；胡星橋、鄧又天主編：《讀例存疑點注》，中國人民公安大學出版社1994年版，第679~680頁。

〔註67〕參見〔清〕薛允升著；胡星橋、鄧又天主編：《讀例存疑點注》，中國人民公安大學出版社1994年版，第683頁。

〔註68〕江南道監察御史牟昌裕：《奏請申明舊例嚴禁匿名訐告事》，嘉慶十一年七月十六日，錄副奏摺，檔號：03-2175-006。

〔註69〕《清仁宗實錄》卷164，嘉慶十一年七月辛酉，中華書局1986年版，第3冊第132頁。

〔註70〕參見〔清〕薛允升著；胡星橋、鄧又天主編：《讀例存疑點注》，中國人民公安大學出版社1994年版，第683頁。

〔註71〕都察院左副都御史莫晉：《奏請嚴懲誣告以肅法紀事》，嘉慶十三年正月二十八日，錄副奏摺，檔號：03-2175-014。

　　就誣告例而言，到光緒年間共有 26 條，其中有 12 條在嘉道時期被制定或修改，如嘉慶十九年，經御史歐陽厚均條奏定例，若胥役誣告本管官，「應於常人誣告加等律上再加一等治罪。」〔註 72〕道光十年，又經御史宋劭谷奏准，官民等將事不干己之事訐告，「俱立案不行」。〔註 73〕道光十九年制定兩條有關鴉片的誣告定例，充分顯示了因時制宜的立法特色。〔註 74〕

　　使用規範的狀詞格式也能在一定程度上起到減少誣告的作用。李漁曾就「十紙人命狀詞，究無一紙是實」的情形而建議各地制定並刊刻狀式格式。如其中一種「單為人命而設，並柱語亦為刊定。止以被殺、被毆情節令告者自填」，詞後留空格六行，填寫兇犯、兇器、傷痕、處所、時日和干證。「此六項之中，如有一項不填，不遵此式，即係誣詆，必不准理。如時日稍遠，即係舊事，亦不准理。六項之後又刻一行，云：『以上如有一字虛誣，自甘反坐』。令告者親填花押於下，無押者不准。如是則小民知為特設，與依樣葫蘆者不同。法在必行，不待聽斷之後。」〔註 75〕在地方檔案中也可見到『虛誣反坐』之類的字樣，官方從而在受理時就能將一部分案件進行篩選。

（二）從械鬥章程看嘉道時期對特殊積案的防治

　　在清代，泉州和漳州向來是福建省最難治理的地方，嘉慶年間曾在福建擔任教諭的謝金鑾即稱「泉、漳之民，性極拙而易怒，拙則暗於利害而無遠圖，易怒則不可磯也，不可磯則少屈抑而發之暴矣。」〔註 76〕肖麗紅通過對清代福建地方志統計指出漳州和泉州分別「以 55.6% 和 42.9% 的健訟率」為清代福建「健訟」排行榜的第一位和第三位，〔註 77〕這與清代官方的認識具有高度的契合。嘉慶五年，鑒於「漳泉二府，向有天地會名目及械鬥案件，

〔註 72〕〔清〕薛允升著；胡星橋、鄧又天主編：《讀例存疑點注》，中國人民公安大學出版社 1994 年版，第 695 頁。

〔註 73〕〔清〕薛允升著；胡星橋、鄧又天主編：《讀例存疑點注》，中國人民公安大學出版社 1994 年版，第 696 頁。

〔註 74〕參見〔清〕薛允升著；胡星橋、鄧又天主編：《讀例存疑點注》，中國人民公安大學出版社 1994 年版，第 697 頁。

〔註 75〕〔清〕李漁：《論人命》，載《官箴書集成》第 7 冊，黃山書社 1997 年版，第 431～432 頁。

〔註 76〕〔清〕謝金鑾：《泉漳治法論》，載沈雲龍主編：《近代中國史料叢刊續輯》758《治臺必告錄》，文海出版社 1985 年版，第 98 頁。

〔註 77〕肖麗紅：《文本、訟爭與區域司法實踐》，廈門大學出版社 2020 年版，第 45 頁。

民風最為刁悍」，皇帝指出應當選拔幹員充任漳州和泉州府的守令。〔註78〕

針對福建、廣東械鬥成風的積習，清廷在道光二年制定了械鬥定例。〔註79〕是年閏三月，御史董國華指出漳、泉、惠、潮四地，械鬥風氣最盛，僅潮州府揭陽縣就有數百案未曾破獲，罪犯逃逸，所獲多是頂凶之人，請飭地方官留心訪拿主謀首犯，稽查保甲時應收繳銃械，並獎賞提供械鬥線索之人；要求各上級官員加強監督，於械鬥積案緝拿不力的地方官，隨時參處；主張變通審擬方式，對於案犯眾多、解省不易的情形，委派大員親自前往「督率員弁嚴拿審辦」。〔註80〕隨後，道光帝基本採納了董國華的建議，諭令慶保等人遵照。十幾天後，刑部首先針對皇帝的諭旨提議各地要根據地方情形妥議章程，奏摺中同樣言明械鬥風氣已從閩粵蔓延至江西、湖南、浙江、廣西各省。廣東潮州府械鬥命案中賄買頂凶現象非常嚴重，「數日之間至三十七件之多。若非串囑賄買，何肯輕生頂凶？若無主謀斂錢買凶之人，又何以械鬥致斃多命之案，輒甘心頂認？現雖審明頂凶，而各案原謀糾鬥之犯，並未究出。定例主謀首禍罪名實浮於下手斃命之人。總應嚴辦主謀，稍寬從犯。」上諭廣東、福建、廣西、江西、湖南、浙江六省督撫，就如何嚴懲械鬥妥議章程具奏。〔註81〕一個月後，福建、廣東等地進行了回覆。〔註82〕

四月二十四日，兼署兩廣總督、廣東巡撫嵩孚奏明「惠潮二府，地處沿海，民情慓悍，時有械鬥之案，或因睚眥小忿，糾眾逞兇，甚至輾轉成仇，疊斃多命。在惠屬間或有之，而潮屬為甚。」他就任後嚴飭各屬竭盡心力訪禁於未鬥之先，將民間私蓄銃械立限收繳，並將未獲案犯認真查拏。「道光元年，該二府詳報械鬥之案已獲現在審辦三案，未獲三案，本年尚無報案。

〔註78〕參見《清仁宗實錄》卷75，嘉慶五年十月丁卯，中華書局1986年版，第1冊第1009～1010頁。

〔註79〕關於道光二年械鬥定例的出臺始末，可參看劉琦：《清道光二年械鬥定例研究》，上海師範大學2020年碩士學位論文。

〔註80〕《清宣宗實錄》卷32，道光二年閏三月壬午，中華書局1986年版，第1冊第570頁。

〔註81〕《清宣宗實錄》卷32，道光二年閏三月乙未，中華書局1986年版，第1冊第577頁。

〔註82〕參見《清宣宗實錄》卷34，道光二年四月癸酉，中華書局1986年版，第1冊第618頁；署理兩廣總督嵩孚：《奏為遵旨辦理查禁廣東惠潮地方械鬥事》，道光二年四月二十四日，朱批奏摺，檔號：04-01-01-0624-002；《清宣宗實錄》卷36，道光二年五月戊戌，中華書局1986年版，第1冊第641頁；《清宣宗實錄》卷36，道光二年五月庚子，中華書局1986年版，第1冊第644～645頁。

雖因近年辦理從嚴，此風較前斂戢，但總未能淨絕。」廣東亦嚴格落實由董國華提出，皇帝通諭的四條整頓措施，「總期民風丕變，積案廓清」。〔註83〕

道光二年六月十二日，廣西巡撫趙慎畛覆奏械鬥章程事值得注意。他指出廣西地處邊隅，民風向稱淳樸，「歷年辦理讞牘均係尋常謀故鬥毆，……悉屬釁起一時，毆非預約，且起出兇器無多……均係猝遇爭毆，並非寫謀互鬥，是粵西當無糾眾械鬥惡習。」但為防止民情漸刁，風氣遂變，他依舊制定械鬥章程，重點在於嚴辦主謀。

> 糾人之犯實為禍首，律重原謀，例嚴首惡，自應嚴辦主謀，稍寬從犯。惟率先聚眾亦有預謀、臨時之不同。未免無所區別，亦應量為酌擬辦理。應請嗣後粵西遇有糾眾尋毆之案，如糾至十人以上，致斃一命及二三命者，首犯仍照原例擬斬立決；致斃四五命以上及毆死一家三命者，首犯擬斬立決梟示；糾眾至二十人以上，致斃一命及三命者，首犯擬斬立決梟示；致斃四五命以上及毆死一家三命者，首犯擬以凌遲處死。罪應斬梟、凌遲首犯於審明後恭請王命先行正法。其下手致斃之從犯，係由主謀糾邀所致，查火器殺人律應以故殺科罪，故殺者斬監候，現在即將首犯加重治罪，自應欽遵諭旨量為末減，應請將火器致斃人命之從犯減發新疆給官兵為奴；刀械殺人之從犯原律絞候，請照不法匪徒因事忿爭執持兇器傷人發近邊充軍例罪上加二等發極邊足四千里充軍；其臨時邀約抵禦者，較糾眾逞兇稍有可原，應照糾眾尋毆首犯罪應斬決者改擬斬候，秋審入於情實；斬梟者改擬斬決，凌遲處死者改擬斬梟，均聽候部覆辦理。至下手致斃之從犯，首犯既經酌改，從犯亦應量予稍寬，應請將聽從抵禦之從犯，如火器殺人即照聽從尋毆刀械殺人之從犯減發極邊足四千里充軍；刀械殺人之從犯，照械鬥殺人為從、在場助勢未傷人杖一百流三千里。其餘徒手附和未傷人者，悉照共毆人律擬杖。如案內審出賄囑頂兇，此等貪賄挺身頂認之徒，致脫正犯，罪名係屬罪無可憫，應請按律究辦以示懲儆。〔註84〕

吸收了各督撫意見後，廣西巡撫拿出的方案具有很強的預防性質。

〔註83〕署理兩廣總督蒿孚：《奏為遵旨辦理查禁廣東惠潮地方械鬥事》，道光二年四月二十四日，朱批奏摺，檔號：04-01-01-0624-002。

〔註84〕廣西巡撫趙慎畛：《奏為覆奏械鬥章程事》，道光二年六月十二日，錄副奏摺，檔號：03-3684-029。

　　七月十二日，嵩孚在調任時奏明廣東械鬥治罪章程，即按照朝廷旨意詳覈例案，訪察民情，酌議四條章程〔註85〕：（1）嚴懲主謀之首犯。（2）脅從之餘犯稍予從寬。（3）粵東奏定祖祠田產過數分出也。「蓋預謀械鬥之事，實由於嘗田之富厚，而斂費買凶每起於族長、鄉約之慫恿。若一有械鬥之案，即將祠產查明，除酌留田數十畝以資祭費，餘俱按其合族支派均勻散給，庶未犯者知所警懼，咸思勉保嘗田而已。犯者祠產凋零，從此永無依恃，其族長、鄉約不將斂錢買凶之人指出，即分別嚴治其罪。」（4）嚴懲打手。〔註86〕

　　至當年九月，清廷正式纂定新條例。〔註87〕但該條例的實踐效果一般，且遷移到我國臺灣的閩粵人口，也沿襲械鬥風氣，道光六年，據稱臺灣彰化等地興起械鬥。〔註88〕閩粵械鬥依舊頻發。道光十一年六月，有人陳奏「漳泉素好械鬥，十餘年來，尚屬安靜」，但劫案和捉人勒贖風氣盛行，械鬥風氣再次興盛。〔註89〕一個多月後，給事中徐法績奏，近年械鬥會匪，日漸增多，皆由地方官釀成巨案，請飭各督撫慎選地方官以息刁風。八月一日，上諭廣東、福建等省，不僅有械鬥，還有會匪，皆因地方官不嚴格查禁，辦理不當，以致釀成重案，「陸豐等縣，互鬥致斃，每一起皆至十餘命，人犯數年無獲。而地方官向日規避械鬥處分，往往分案咨報。此等惡習，必應革除。」故其通諭各督撫，「於所屬地方官，務選廉幹之員，責令設法查禁，嚴緝匪徒，課其功效，示以勸懲，以期力挽澆風。」〔註90〕道光十二年，清廷再定新例：「各省械鬥及共毆之案，如有自稱槍手受雇在場幫毆者，杖一百、流三千里。

〔註85〕廣東巡撫嵩孚：《奏為遵旨酌議械鬥治罪章程事》，道光二年七月十二日，朱批奏摺，檔號：04-01-08-0005-005。

〔註86〕廣東巡撫嵩孚：《呈酌議械鬥治罪四條清單》，道光二年七月十二日，錄副奏單，檔號：03-3684-032。

〔註87〕道光二年九月二十五日：「刑部等衙門議奏懲辦械鬥章程：一、造謀首禍之人，宜嚴行究擬；一、脅從下手之犯，宜稍予從寬；一、斂財以備械鬥買凶之積習，宜設法嚴禁；一、審辦械鬥案件之地方官，宜分別勸懲。從之。」見《清宣宗實錄》卷41，道光二年九月丙申，中華書局1986年版，第1冊第743頁。

〔註88〕參見《清宣宗實錄》卷100，道光六年七月壬辰，中華書局1986年版，第2冊第634～635頁；《清宣宗實錄》卷100，道光六年七月壬辰，中華書局1986年版，第2冊第636頁。筆者注：彰化械鬥案後經孫爾準查明是由於匪徒滋事謠傳為分類械鬥，但確實給地方治理帶來了很多問題。

〔註89〕《清宣宗實錄》卷191，道光十一年六月己亥，中華書局1986年版，第3冊第1012頁。

〔註90〕《清宣宗實錄》卷194，道光十一年八月庚辰，中華書局1986年版，第3冊第1059～1060頁。

其有殺傷人者，仍按各本律例從其重者論」等。〔註91〕然而這種風氣終未停息。道光十六年，鴻臚寺少卿仍奏稱：「閩廣漳、泉、惠、潮一帶居民，每以田土微嫌、睚皆細故，持械爭鬥，輒釀巨案，雖嚴立科條，力求整頓，此風總未止息。」〔註92〕

　　不僅福建和廣東二省，在多地都興起械鬥，甚至擴大為水手械鬥、土民和客民、漢族和少數民族之間的大規模械鬥。道光朝後期又三番五次針對閩粵兩省和江西等地頻發的械鬥而完善飭禁械鬥章程。

（三）從「教唆詞訟」定例的修改看對訟師的打壓

　　清代立國之初，沿用明律對訟師群體嚴加防範、重點打擊，在官方話語體系下將其污名化為「訟棍」。順治十七年，清廷制定：「訟師訟棍，串通衙役，詭名誣告良民詐財者，詢實應照光棍三人以上例，為首立絞，為從責戍。」〔註93〕康熙三十九年，定嚴禁訟棍包攬詞訟例。〔註94〕清代用「積慣訟棍例」以懲處屢次為人代作呈詞、為害地方的訟師。

　　嘉道時期積案問題嚴峻，官方逐漸將之歸結於訟師唆訟，在定例時一直加大對這類群體的打擊力度。乾隆六十年制定、嘉慶六年修改了原告和訟師的連坐制度，嘉慶十七年規定不許原告捏稱呈詞是由「過路不識姓名人書寫」，嘉慶二十二年要求民眾自作呈詞或由官代書根據當事人口述而從實代寫，進一步擠佔訟師的活動空間，宣示了訟師的非法化。

　　嘉慶十一年，江西巡撫張師誠針對江西巡撫衙門發審案件共有640餘件未經審結，督飭兩司按律嚴懲訟師。〔註95〕嘉慶十二年五月十八日，已是福建巡撫的張師誠針對福建積案仍舊採取「嚴拏訟師（夾批：甚是）以除民害。」〔註96〕嘉慶十二年六月十八日，湖南巡撫景安設法催辦積案時，也採取按律

〔註91〕〔清〕昆岡等修：《欽定大清會典事例》卷400，載《續修四庫全書》編纂委員會編：《續修四庫全書》第804冊，上海古籍出版社1996年版，第362頁。

〔註92〕《清宣宗實錄》卷292，道光十六年十二月丁巳，中華書局1986年版，第5冊第517頁。

〔註93〕《清世祖實錄》卷133，順治十七年三月甲子，中華書局1985年版，第1028頁。

〔註94〕參見《清聖祖實錄》卷199，康熙三十九年五月己酉，中華書局1985年版，第3冊第23頁。

〔註95〕江西巡撫張師誠：《呈現在督飭查辦積案等地方要務清單》，嘉慶十一年八月十九日，朱批奏單，檔號：04-01-12-0274-055。

〔註96〕福建巡撫張師誠：《奏為遵旨查明全省未結案件趕緊清釐事》，嘉慶十二年五月十八日，錄副奏摺，檔號：03-2448-009。

拿究訟師的方式。〔註97〕六月，山東按察使朱棟謝恩時，皇帝也下旨「力加整飭，嚴拏訟棍」。〔註98〕十月初十日，皇帝再次諭令福建巡撫張師誠「嚴拏訟師究治」，清理積案，平息訟端。〔註99〕同年還有湖北、安徽等地均奏明為清理積案將嚴懲訟師唆訟行為。安徽巡撫董教增還指出民眾有包庇訟師的嫌疑，當他入境赴任時，「在途呈控者，每日自十數詞至數十詞不等，因途間未能批示，諭令隨赴尖宿交所聽候核訊。詎行抵館舍散去已及大半，間有尚在候示者，訊其呈內所控情節往往不能明悉，及詢其呈詞何人所作，則不以道路不識姓名測字人混行搪塞，是竟以上控為遊戲，不惟案牘日繁，而於本管地方官不復知所敬畏，於大體尤有關係。」因此，他抵任後將歷屆呈詞通行查核，「以白紙呈詞投遞，堅不供吐作詞人姓名者，概行批發，不予受理。」他查出京控案中有劉鳳曉頂名抱告、蔡自祥主唆呈控等事，按律究辦後，訟風稍戢，仍舊實力整頓，查拏訟棍。十二月二十四日奉朱批：「時勤聽斷，嚴拿訟棍為息訟安良之本。」〔註100〕

前文提及，嘉慶二十年，御史孫陞長奏請嚴拏訟師，他指出京控呈詞「字跡語句，如出一手」，山東訟棍窩留京師，包攬詞訟。〔註101〕皇帝即要求訪拿訟師。嘉慶二十五年，御史朱鴻提議民人在訴訟時要說明呈詞由誰所作，「如供認寫作出自己手，或核對筆跡，或摘詞中文義，令其當堂解說。其不能解說者，即向根究訟師姓名，斷不准妄稱路遇賣卜、賣醫之人代為書寫。勒令供明，立拏訟師到案，將造謀誣控各情節，嚴究得實。一切重罪，悉以訟師當之。其被誘具控之人，轉可量從寬減。」〔註102〕

嘉慶二十四年閏四月，山東巡撫程國仁在奏報清理積案章程中也指出「嚴拏訟棍以清訟源」。民眾採取「圖准不圖審」的策略以拖累他人，都是

〔註97〕湖南巡撫景安：《奏報清釐全省積案設法催辦情形事》，嘉慶十二年六月十八日，錄副奏摺，檔號：03-2204-013。

〔註98〕《清仁宗實錄》卷182，嘉慶十二年六月庚子，中華書局1986年版，第3冊第402頁。

〔註99〕《清仁宗實錄》卷186，嘉慶十二年十月戊寅，中華書局1986年版，第3冊第452頁。

〔註100〕安徽巡撫董教增：《奏為清釐積案情形事》，嘉慶十二年十二月十二日，錄副奏摺，檔號：03-2209-048。

〔註101〕《清仁宗實錄》卷307，嘉慶二十年六月己巳，中華書局1986年版，第5冊第81頁。

〔註102〕《清仁宗實錄》卷373，嘉慶二十五年七月癸亥，中華書局1986年版，第5冊第928～929頁。

由於訟棍從中播弄。「現在密行查訪，各府屬必皆有積慣訟師，嚴飭地方官指名拿究，並於審理詞訟時，隨案研鞫。如訊係虛詞，究出積慣主唆訟棍，立時嚴挐，照例懲辦（夾批：是）。擇其情節較重者，再加枷號兩個月，將唆訟擾害事由，書貼枷面示眾，滿日再行發遣。俾咸知儆畏，不致愚弄小民，訟風亦可少息矣。」〔註103〕

各地亦相應發布了打擊包攬詞訟行為的告示，如《巴縣檔案》中載嘉慶二十五年，四川按察使發布的告示中第七條即嚴禁紳衿包攬詞訟、危害司法，否則將嚴行根究。〔註104〕

訟師往往潛匿京師，與蠹役奸胥勾結，以致京控案件日多。道光二年六月二日，經御史尹濟源奏請飭挐訟棍，皇帝於是下令——緝拿積慣訟棍，「究明何處窩頓，一併按律處治。」〔註105〕

地方官員若能拿獲訟師，還可以寬免處分，道光十年，經四川總督琦善查明「綿、邛、瀘三直隸州並江北一廳暨溫江、巴縣等十四州縣先後報獲訟棍三十案，共犯三十三名」〔註106〕，皇帝諭令「加恩將各該州廳縣應得失察處分，准予寬免。嗣後遇有獲辦訟棍之案，所有地方官處分邀免，仍著匯案具奏。該部知道。」〔註107〕

這份清單中載有：「綿州直隸州拿獲廖積賢教唆廖陳氏誣控沈庭書謀殺正妻一案，擬流；又續獲教唆廖陳氏翻控沈庭書毆殺正妻案內逸犯萬貴並究出苟起瀧迭次作詞一案，擬一軍一流；……溫江縣拿獲革生王飲和即王寶包攬詞訟一案擬軍；……合州拿獲劉瀠倡即劉聾子教唆詞訟得贓擾害一案擬軍；……銅梁縣拿獲胡冀倡即胡大鵬屢次教唆一案擬軍；……彰明縣拿獲李含珍迭次代作呈詞一案擬徒。以上三十案共犯三十三名。」〔註108〕

〔註103〕 山東巡撫程國仁：《奏為瀝陳清釐積案崇教消邪等亟應整飭事宜事》，嘉慶二十四年閏四月初五日，朱批奏摺，檔號：04-01-12-0336-004。

〔註104〕 四川省檔案館、四川大學歷史系主編：《清代乾嘉道巴縣檔案選編》（下），四川大學出版社1996年版，第350頁。

〔註105〕 《清宣宗實錄》卷37，道光二年六月甲辰，中華書局1986年版，第1冊第649～650頁。

〔註106〕 四川總督琦善：《奏為四川各廳州縣獲辦唆訟棍徒多名匯案請寬免失察各官處分事》，道光十年五月初七日，朱批奏摺，檔號：04-01-01-0721-020。

〔註107〕 《清宣宗實錄》卷170，道光十年六月己丑，中華書局1986年版，第3冊第634頁。

〔註108〕 四川總督琦善：《呈各州廳縣獲辦唆訟各犯姓名案由清單》，道光十年五月初七日，錄副奏單，檔號：03-4040-012。

十一年三月，琦善又奏明「成都等州縣，先後拿獲訟棍十四案，計犯十六名。」〔註109〕皇帝諭令寬免成都等十四州縣應得失察處分，並依舊隨時實力查訪訟師，以清訟源。可見，這一時期四川的獄訟應當相當嚴重，地方官通過查拿捕獲訟師以寬免自身的行政處分。道光十四年，鍾祥也奏明山東臨清等州縣共訪獲訟棍井文沅等 24 名，七月七日，皇帝將相應的地方官的失察處分均加恩寬免。〔註110〕道光十五年七月，河南巡撫桂良奏明豫省民風好訟，多係譸張為幻，非希圖拖累，即聽從訟師主唆，以致訟牒日繁，對於各屬審詳控案，凡原告涉虛者，即飭照例坐誣，仍追究主唆之人一併治罪，不任遷就率結。〔註111〕道光二十八年，四川總督琦善又奏稱「據各州縣拿獲向正周、薛汝梅、楊秀山、方利川、胡玉田、楊才寬、楊上現、李道宏即李浩然、李成森即李巫子、李敬宗、蔡宗文、李紹駿、李成輝等十三名。訊據供認，代人作呈，增減情節，教唆詞訟，自一二次至十餘次不等。」〔註112〕

官方還認定訟師還與會匪等勾結在一起，充當主謀。如道光中葉，江蘇省徐州和邳州等地，有勒贖訛索等事發生，據奏乃凶棍吳當運聚眾為匪，其謀主乃山西太谷訟師姚宣信。皇帝諭令嚴懲，最後拿獲吳當運審明正法，並將從犯24 名分別定擬如律。〔註113〕

另外，明清時期作為立法活動延伸的「狀式條例」，對於訴訟主體和呈訴內容乃至書寫形式等方面都有嚴格的要求，成為司法實踐中對當事人的訴訟行為的最直接、最有效的規制。「狀詞嚴格限製字數並嚴格要求由官代書把關審定或者代寫，是為了排除訟師對詞訟的干預。」〔註114〕

清人在地方志書寫中，也有意將獄訟繁興歸結於訟師唆使，以求與朝廷政策相一致。「訟師教唆詞訟，牽連無辜，不但是地方社會不安的因素，而且也

〔註109〕《清宣宗實錄》卷 186，道光十一年三月戊寅，中華書局 1986 年版，第 3 冊第 953 頁。

〔註110〕《清宣宗實錄》卷 254，道光十四年七月庚午，中華書局 1986 年版，第 4 冊第 859 頁。

〔註111〕河南巡撫桂良：《奏為請釐積案事》，道光十五年七月十五日，朱批奏摺，檔號：04-01-01-0772-022。

〔註112〕四川總督琦善：《奏為川省民間控訴向正周等代人作呈教唆詞訟分別照例擬議事》，道光二十八年正月，朱批奏摺，檔號：04-01-30-0372-021。

〔註113〕《清宣宗實錄》卷 287，道光十六年八月辛酉，中華書局 1986 年版，第 5 冊第 429～430 頁。

〔註114〕張晟欽：《清代狀詞文書格式要素及其成因分析——以清代官箴書為中心》，載《檔案學通訊》2019 年第 3 期。

是地方官不願意看到的事情。」〔註115〕是故，嚴懲訟師不僅是為了使得民眾迷途知返，更可以減輕官方獄訟壓力，避免干咎。

三、各地制定清訟章程

章程是一種特別法，嘉道兩朝各地也根據實際制定了清訟章程。如嘉慶十二年五月，溫承惠奏明直隸省積案情形，皇帝諭令將藩司慶格和前臬司楊志信均交部議處，並明確讓溫承惠以後「務當按照奏擬章程，嚴飭所屬上緊清釐，實力整頓，勿徒以空言塞責。」〔註116〕這些章程有的適用面比較狹窄且時間效力有限，有的則規定得比較全面且影響持久。

江蘇清訟十二條、山東省清釐積案章程、松筠制定的直隸清訟章程等，都具有代表性。此外，嘉慶十二年正月經金光悌奏請適時變通的學政衙門積案清理章程，〔註117〕也起到了積極的作用。

（一）典型建制——江蘇清釐積案章程

自嘉慶十二年至十五年，大部分地區的積案奏報與應對已完成了一個輪迴，從中積累了大量的經驗。嘉慶十五年七月二十九日，江蘇巡撫章煦在彙報江蘇積案情形之餘，還上奏了清釐積案的辦法。其所提出的十二條章程是典型的地方規範，對其他直省的積案防治具有較好的啟示作用。

章煦於十四年十一月底抵任之初，即將辦理積案的大概情形具奏，後奉命暫署兩江督篆，回任後將欽交案件逐一親訊，並將咨交各案及各屬解省命盜重情、疑難之案，「督率藩司慶保、前署臬司王象儀、蘇州府知府五泰，並於在省候補試用丞倅牧令人員內擇其心地明白熟悉例案者數員，隨同審辦。」每日督催，以期速結。但他認識到自理詞訟相較來說積壓更為嚴重，「該府州縣向來視為尋常案件，並不依限審辦，經年累月，玩愒因循，以致屈抑者赴訴不休，奸狡者告訐愈甚，獄訟之煩，皆由於此。」小事逐漸演化為大事，拖累無窮，滋弊甚多。在經過多番努力後，截至十五年七月底止，江蘇詳結積案 473 件，「尚有歷任撫臣及臣蒞任以來批交江寧藩司親提者九起，江蘇

〔註115〕徐忠明：《眾聲喧嘩：明清法律文化的複調敘事》，商務印書館 2021 年版，第173 頁。

〔註116〕《清仁宗實錄》卷 180，嘉慶十二年五月庚午，中華書局 1986 年版，第 3 冊第 375～376 頁。

〔註117〕江西巡撫金光悌：《奏為清釐學政衙門積案籌酌嗣後處置章程事》，嘉慶十二年正月二十二日，錄副奏片，檔號：03-2446-014。

藩司二十三起，臬司十二起，並轉飭各府州審辦自十餘起至二百餘起不等。」
頗具規模，是故他奏請設立章程，分別懲勸。〔註118〕

其單內詳細列明各條：

一、兩司衙門提審之案，兩造及人證俱到者，臣隨時督催勒限一月
內審結詳辦。其屢提未到者，再行催提，催至三次無故不解者，
將該州縣撤回。查係有心抗違及實在疲軟無能、呼應不靈者，
分別參處。

一、批發各府州縣審詳者，如有獄訟繁多之處，酌委候補丞倅牧令
等官一員分赴各處會同趕辦。一百案以上者，勒限三個月全完；
五十案至一百案者，勒限兩個月全完；五十案以下者，勒限一
個月全完。責令將審結案數每一月開摺具報以憑稽察。至應解
知府、直隸州親審事件，如州縣玩延，不速傳人證解審，許該
管上司查揭以儆怠惰。

一、江蘇刁生劣監每藉包訟為生涯，暗中指唆架捏愚弄鄉民，臣現
飭各屬嚴密訪查，並隨案確究，務使有犯必懲（夾批：勿為空
言），以端士習而清訟源。

一、從前各屬審明誣告之案，往往以到案供明，從寬免議，以致刁
詐之徒無所顧忌，藉上控為拖累平民之計，及至水落石出，又
得幸免反坐，最為惡習。臣現飭各屬如審係全誣者，即將原告
按照律例治以應得之罪，不許將就了事，以儆刁誣。

一、各府州提審之案，委員前往會審，查有情節重大，從前枉斷，
冤屈未伸者，許令各委員據實密稟，提省審明，參奏治罪，並
將稟出之委員獎勵，以杜各府州徇情迴護之弊。

一、互爭田土、房產、墳塋各案，有關涉兩邑界址不清，必須委員會
勘者，於原定限期之外，有十案應勘，許展限兩個月；五案應勘，
許展限一個月；三案以下應勘，許展限半個月。庶審辦不致草率。
若展限之外再有逾違，將地方官及委勘之員分別參處。

一、鄉封關提人證，往往經差弊捺不解，以致案結無期。現經申明
定例，關提人證，限以二十日，如有逾限不解者，許承審之員

〔註118〕江蘇巡撫章煦：《奏為設法清釐積案並酌議章程事》，嘉慶十五年七月二十九
日，朱批奏摺，檔號：04-01-01-0521-007。

據實詳報，照例查參。如應解之人，或實已外出或已病故，無
從關解，須訊明地鄰、親屬人等確供具結，仍於限內移覆，以
免捺延。

一、民人控告事件，多有因雀鼠細故架捏大題，羅織多人，及至批
准之後，所控人證雖已拘齊，而原告轉藏避不到，以致拖累無
辜。現在飭令司道府州，如遇民人續控事件，一經批准，即將
原告押發承審衙門，以杜原告避匿之風。

一、近海各州縣接漲沙地，彼此控爭之案，委員勘明新漲沙地實有
若干，定斷歸公，另行召佃，使兩造無利可圖，不致輾轉侵爭，
釀成命案。

一、各控案先令出示曉諭，定期編審，一面差傳，如有被告到案，
原告屢傳不到，查係情虛畏審，即照原告不到之例請銷。將來
拘獲原告，仍照例治以誣告之罪。庶健訟习徒知所儆懼。

一、積案既立法清釐，其新控之案，亦當嚴定章程，隨時審辦。如
遇有向臣衙門具控情節重大者，即行提訊速結，其餘批交各衙
門審辦者，每一案自奉文之日起，扣除提解往返月日，總勒限
一月內審結出詳。如有違逾，隨時記過。新案遲至三月以外全
不審辦，查係易結不結者，立即參奏。如此嚴定章程，庶不致
舊案未銷，新案又積。

一、生監上控浮收漕糧之案，查明地方官實係額外浮收，立予參
辦。若係抗糧不納，捏詞上控，藉緩追呼傳審，又避匿不到者，
飭令列案詳銷。仍將該生監姓名造冊詳報各上司，俟完納新漕
時，再有逞习捏控，立時押發（夾批：實力辦理）完交，並分
別革懲。庶抗糧之風少息。〔註119〕

綜上可見，該章程極其細緻，章程對於兩司、各府州提審之案，以及細
事和重情的審理，對誣告的處理、委審、展限、關提人證、生矜包訟等問題
都進行了細緻的說明和規定，成為江蘇省防治積案的行動指南。防患未然，
治理已然，對相關責任人員的獎懲亦敘述細緻。此後各地清釐積案除遵照朝
廷指示外，也大多仿照類似辦法。

〔註119〕江蘇巡撫章煦：《呈酌議清釐積案章程各款清單》，嘉慶十五年七月二十九日，
　　　　朱批奏單，檔號：04-01-01-0521-008。

（二）山東清訟章程

嘉慶晚期，山東積案情形十分嚴重，山東巡撫為此專門制定清訟章程嚴格獎懲、通過設立發審局等措施使得積案漸次清理完結。

就章程而言，嘉慶二十三年五月二十二日，山東巡撫和舜武奏明其到任後，即與藩臬兩司查核各屬循環月報，計案件之多寡分別定立限期以期實效。酌議：

> 每屬如上司批詞數在五百起以下者，限以六個月全行審結；四百起以下者，限以五個月全完；三百起以下者，限以四個月全完；二百起以下者，限以三個月全完；一百起以下者，限以兩個月全完。其由府批飭各州縣審訊之案以及各屬自理詞訟亦分別定限。其有現控之案，隨時審理。如此酌予限期，既非過於迫促，各屬可以悉心聽斷，不致草率從事，而為時亦非曠久。仍隨時查察，如再有因循卸玩不知振作之員，即以易結不結嚴行參奏。此內如有實在勤理詞訟，結案最多者，亦量加獎勵，明定功過，以示勸懲。自必漸有起色。〔註120〕

章程奏上之後得到了朝廷的支持，上諭「著即照所請。」〔註121〕

緊接著，和舜武在屬員中找到了幾個典型以示獎懲，如特參濱州知州王龍圖遲延清理積案和歷城縣知縣戴屺審詳積案勤幹可靠。

七月十四日，和舜武特參濱州知州王龍圖延不清理積案，據稱濱州知州王龍圖治所範圍內有未結積案 110 多起，「屢次飭府嚴催，仍未據訊結一起」，而通過按察使司去札行查，王龍圖答覆「無從集案等情」。和舜武不禁指出「該州闒茸無能、書役乘機弊混可知，且詞訟傳審尚呼應不靈，又安能望其辦理地方公事，實為庸懦疲玩之員」。他同時奏明惠民縣知縣邱音越並不及時審結竊案，經該司溫承惠節次嚴催，「該縣置若罔聞，不惟案犯無一名報解，且無雙字申覆，抗違已極。」和舜武指出正當整頓之際，應嚴加懲辦，請旨將王龍圖和邱音越一併革職。〔註122〕四天後，上諭將王龍圖革職發往軍臺効

〔註120〕山東巡撫和舜武：《奏為遵旨勒限清整積案並酌議分提審辦京控案件事》，嘉慶二十三年五月二十二日，朱批奏摺，檔號：04-01-01-0581-007。

〔註121〕《清仁宗實錄》卷342，嘉慶二十三年五月癸亥，中華書局1986年版，第5冊第528～529頁。

〔註122〕山東巡撫和舜武：《奏為特參濱州知州王龍圖延不清理積案惠民縣知縣邱音越竊案抗違不解請旨一併革職事》，嘉慶二十三年七月十四日，朱批奏摺，檔號：04-01-12-0331-004。

力贖罪，將邱音越也革職。並由此制定新的處分則例──「嗣後州縣官任內積案，延不訊結。至一百案及四十案以上者，即照此例，查明參奏，將該員革職發往軍臺。其積壓在四十案以下者，奏請革職，以懲積玩。」〔註123〕

　　山東制定了嚴密的清訟章程，發揮了一定的效果，當年山東巡撫衙門積案 1,374 起，自和舜武接任後審結 1120 起；臬司衙門積案 6080 多起，溫承惠到任後審結 5,400 多起。皇帝將和舜武以及山東按察使「加恩交部議敘」。將造成積案未清的前任撫臣陳預和前臬司張五緯再行處罰。另外，布政使司衙門未結詞訟 3,600 多起，廣慶具報已詳結 1,840 多起。〔註124〕二十五年二月十五日，察哈爾都統慶溥和副都統海升奏明「四臺廢員張五緯每於因公接見時，詢及公事，該廢員於例案尚為熟練，況其曾任臬司，受恩深重，即令其自備資斧協同司員等辦理公務效力贖罪，亦分所應當。」此奏引起了皇帝震怒，朱批：「汝可謂知人矣！」〔註125〕隨即由軍機大臣字寄，斥責慶溥等「所奏殊屬冒昧」，張五緯這種劣員，「安能襄辦公務，明係出自鑽營。慶溥等為其所愚，妄行陳請。」皇帝將慶溥和海升傳旨申飭。二月二十五日，慶溥和海升具摺謝罪，「妄行奏請，殊屬冒昧糊塗。」〔註126〕由此觀之，皇帝對於造成案件積壓極其嚴重的張五緯相當憤恨。

　　與此同時，和舜武還奏明歷城縣知縣戴屺審詳積案查拿要犯勤幹可靠請准升用。山東各屬審詳積案全數完結有 37 州縣，巡撫奏請對急公全行訊結之齊河縣知縣蔣因培等四員均記功以示鼓勵，其中，歷城縣知縣戴屺將巡撫及兩司批發積案共 560 餘起掃數訊詳完結，尤為奮勉，懇請將戴屺以應升之缺陞用。〔註127〕十二月二十四日，嘉慶帝諭准。〔註128〕

〔註123〕《清仁宗實錄》卷 344，嘉慶二十三年七月甲寅，中華書局 1986 年版，第 5
　　　　　冊第 556～557 頁。
〔註124〕中國第一歷史檔案館編：《嘉慶道光兩朝上諭檔》第 23 冊，廣西師範大學出
　　　　　版社 2000 年版，第 616 頁。
〔註125〕察哈爾都統慶溥、察哈爾副都統海升：《奏請准令廢員前山東臬司張五緯協同司
　　　　　員辦理公務事》，嘉慶二十五年二月十五日，朱批奏摺，檔號：04-01-01-0611-008。
〔註126〕察哈爾都統慶溥、察哈爾副都統海升：《奏為冒昧請調廢員前山東臬司張五緯
　　　　　協同司員辦理公務奉旨申飭謝恩事》，嘉慶二十五年二月二十五日，朱批奏
　　　　　摺，檔號：04-01-01-0611-006。
〔註127〕和舜武：《奏為歷城縣知縣戴屺審詳積案查拿要犯勤幹可靠請准升用事》，嘉
　　　　　慶二十三年十二月，朱批奏片，檔號：04-01-01-0583-003。
〔註128〕中國第一歷史檔案館編：《嘉慶道光兩朝上諭檔》第 23 冊，廣西師範大學出
　　　　　版社 2000 年版，第 617 頁。

但山東仍有一部分積案未結，各衙門批發首府的舊案和新案常至三五百起。其後和舜武病逝，繼任者程國仁於二十四年閏四月奏明，除照常清理積案外，還要嚴拏訟棍以清訟源。〔註129〕山東積案是由繼任巡撫錢臻徹底清理的，其除了沿用前述措施外，還「奏明定限，先於一月內將舊案詳結十分之五，如有違逾，該州縣盡行摘去頂帶，本管府州降一級留任。嗣後新舊案並計，按月比校下月起數，總須減上月十分之三。若有增無減，或所減不及分數，該州縣降一級撤回，府州降一級。其有積壓本多，始終疲玩，三月內毫無起色者，州縣革職，府州降調。所有撫署及藩司批發之案，均歸一律辦理。庶共知儆戒，可期力挽頹風。」〔註130〕其成型經過為「經臬司童槐酌議章程詳由前撫臣程國仁。」〔註131〕童槐作為按察使，曾多次為錢臻起草奏疏，如這則被皇帝駁回的辦法即出自童槐之手——「嗣後東省民人京控，訊係戶婚、田土、錢債、口角細故，及雖係重案，在本省控告不久，未經投案質訊者，斟酌駁斥，毋庸奏咨。則民人等知京控不能有准無駁，不肯輕費盤纏，訟棍之設局盤踞者，生計漸少，日久亦必散局，較查拿更易為力。如此立定章程，然後地方官紳有可為。」〔註132〕之後山東專門設立發審局，配合上述章程，終於在嘉慶二十五年將積案一清。

（三）直隸清訟章程

道光九年二月，那清安等查明京控咨交各處逾限未結各案之後彙奏。上諭交吏部查明承審逾限各員分別議處，未結各案令各該督撫等迅速審辦完結。〔註133〕從相關史料可以推測當年直隸積案較多。直隸省先由屠之申護理督篆，因其忙於河工事務，隨著白馬氏京控，四月十九日，由道光親信大臣松筠署直隸總督。〔註134〕六月那彥成正式接印。一直到當年十二月，才

〔註129〕山東巡撫程國仁：《奏為瀝陳清釐積案崇教消邪等亟應整飭事宜事》，嘉慶二十四年閏四月初五日，朱批奏摺，檔號：04-01-12-0336-004。

〔註130〕〔清〕童槐：《今白華堂文集》卷5《山東臬司六事議（申程鶴樵中丞）》，《續修四庫全書》編纂委員會編：《續修四庫全書》第1498冊，上海古籍出版社1993年版，第221頁上。

〔註131〕山東巡撫錢臻：《奏為特參延誤積案之壽光知縣宋銘等三員並各該管府州事》，嘉慶二十五年六月二十七日，錄副奏摺，檔號：03-1593-044。

〔註132〕〔清〕童槐：《今白華堂文集》卷8《酌擬整飭章程摺（代錢潤齋中丞）》，《續修四庫全書》編纂委員會編：《續修四庫全書》第1498冊，上海古籍出版社1993年版，第231頁上。

〔註133〕參見中國第一歷史檔案館編：《嘉慶道光兩朝上諭檔》，廣西師範大學出版社2000年版，第34冊，第53頁。

〔註134〕《清宣宗實錄》卷155，道光九年四月壬午，中華書局1986年版，第3冊

完結直隸京控各案。〔註135〕

　　道光九年四月二十三日，道光帝在松筠謝恩摺批示「卿之立身行政，朕所素知，無可再諭。但當世人心不古，無論官民，多取巧之心，以圖名利，又知卿慈良長厚，妄希干進。其加意防之，不可一味寬厚也。」〔註136〕四月三十日，署直隸總督松筠向朝廷奏報了酌定清釐案牘章程。他指出「各府州縣審辦案件，報結者少，續控者多，以致案證拖累，皆因積習相沿所致。若不剴切申明諭旨，勢必仍復因循疲玩。臣與署藩司戴宗沅、首道、首府公同商酌，亟應酌定章程，嚴查各州縣積案，俾知有所警惕。」

　　章程內容為：

　　　　嗣後應令各州縣將所收呈詞按月詳報，如何斷結發落者若干
　　　　案；未經斷結者若干案；兩造自請息訟者若干案；現在續接呈詞若
　　　　干案。逐案聲敘，一面報臣衙門查核，一面通報藩、臬兩司。該管
　　　　道府破除積習，覆核具報，其有能實力秉公斷結各案在十之八九者，
　　　　分別記功；其斷結未能及半者，分別記過；或斷結各案倘有情罪未
　　　　能平允或草率定斷或有意偏袒，一經駁審得實，即行據實參辦；其
　　　　有審斷得當，民無冤抑、案無塵牘者，亦當核實鼓勵，以昭勸懲。
　　　　至道府直隸州於所屬之案，關係罪名出入，如能據實平反，改擬得
　　　　當者，由藩臬兩司詳請核定，遵旨具題，由部覆核，查明奏辦。再
　　　　查州縣於小民含冤屢控，既已疲玩不為究辦，且不能嚴禁書役勒索、
　　　　押禁、賄串諸弊，而該管各府於上控重情並不隨時提訊，仍批該州
　　　　縣審辦，致無辜拖累，已屬不知勤恤民隱，即或提訊，又不虛衷研
　　　　鞫，致民冤獄莫伸，情急赴京呈控，尤應責成各該管道府隨時隨事，
　　　　剴切開導，勉為循吏。州縣中倘有恣意貪婪者，該管道府若扶同狗
　　　　隱，一經發覺，定即一併從嚴參辦。〔註137〕

　　針對此奏，朱批：「另有旨」，並批示「此外官之通病，深可恨者，盡心

　　　　第380頁。
〔註135〕　直隸總督那彥成：《奏報京控案件及例應題奏咨辦事件已掃數辦竣等事》，道
　　　　　　光九年十二月二十五日，錄副奏摺，檔號：03-3748-048。
〔註136〕　《清宣宗實錄》卷155，道光九年四月丙戌，中華書局1986年版，第3冊第
　　　　　　384頁。
〔註137〕　署理直隸總督松筠：《奏為嚴查各府州縣積案分別功過整飭官方遵旨酌定章
　　　　　　程事》，道光九年四月三十日，朱批奏摺，檔號：04-01-01-0710-002。

民事,不避嫌怨者,曾不多見,言之深堪太息。要知此等僚吏為何成此痼習,不顧天理,不念人情,置百姓疾苦於度外,視國家法度如泛常。任聽書役如狼如虎擾害閭閻,獨不思汝自己身家不是大清之子民也?初非異類。所謂以不忍人之心行不忍人之政者安在?朕有誅心之論,一言可蔽曰:『無天良』。」〔註138〕這道朱批從而構成了五月三日上諭的主要組成部分,即:「州縣為親民之官,若果於自理詞訟勤明聽斷,則大而冤抑得伸,細而是非立判,不特兩造帖服,而架詞唆訟譸張為幻者,焉得暇而逞其伎倆。」然而地方各州縣,怠忽者多,勤敏者少,經年累月未能審明案件,導致民眾無辜拖累,輾轉上控。上司又將案件發交原州縣審辦,或迴護前審,「以致小民含冤屢控訟累日深」。遂批准松筠酌定的章程,以慎庶獄而肅官常。〔註139〕

道光九年五月初七日,署直隸總督松筠奏明已公同酌定,自六月初一日起限,按月稽查各屬詳報已未結各案,以核功過。總期案件早完一日,則百姓即少受一日之累。並酌擬統計三個月將核定功過奏聞一次。朱批:「立法何難,行之維艱。務要實力而有恆,方可奏績也。勉之。」〔註140〕

很有意思的是,松筠此奏將州縣自理詞訟也納入到常規的奏事範圍中——三個月奏聞一次,但僅施行了四個月就被廢止。道光九年九月,據直隸總督那彥成奏稱,已屆彙奏之期,「查明各屬詳報自理詞訟,月計不下數千案,積至三月,累牘甚至萬有餘件。瑣細繁多,殊於政體未協。至考察州縣,記功記過,向只飭司存記,並不具奏,亦不報部。若即以此定為勸懲,形諸奏牘。是又於議敘處分之外,復添條款,實屬紛雜。」皇帝因此批准那彥成的提議,通諭仍將「題奏、咨部及內控、上控案件,逾限照例參處」,而各州縣自理詞訟,「仍照定例,責成道府廳州,嚴查循環簿籍,將已結、未結、請息、續控案數,按季造冊,報明督撫衙門及藩臬兩司查考;仍比較勤惰,分別功過,歸於年終甄別案內,彙總覈辦。如有過多功少,才不勝任者,奏明分別降改,以符體制。所有松筠議請三個月具奏一次之處,着即停止。」〔註141〕這個例子

〔註138〕署理直隸總督松筠:《奏為嚴查各府州縣積案分別功過整飭官方遵旨酌定章程事》,道光九年四月三十日,朱批奏摺,檔號:04-01-01-0710-002。

〔註139〕《清宣宗實錄》卷156,道光九年五月丙申,中華書局1986年版,第3冊第390~391頁。

〔註140〕署理直隸總督松筠:《奏為凜遵訓諭嚴飭各屬實力奉行清釐案牘事》,道光九年五月初七日,朱批奏摺,檔號:04-01-12-0408-050。

〔註141〕《清宣宗實錄》卷160,道光九年九月庚申,中華書局1986年版,第3冊第484頁。

說明州縣自理詞訟相較輕微，只影響州縣官員的年終甄別結果，與議處議敘並不直接相關，一般是作為地方督撫年終考核的依據。而這也是累累積案一直無法根除的重要原因。

除以上列舉的代表性章程外，其他省份也不乏有效的對策。以道光後期江蘇巡撫李星沅為例，其主政期間江蘇獄訟殷繁，為了盡快地清理積案冤獄，李星沅專門制定了章程，多種辦法並用使得積案盡快完結：一是嚴格約束屬員，整飭審判秩序，限期結案，對於提解、審判遲延之員照例參處。將未結京控案39起，勒限半年內掃數辦結。〔註142〕二是嚴格按照原告呈狀內容進行研訊，依律審辦，「不准案外株連，得實者即予以申理，虛誣者照律反坐。」第三，禁止官員、書吏和衙役借機敲詐勒索。另外，還打擊包訟行為，嚴懲訟棍。〔註143〕他通過制定這些規則並嚴格加以督查，產生較大的威懾力，江蘇的積案情形得到了清理，並起到了一定的預防作用。

因審案出力而被保舉之人的比例大大上升，衝擊了原有的獎敘和銓選體系。

《福建省例》中對於乾嘉時期制定的條款多有記載，如「辦理命盜案件立定條款」載嘉慶元年七月二十四日，福建巡撫札發8條辦案章程要求各屬員遵行，包括：（1）「報呈宜核實」，杜絕刁健訟師逞其刀筆，恣意裝點，教唆詞訟，牽累無干；（2）「驗屍宜詳慎」，減少刑仵人得賄舞弊的情形；……（6）「錄供宜迅速簡切」，避免「訊供不速，則訟師出而刁唆，情偽於以百出」以及遲延月久，彼此串供，隨意捏造等問題；（7）強調「招解宜迅速」，免受遲延處分；（8）「招解宜錄報」，府、州、縣招詳案件，照例「將看語抄錄，並聲明申解日期通報，以憑稽察」。當時的按察使又擇其最為民害及礙難辦理者，酌議二條。其中第一條為「嚴禁株累」，指出福建省官民相互不信任，「每遇命盜重案，書役、訟師視為利藪，屍親、事主居為奇貨。……是以案牘之遲滯，訟獄之繁興，半由於此。」八月二十四日，經巡撫批准，一併刊入省例，通行各屬查照章程辦理。〔註144〕

〔註142〕參見〔清〕李星沅撰：《李星沅集》第1冊，王繼平校點，嶽麓書社2013年版，第232～233頁。

〔註143〕〔清〕李星沅撰：《李星沅集》第1冊，王繼平校點，嶽麓書社2013年版，第233頁。

〔註144〕〔清〕《福建省例·刑政例·辦理命盜案件立定條款》，載《臺灣文獻叢刊》第199種《福建省例》，臺灣銀行經濟研究室編印1964年版，第975～982頁。

四、逐級審轉覆核制的變通

　　嚴格的逐級審轉覆核制一般指可能科處徒刑以上刑罰的案件，除直隸州或直隸廳外，按照地方州縣、府、司、院逐級承轉，各類案件擁有相應的審結程序，如一般的徒刑案件由督撫審結，按季彙報給刑部；涉及人命的徒刑案件上報給中央；流刑和死刑則由督撫題奏朝廷或咨報在京法司。「徒刑以上案件逐級審轉的訴訟制度，體現了以中央政權為核心的上級政府對下級地方司法權的羈縻控制。」〔註145〕雖然很多學者認為「道」為非必要的審轉程序，〔註146〕但道也發揮著重要的司法審判和司法監督作用。《大清會典》規定：「直隸廳、直隸州本管者，由道審轉。……知府有親轄地方者，其本管亦由道審轉。」〔註147〕可知，道對府、直隸州、直隸廳本管案件有審轉（覆審）權。或為第二審，或為第三審。

　　但是，有些直省管轄地域較為遼闊，各民族聚集，若嚴格遵循逐級審轉制度，不僅路途遙遠，解費昂貴，而且原被中證等涉案人員以及屍棺等重要物證難免會在途中遭遇一定的風險。鑒於這些情況，清廷也有意變通逐級審逐覆核制度，其一是通過派委幹員到下屬機構審理；其二是重點發揮道的作用。

　　就道在審轉覆核中的作用而言，在不同時期呈現出完全不同的情形。實際上，回溯《大清律例》中《有司決囚等第》第33和34條例〔註148〕的纂修經過可發現，這兩個複雜的條例在清朝中期經過了多重調整，審轉至道這一層面的案件管轄範圍逐漸擴大，清朝不僅對軍流遣和命案擬徒人犯的解審進行變通，而且連秋審解勘也進行了變通。這說明隨著疆域底定，乾嘉時期面對的司法現實更為複雜，而隨著社會轉型的繼續，治安動亂、吏治腐敗、財政凋敝，對解犯進行了充分的安全考慮和成本估算後，各地督撫奏請將距省窎遠府廳州所屬之各廳州縣的人犯盡可能只解到道這一層面，以避免高額的

〔註145〕王志強：《論清代條例中的地區性特別法》，載《復旦學報（社會科學版）》2000年第2期。

〔註146〕道在行政設置上較為特殊，多數學者並不承認道是獨立的行政區劃和行政機構。如白鋼主編《中國政治制度通史》指出清代地方分省道府縣四級，但是道並非獨立的審級；張晉藩先生亦持此觀點。參見白鋼主編：《中國政治制度通史》（第十卷），人民出版社1996年版，第316頁；張晉藩：《中華法制文明的演進》，中國政法大學出版社1999年版，第599頁。

〔註147〕〔清〕昆岡等修：《欽定大清會典》卷55，載《續修四庫全書》編纂委員會編：《續修四庫全書》第794冊，上海古籍出版社1996年版，第532頁。

〔註148〕據《讀例存疑》的條例順序排序，前文已有相關交代。

財政負擔，也有利於加速案件的完結。以孫玉庭為例，他促成了廣東、江西等省的秋審解勘機制的變通，其年譜載：「粵東幅員遼闊，海山交錯，潮高雷連（廉）四府距省甚遠，每值秋審，人犯眾多，長途往返，時恐疏虞。余奏請照粵西等省之例，邊遠府分免其解省，即由該巡道往勘，歸臬司彙詳，經部議准行。」〔註149〕這是他對於廣東四府秋審解勘的變通。其後，他又奏請朝廷，「今江西省之南安、贛州二府，及寧都一州所屬，距省一千數百里不等，水路則節節溪灘，陸路則重重山谷，實屬道遠險阻，每年秋審人犯解省審錄，地方文武必多派兵役，厚給盤川。不惟苦於繁費，更恐中道疏虞」，擬請改照兩廣、兩湖等省之例，由巡道就近審錄。「南贛寧三府州地方近年案牘滋繁」，因此他還奏請將軍流以下人犯的審擬流程也量為變通。孫玉庭指出這三府州：

> 東接閩省，南連粵東，本為罪囚逋逃之藪。邇年來風氣所染，常有匪徒拜會結黨，擾害閭里。而習俗強悍，睚眥微嫌，動輒挾仇尋釁，又有訟棍為之播唆，以致民情習詐，譸張為幻，訟獄之繁，甲於通省。……且由省提質之時，每在審限已滿之後……積牘塵封，爰書莫定。歷年咨部展限案件，南贛十居其九，是其明證。

除了案牘滋繁，容易逾限外，花費和行旅安全也是重要的考量因素。

> 此等罪犯軍遣以下人犯獨多，解役愈眾，舟車飯食及安家口糧，到省旅費，無不仰給有司。設或中途脫逃，轉罹參處。迨一經翻異，提證解質，或係事主屍親，或係地保鄰右，此輩無罪牽連，家非殷實，亦必酌幫盤費，撥役護送，方免半途避匿，臨審潛回。是以每案一起，州縣少則數十金，多則數百兩。山僻窮員缺苦事繁，廉俸無幾，實不勝其賠累。〔註150〕

因此地方官員畏難苟安，遇到案子要麼久不查辦，要麼化大為小，弊端累累。

道光十二年七月，御史宋劭谷也指出「各省屬邑道里遠近不同，解審難易迥別，是以前各督撫等奏准將距省窵遠之府廳州縣秋審人犯及尋常遣軍流徒等犯就近改歸本管道員審轉，免其解省，各在案。」奏請皇上敕下吏刑二部詳查例案，「就各省地方之遠近、案件之重輕、情形之難易，兼權熟計、斟酌變

〔註149〕〔清〕孫玉庭：《寄輔老人自記年譜》，載北京圖書館編：《北京圖書館藏珍本年譜叢刊》第 119 冊，北京圖書館出版社 1999 年版，第 590～591 頁。

〔註150〕〔清〕孫玉庭：《延釐堂集·江西距省窵遠南贛各屬秋審及軍流以下人犯請歸巡道審錄審轉疏》，載《清代詩文集彙編》第 438 冊，上海古籍出版社 2010 年版，第 61～63 頁。

通，將何者為督撫兩司必應親提之案，何者為另委妥員查訊必應覆勘之案，何者為督撫各上司委審即可由本道、本府覆勘詳結之案，並何者必應遴委他員，何者可以轉發本官，其該民人上控時曾否在本官聽審，本官曾否定案，曾否拖延，分別應提不應提，應議不應議。總期於官無滯礙，民無擾累，可飭吏治，可息刁風，會同悉心酌核，妥議章程，奏請聖鑒裁定，敕下各省督撫畫一遵辦。」〔註151〕這是一道具有代表性的奏摺，也體現了清朝因時制宜的立法特色。道光年間，各地根據實踐申請對審轉覆核制進行變通，清廷也適時地推動了這一改革。

整體來看，圍繞「道」進行的解審核解勘變通體現了一種因地制宜的就近原則，若離省城較近或一些直隸廳，則徑行招解臬司，毋庸解道審轉。而距省窵遠之府州所屬秋審人犯以及府廳州所屬之各廳州縣的尋常遣軍流徒人犯及命案擬徒人犯，都不用解省。滋賀秀三提出「在遠離省城的地方，除死刑等特定的案件外，犯人正身先送至府城，然後又各自送到指定的鄰近的道。由道向臬司上報案卷而結案（始於道光年間）」。〔註152〕1993年，鄭秦認為「對於某些距省城遙遠的州縣的秋審人犯不必解省，而由巡道在『冬季巡歷』時代表省去審錄。」〔註153〕他認為該制度的停止與就地正法的濫用直接相關。2001年，高遠拓兒梳理了乾隆朝地方秋審程序和秋審人犯管理的改變，前者表現為地方秋審解勘之變、實行道員冬巡之制，後者表現為部分秋審人犯留禁省監。〔註154〕孫家紅探討死刑監候人犯免其解省的客觀原因有「距省窵遠，山長水闊，路途阻塞，解犯實在難度太大，成本太高」，並整理「距省窵遠免秋審人犯解省之府州縣及責成道」表。〔註155〕王志強申述清代

〔註151〕掌京畿道監察御史宋劭谷：《奏為各省審理上控案件請酌定章程事》，道光十二年七月初三日，錄副奏摺，檔號：03-3685-027。

〔註152〕滋賀秀三：《清代中國的法與審判》第一章《清朝的刑事審判》，熊遠報譯，江蘇人民出版社2023年版，第18頁。

〔註153〕鄭秦：《論清代的秋審制度》，收入氏著《清代法律制度研究》，中國政法大學出版社2000年版，第176頁。

〔註154〕〔日〕高遠拓兒：《清代地方秋審の手続と人犯管理：乾隆年代における提犯・巡歷・留禁の問題をめぐって》，載《史學雜誌》2001年第110卷6號，第1183～1205頁；〔日〕高遠拓兒：《清代地方秋審的程序和人犯管理——關於乾隆年代的提犯、巡歷、留禁問題》，載楊一凡、寺田浩明主編：《日本學者中國法制史論著選明清卷》，中華書局2016年版，第468～496頁。

〔註155〕孫家紅：《清代的死刑監候》，社會科學文獻出版社2007年版，第100-101、400～402頁。

條例中的地區性特別法包括「有司決囚等第」中距省窵遠之府州所屬秋審人犯之解勘變通等程序性規定。〔註156〕茲以秋審解勘的變通加以說明：

《大清律例‧刑律‧斷獄‧有司決囚等第》載：

> 距省窵遠之府、州所屬秋審人犯，均免其解省。如廣西省……各於冬季巡歷時逐一親加研鞫，造冊加結移報院司，不必會同該府。倘有鳴冤翻異者，即將本犯解省聽候院司覆審。如有續行補入之案，補勘移報。倘該道不實力奉行，或有冤抑不為昭雪，或任犯混供率行解省，該督撫嚴參究治。〔註157〕

據《讀例存疑》載：

> 此條繫乾隆四十三年刑部議覆廣西巡撫吳虎炳，及四十四年大學士暫管湖廣總督三寶，並四十七年署湖南巡撫李湖各條奏，定例。四十八年、嘉慶十年、道光元年、四年、七年、十二年、三十年節次改定。〔註158〕

這個條例是關於秋審解勘變通的主要條款，此外「有司決囚等第」門還有幾個單獨條例也與局部地區秋審解勘變通有關。

表4-2　秋審解勘變通情況梳理表〔註159〕

條例規定	制定經過（《根原》）	補充說明
凡每年各省應入秋審人犯，毋庸提解省城會勘，俱令該道員以冬季為期，巡歷所屬，就便率同該府知府，親詣各該州、縣，逐一訊勘。	乾隆三十三年三月內，河南巡府阿思哈條奏。欽奉諭旨，由刑部核議定例纂輯遵行。乾隆四十一年正月內，大學士仍管兩江總督高晉條奏請停止。纂輯新例。此條原例即被刪除。	《清高宗實錄》卷805，乾隆三十三年二月戊子。大學士高晉：《奏為直省秋讞請仍照例提犯審訊事》，乾隆四十一年正月二十日，檔號：03-1199-006。

〔註156〕王志強：《清代國家法：多元差異與集權統一》，社會科學文獻出版社2017年版，第14～15頁。

〔註157〕〔清〕吳坤修等編撰；郭成偉主編：《大清律例根原》，上海辭書出版社2012年版，第1867～1868頁。

〔註158〕〔清〕薛允升著；胡星橋、鄧又天主編：《讀例存疑點注》，中國人民公安大學出版社1994年版，第854頁。

〔註159〕筆者據一手檔案、《大清律例根原》《讀例存疑》和《清實錄》將各地秋審解勘變通的情形進行梳理。

直省每年應入秋審案犯，於應勘時，仍令各督撫提解省城，率同在省司、道，公同會勘，定擬具題。	乾隆四十一年奏請嗣後仍照舊例，解犯到省會勘。	《清高宗實錄》卷 1001，乾隆四十一年正月丁酉，嗣後仍照舊例，解犯到省，督撫率同藩臬司道親鞫核實。停止道府巡錄之例。
滇省秋審，除曲靖等八府及距省不遠之直隸四廳州人犯，仍解省會鞫外，其離省窵遠之永昌、順寧、麗江、昭通、廣南、普洱等六府，即責令不由審轉之各道員，於冬季巡歷時，親加研鞫，不必會同該府。其由該道審轉，如迤西之景東、永北兩廳人犯，令迤南道親審。迤南之鎮沅、直隸州及州屬恩樂縣人犯，令迤西道親審。倘該道不親加勘鞫，僅以冊結了事，以致案有冤抑，該督撫嚴參究治。	乾隆四十一年九月，刑部議覆雲南按察使汪圻條奏，纂輯遵行。	一直作為單獨條例而存在。
甘肅省西寧府所屬之循化、貴德、丹葛爾三廳並大通一縣，責成西寧道。慶陽府所屬五州縣，涇州直隸州並所屬三縣，責、平慶涇道。寧夏府所屬五州縣，責成寧夏道。階州直隸州並所屬二縣，責成鞏秦階道。肅州直隸州並所屬一縣、安西直隸州並所屬敦煌、玉門二縣，及哈密廳，責成安肅道。	未記載具體修定經過，僅指明整個條例於咸豐二年改定。	道光三十年三月陝甘總督琦善條奏。〔註160〕《大清律例按語》無載甘肅情形，同治十二年《大清律例會通新纂》所載為道光十五年例，無甘肅。《讀例存疑》也稱此條最後改定時間為道光三十年，而《皇朝政典類纂》《大清律例根原》所載的咸豐二年當為修纂入例時間。
廣西省泗城、鎮安、太平三府所屬之凌雲、西林、西隆、小鎮安、天保、歸順、奉議、崇善、龍州、寧明、永康、左州、養利等各廳州縣人犯，責成左江道。思恩府屬之武緣、百色人犯，責成右江道。	乾隆四十三年三月內，臣部議覆廣西巡撫吳虎炳條奏。	廣西巡撫吳虎炳：《奏為粵西邊遠各府秋審請免解勘事》，乾隆四十三年二月二十二日，檔號：03-1207-002。《清高宗實錄》卷 1053，乾隆四十三年三月己丑。

〔註160〕 陝甘總督琦善：《奏為距省窵遠府州所屬秋審人犯及遣軍流等案犯請應統歸該管巡道審勘事》，道光三十年三月初五日，朱批奏摺，檔號：04-01-30-0356-016。

貴州省黎平府本屬，及所管之古州、下江、開泰、永從、錦屏各廳縣，責成貴東道。	道光十二年七月二十四日奉上諭：「阮元等奏，嗣後黎平府本屬及所管古州、下江二廳，開泰、永從、錦平三縣，除有關人命問擬軍、流等案，仍解司審轉外，其秋審人犯，責成貴東道，於冬季巡歷時逐一審錄。」	雲貴總督阮元：《奏為遵旨查明秋審及尋常遣軍流徒人犯應由巡道審勘據實覆奏事》，道光十二年六月二十二日，檔號：04-01-01-0741-037。
江蘇省徐州府所屬各州、縣，責成徐州道；海州所屬各縣及淮安府所屬之阜寧、安東二縣，責成淮海道；淮安府所屬之山陽、鹽城、清和、桃源四縣，責成淮揚道。	道光三年四月十五日奉上諭：「孫玉庭等奏淮徐海三府州屬遣軍流徒各犯及秋審人犯請歸巡道審勘一摺。嗣後尋常遣軍流徒及秋審各犯，徐州一府即歸徐州道，海州一屬歸海州道，淮安一府則按河工分管縣分，山陽、鹽城、清河、桃源歸淮揚道。阜寧、安東歸淮海道，就近鞫訊。」	《清宣宗實錄》卷 52，道光三年五月癸未。以江蘇淮安、徐州、海、三府州距省窵遠，命嗣後秋審及遣軍流徒人犯，由各該巡道就近審勘，限期處分，照臬司例。從協辦大學士總督孫玉庭請也。《讀例存疑》：按，淮海、淮揚現只一道，應並作一筆，改為海州及淮安府所屬各縣。
安徽省鳳陽、潁州二府及泗州所屬各州縣，責成廬鳳道。	道光四年五月初八日奉上諭：「孫玉庭等奏尋常遣軍流徒及秋審各犯請歸巡道審轉一摺。嗣後鳳陽府、潁州府、泗州所屬人犯，除罪名斬、絞及命案內應擬軍、流等罪者仍解省由司勘轉外，其尋常遣、軍、流、徒等人命僅止擬徒案犯，均歸該管廬鳳道審勘，徑詳督、撫衙門分別核辦，一面移明臬司備案，無庸解犯至省。其秋審人犯，亦即解道審錄。	《清宣宗實錄》卷 68，道光四年五月庚午，以安徽鳳陽、潁州、泗三府州屬距省窵遠，命嗣後遣軍流徒人犯，由該管道就近審轉。從協辦大學士總督孫玉庭請也。《讀例存疑》：薛允升按語——《處分則例》係鳳陽、潁州、泗州三府州屬。
河南省汝寧府及光州所屬各州縣，責成南汝光道。	道光四年閏七月十六日奉上諭。	河南巡撫程祖洛：《奏為汝光二府州屬道遠案繁請將尋常遣徒及秋審各犯就近審轉事》，道光四年閏七月初八日，檔號：04-01-01-0671-017；《清宣宗實錄》卷 71，道光四年閏七月丙午，以河南汝寧、光二府州所屬各州縣，距省窵遠，命嗣後遣軍流徒各

		犯，由該管道就近審勘，限期處分，照臬司例。從巡撫程祖洛請也。
湖北省鄖陽、襄陽二府所屬各州縣，責成安襄勷道。宜昌、施南二府所屬各州縣，責成荊宜施道。	乾隆四十四年二月內，大學士暫管湖廣總督三寶條奏。 道光四年七月二十日奉上諭：「李鴻賓等請奏將鄖陽等府遣軍流徒各犯由巡道審勘襄陽府屬案犯畫一辦理一摺。」	《清高宗實錄》卷1076，乾隆四十四年二月己巳，刑部議覆，鄖陽令安襄勷道。宜昌、施南，令荊宜施道。各於冬季按巡之便，親詣各州縣提訊。 《清宣宗實錄》卷70，道光四年七月辛巳以湖北鄖陽、宜昌、施南、襄陽，四府所屬各州縣距省較遠，命嗣後秋審及遣軍流徒各犯，由該管道就近審勘，限期處分，照臬司例。從總督李鴻賓請也。
湖南省永順、沅州二府所屬各縣及靖州所屬各縣，責成辰沅永靖道。	《根原》記載有誤，應為乾隆四十七年署理湖南巡撫李世傑條奏。〔註161〕	《讀例存疑》載薛允升按：下條（指軍流徒解道之條）湖南省有鳳凰、永綏、乾州等五廳，解赴辰沅永靖道，此例無此五處，緣此仍係乾隆四十二年舊例，彼係道光年間新例故也。惟鳳凰等五廳，秋審自應仍歸道辦理矣。亦誤。
湖南省鳳凰、乾州、永綏三廳命盜案犯，由廳徑行招解臬司審轉，毋庸解道。其秋審人犯，即責成不由審轉之該管本道，親歷覆勘。遇有異同，仍遵定例辦理。	嘉慶八年五月內，湖南巡撫高杞奏鳳凰、乾州、永綏三廳，改為直隸廳之後，命盜案犯，仍由道審轉解司。秋審人犯，亦解省提勘。各該廳遠處苗地，距省窵遠，每屆解犯到省，多有稽遲。若仍解道審轉，致有一起案犯，兩次解省之煩。請將該三廳，援照靖州之例，命盜案犯由廳徑行招解，臬司審轉；秋審人犯責成該管本道，親歷覆勘。等因。當經臣部議覆，嗣後鳳凰、乾州、永綏三廳命盜案犯，由廳徑行招解，臬司審轉，毋庸解	作為單獨條例存在。

〔註161〕 《大清律例根原》載其為乾隆四十二年八月內署湖南巡撫李湖各條奏定例，記載有誤，實為乾隆四十七年署理湖南巡撫李世傑條奏定例；《讀例存疑》亦誤。

	道。其秋審人犯，即責成不由審轉之該管本道，親歷覆勘，遇有異同，仍遵定例辦理等因。奏准在案。應纂輯為例，以便遵行。	
山西省大同、朔平二府所屬各州縣，責成雁平道。口外歸化等五廳所屬，責成歸綏道。平陽、蒲州二府及解州、絳州所屬各州縣，責成河東道。	道光四年二月十九日奉上諭：「邱樹棠奏距省窵遠之各廳州縣遣軍流徒各犯及秋審人犯請歸巡道審勘一摺。」「山西歸綏道屬之歸化等五廳，暨大同、朔平二府所屬各州縣，請由道勘轉，免其解省。著照所請。嗣後，歸綏、雁平兩道所屬遣、軍、流、徒各犯及秋審人犯，各歸該管巡道就近審勘。」道光七年奉上諭：「福綿奏距省窵遠之州縣遣軍流徒及秋審各犯請歸巡道審勘一摺。」山西蒲州、平陽二府及解、絳直隸州所屬各州、縣，該撫請照歸綏道屬之例，由道勘，毋庸解省。著照所請。	《清宣宗實錄》卷 65，道光四年二月癸丑，以山西歸綏道屬歸化等五廳，雁平道屬大同、朔平二府，距省窵遠。命嗣後秋審及遣軍流徒人犯，由該管巡道就近審勘，移司核詳。從巡撫邱樹棠請也。
陝西省榆林、延安二府及綏德州所屬，責成延榆綏道；漢中、興安二府各屬，責成陝安道。	乾隆四十八年陝西按察使王昶條奏。	《清高宗實錄》卷 1192，乾隆四十八年十一月乙未；再陝西漢興道於嘉慶五年，欽奉諭旨改為陝安道，應一併修改。
四川省之寧遠、重慶、夔州三府及酉陽、忠州、達州、敘永廳等府州所屬，責成該管道員。	乾隆四十八年四川總督李世傑奏寧遠、重慶、夔州、酉陽、忠州、達州、敘永廳等府、州，均以離省窵遠，其所屬秋審人犯諭令道員就近審錄。等因。	《清高宗實錄》卷 1194，乾隆四十八年十二月辛酉；《讀例存疑》：薛按，《處分則例》四川有石硅廳。嘉慶六年升達州直隸州為綏定府。
廣東省之高州、廉州、雷州、潮州四府所屬秋審人犯，均責成該管道員，於冬季巡歷時，逐一親加研鞫。	嘉慶十年十月內，臣部議覆兩廣總督那彥成等奏，嗣後該省高州、廉州、雷州、潮州四府屬秋審人犯，均責成該管道員，於冬季巡歷時，逐一親加研鞫。	兩廣總督那彥成：《奏為遠府所屬秋審人犯請歸巡道勘轉以防疏失等事》，嘉慶十年九月初六日，檔號：04-01-08-0025-023。《讀例存疑》：薛按，《處分則例》廣東省有瓊州等字樣，應參看。

江西省南安、贛州、寧都三府州各屬，責成南贛寧道。	道光元年十月二十三日，奉上諭：「軍機大臣議覆孫玉庭等奏。嗣後，江西南安、贛州、寧都三府州，秋審人犯，俱著毋庸解省，即由南贛寧道鞫訊。」	
浙江省之溫州、處州二府所屬，均責成該管道員。	道光五年二月初九日奉上諭：「黃鳴傑奏溫處二府各廳縣軍流等犯請歸巡道審勘一摺。著照所請。嗣後，溫州府所屬永嘉等五縣，處州府所屬麗水等十縣、玉環一廳承審事件，除罪應斬、絞及命案內應擬軍、流、遣犯仍照例解省外，其尋常軍、流、遣犯及命案擬徒人犯，均由該道審勘。至秋審人犯亦著該道就近審錄。	《清宣宗實錄》卷 79，道光五年二月丁卯，以浙江溫州處州二府、玉環一廳，距省較遠，命嗣後秋審及遣軍流徒人犯，由溫處道就近審勘。限期處分，如臬司例。從署巡撫黃鳴傑請也。《讀例存疑》：薛按，《處分則例》浙江省溫、處二府所屬之下有玉環廳三字，應參看。

　　整體來看，秋審解勘制度的變通體現了一種因地制宜的就近原則，離省城較近的一些直隸廳，逕行招解臬司，毋庸解道審轉。而前述「有司決囚等第」條例之距省窵遠之府州所屬秋審人犯解勘制變通條款在因地制宜過程中也基本成為了通例，在清代內地的 18 個行省中，僅直隸、山東、福建、雲南不適用此例。而直隸和山東地勢相對平坦，交通較為便利，其中直隸承德府、永平府、順德府等地方的尋常遣軍流人犯和命案擬徒人犯依舊存在就近解至巡道的規定。雲南省在乾隆四十一年已有專例。福建省各府州縣雖在秋審人犯解勘方面沒有變通，但在光緒十三年臺灣府未曾升為行省前，福建省共領 10 府、2 直隸州和 1 廳，除臺灣府外，最遠的汀州府「東北距省治九百七十五里」，〔註162〕但遠隔重洋的臺灣府在尋常遣軍流人犯和命案擬徒人犯解勘已有例外，而且乾隆十五年七月，刑部以「福建之臺灣府屬斬、絞人犯，在省城監禁並無發回之例，謹分晰纂輯，並為一條」，即乾隆十六年所定「有司決囚等第」條例之「凡廣東之瓊州府屬……若福建之臺灣府屬斬、絞監候人犯，專令按察使收監，毋庸發回。」〔註163〕乾隆三十一年阿思哈奏請停止秋

〔註162〕趙爾巽等撰：《清史稿》卷 70，中華書局 1977 年版，第 2252 頁。
〔註163〕〔清〕吳坤修等編撰；郭成偉主編：《大清律例根原》，上海辭書出版社 2012 年版，第 1819 頁。

審解勘時，將該例重纂，刪除其中瓊州、哈密人犯寄禁省監等句，僅留下臺灣府之例。〔註164〕即使乾隆四十九年所定秋審人犯留禁省監製在嘉慶四年廢除後，臺灣府依舊遵循該例。〔註165〕

揆諸「有司決囚等第」條例之距省窵遠之府州所屬秋審人犯解勘制中各省變通經過，其中不乏以距省窵遠、審案稽遲為由奏請的，這說明空間距離無法突破既有的審限規定，為此只能進行變通適用。鄭小悠對這一問題進行過初步探討，她指出清代自乾隆年間開始，儘量根據直隸州（廳）、府的治所距離巡道或按察使司的遠近以調整審轉方式，雖然體現了一定的經濟性和便利性，也使得審轉設計上嚴格的上級監督被打破，對司法的制約作用有限。〔註166〕是故，道光皇帝曾指出為分擔督撫壓力，直隸州案件向由巡道審轉，「道、府、直隸州於屬員最為切近，分其職任，正以專其責成」。但道光初期，「從未有道府直隸州，於所屬之案，平反得情。」〔註167〕各員之間官官相護，扶同徇隱。嚴重影響了司法公正。

據學者統計，到清後期，條例中的地區性特別法有217條，就地域而言，有6個條例涉及全國絕大多數省。〔註168〕這些地區性特別法體現了統一的中央立法與各地司法實踐之間存在差距，它們的纂修經過則體現中央與地方之間的權力和利益平衡。除了廣土眾民、自然和人文情況各異等客觀因素外，「在當時的政治機制下，地方權力層次複雜，人員眾多，是地方管理的實際執行者；無論作為地方官僚整體還是士大夫個體，他們都有其相對獨立的利益和需要，是地區性立法的直接推動力。」〔註169〕然而奏疏上達中央，往往經過刑部乃至軍機大臣議覆，最後在制定法中反映的主要是中央的思想和利益，但地方官員會「千方百計通過制度和非制度的各種方式爭取權力，包括

〔註164〕 參見〔清〕吳坤修等編撰；郭成偉主編：《大清律例根原》，上海辭書出版社2012年版，第1823頁。

〔註165〕 參見〔清〕吳坤修等編撰；郭成偉主編：《大清律例根原》，上海辭書出版社2012年版，第1835~1836頁。

〔註166〕 鄭小悠：《同級集權與縱向監督：清代法制體系的設計、權變與評價》，載《天府新論》2015年第1期。

〔註167〕 《清宣宗實錄》卷98，道光六年五月甲午，中華書局1986年版，第2冊第593~594頁。

〔註168〕 王志強：《清代國家法：多元差異與集權統一》，社會科學文獻出版社2017年版，第5頁。

〔註169〕 王志強：《清代國家法：多元差異與集權統一》，社會科學文獻出版社2017年版，第16頁。

呈請中央授權,以使自己的主張完全合法化。而中央權力則依靠審轉覆核制度,努力地將地方權力限制在其允許的範圍內。」〔註170〕故而為了盡快完結案件,對審轉程序奏請變通也成為地方官規避處分的有效方式。

經乾嘉道時期的逐漸變革,至道光朝,道在地方司法審判中發揮著越來越重要的作用。然而,通過各地奏請紛紛變通,意味著清廷的控制能力在逐步式微,給之後疆臣坐大提供了滋養條件。

五、京控案件的制度化審結

一般來說,民眾可向通政使司、步軍統領衙門、都察院和刑部呈控,但大體以步軍統領和都察院為主,案件經過他們的篩選,分別情形辦理。京控案件除直接駁回外,另有三種審結方式,第一種是特別重大案件,經由皇帝指派欽差到地方審理;第二是將案件發回原省,由督撫限期審理,分別奏咨;第三種是由刑部等在京衙門提集人證、卷宗進行審理。嘉慶朝以後,欽差辦案造成了很多弊端,〔註171〕欽差審案情形變少,但仍會被採用,道光帝曾多次派王鼎外出審案。

京控案件的制度化審結對清釐積案起到了重要的促進作用。這一制度意味著對進入中央視野的案件建立一套追蹤制度和報備體系,一旦京控案件沉擱,會有明確的追責,如不能限期完結,州縣官員乃至督撫都會受到相應的懲罰。嘉慶十五年底確立了每屆半年彙報京控奏咨案件已未審結情形的制度。李典蓉和崔岷已注意到這一變化。但需指出的是,這一定時奏報京控奏咨案件制度在嘉道兩朝不斷被完善,如對展限問題重新進行規定,制定了大量的《處分則例》,將相關責任明確。京控制度化審結從中央層面控制住了大案、要案,

---

〔註170〕 王志強:《清代國家法:多元差異與集權統一》,社會科學文獻出版社 2017 年版,第 21 頁。

〔註171〕 如沿途滋擾,需索使費;因地方官賄賂干請而徇庇,無法審出案件確情(最典型的就是廣興作為欽差前去各地審案,最後被查出接受饋送。參見崔岷:《求民隱於京控的中挫:「廣興案」與嘉慶帝的吏治重估》,載《學術研究》2020 年第 9 期);或因中央大員被任命為欽差外派出去而使得本職公務延擱;隨帶司員因有審究之權,「即能巧為出入」,漸漸有「小欽差」之謂;地方官可先通過司員進行請託,藉此饋送行司(參見掌陝西道監察御史花傑:《奏為欽差隨帶司員不許審案問供等事》,嘉慶十三年五月十九日,錄副奏摺,檔號:03-1514-032)。嘉慶帝為此諭令,欽差在外審案,應隨時稽查,「杜絕苞苴,共矢清白」,禁止民間稱隨帶司員為「小欽差」(《清仁宗實錄》卷195,嘉慶十三年五月甲寅,中華書局 1986 年版,第 3 冊第 582 頁)。

符合皇帝勤求民隱的夙願。雖然中央對發回各省審辦的案件的審理經過無法控制，但至少在形式上起到了一定的監督作用。京控案件的定時彙奏改變了嘉慶十二年確立的督撫蒞任伊始彙報本省積案情形的內容，使得蒞任循例奏報和每半年循例奏報的內容逐漸集中於京控案件，也就是說，督撫蒞任循例奏報的往往是該省遺留下來的京控積案，其他外結案件的積壓情形很少奏報給朝廷，直接導致嘉慶朝後期開始，集中奏報各省積案情形的情況減少，而朝廷針對特案派出欽差或發布專門諭旨辦理的情形增多。當然，有言官明確指出，這種奏報機制對大案起到了監督作用，但對州縣自理詞訟卻無從稽考，朝廷清理外結案件和自理詞訟積案所能依靠的仍是各直省督撫對地方的監督。

京控制度的完善與茅豫有莫大的關聯，嘉慶十一年十二月，御史茅豫奏明京控案件逐漸增多，每月除奏交不計外，「咨交案件自十餘件至二三十件不等」，奏請敕下直省督撫，嗣後所有的京控案件皆當查照刑名和錢穀事由，「分飭兩司速為審訊，一律報完，不得再行轉發」。為此，清廷嚴格定例，將京控案件區分奏交和咨交，採取不同的審辦程序，「一經奉旨交該督撫審辦，即與欽差無異」，督撫應親自審理，不得轉委屬員；而咨交之件則可由督撫分飭兩司依限審結，但也不得再行轉委所屬。〔註172〕這一定例具有十分重要的意義，從而使得京控案件的審理更加規範化，促使督撫兩司審結京控案件更及時。

嘉慶十二年四月初十日，都察院左都御史廣音等奏請各省來京控案應分別查辦。奏摺指出民人「多以閭閻細故，驀越來京，甚或捏造重情，希圖聳聽，挾嫌拖累，任意株連……似應明定章程予以限制，務使下情不致稍有壅遏，而虛捏誣妄之徒，不得售其奸計方為妥善。」經過公同籌度，他們奏請都察院在收閱控案時，「果係案關重大，實在冤枉，曾赴該管上司呈訴，不為伸理，及官吏黷法營私，確鑿有據者」，具奏查辦；「若未經在本籍地方及各上司先行具訴，並現在審辦尚未結案，遽行到京控告者」，咨行各該省歸案速結，仍將咨辦緣由每屆兩月由都察院遵照原奉諭旨奏聞一次。「其餘戶婚、田土、錢債細務，架詞瀆訴各案」，照例將原呈發還，聽其地方官衙門告理。「其奏交各案，除各督撫按限詳審實情，依律分別定擬具奏外，其由臣衙門咨行各省之案，應令各督撫按照定限審理完結，逐案聲覆以憑查核，

〔註172〕參見《清仁宗實錄》卷172，嘉慶十一年十二月甲申，中華書局1986年版，第3冊第244～245頁。

並不得稍涉顢頇，遲延逾限。至逞刁誣告之人，如所控全虛，並所控雖未全虛，及實由挾嫌圖詐陷害拖累起見者，究出實情，尤應各按本律懲辦，不得有意從輕致滋刁健。」〔註173〕此摺對於京控案件受理和不受理，受理之後是咨交還是奏交，以及如何稽核，對民眾怎樣懲治等問題進行了細緻的籌畫。在此之前，清廷已開始實行由都察院每隔兩月彙奏咨交各省查辦案件的審理情形的制度，但這種平行的咨交往往難以構成對督撫的約束，而且是由步軍統領衙門和都察院將京控分為咨交或奏交，標準不一。嘉慶十二年四月，都察院彙奏咨交各省查辦之案，其中兩起案件均事關重大，採用咨交顯然不當，皇帝傳旨申斥都察院率行咨辦、偷安懈怠的行為，並定立「嗣後務當斟酌案情分別奏咨，毋得率意辦理。」〔註174〕這道上諭的作用不容小覷，即將京控分別情形奏咨，不得再一咨了事，加強了對京控案件的稽核作用。

嘉慶十二年五月，升任為給事中的茅豫又奏請嚴格各省奏咨案件違限處分。其指出「欽部事件違限，定例本有處分……請敕下原交衙門填注遲延月日，開單進呈，照例議處。並請嗣後凡遇奏交咨交之件，俱隨案登記，分別扣查，如有違逾即據實嚴參」。即在十一年底確定京控案件分別奏咨基礎上，進一步申明了京控案件的承審限期。皇帝對此奏格外重視，「至各省距京道路遠近不同，案情亦繁簡互異，即各省交審案件，亦多少不一。其應如何分別立限酌定處分，並著吏部參考舊例定議具奏。」之後，經吏部議奏而確定：「欽交案件，以提齊人犯之日起，限四個月。咨交案件，仍照舊例以接奉咨文之日起，限四個月。其限內有難結緣由，欽件咨報軍機處，咨件報原交衙門。奏結後，將展限月日申報吏部。其無故遲延，逾限不及一月者，將該督撫罰俸三月。一月以上，罰俸一年。三月以上，降一級調用。半年以上，革職。」〔註175〕但這種設計在操作過程中仍有很多問題，一般來說，奏交事件相對來說更重要，會引起更多的關注。將應奏案件以咨交形式完結不啻為規避處分的方法。奏交和咨交向來並沒有十分固定的標準，有很多案件屬於兩可之間，為司法實踐帶來了諸多困擾。嘉慶十五年十二月初十日，都察院

〔註173〕都察院左都御史廣音等：《奏為各省來京控案請分交各督撫查辦事》，嘉慶十二年四月初十日，錄副奏摺，檔號：03-2201-021。
〔註174〕《清仁宗實錄》卷178，嘉慶十二年四月癸巳，中華書局1986年版，第3冊第336頁。
〔註175〕《清仁宗實錄》卷179，嘉慶十二年五月丁未，中華書局1986年版，第3冊第349～350頁。

左副都御史誠安參奏左都御史王集，指出都察院所辦各省呈控事件「竟有將應行具奏之案以一咨了事者」。誠安奏請「嗣後都察院接收呈詞，只當視案情之重輕，不必問其具控之虛實。其案情本輕者，原可咨回辦理；其人命盜犯挪移虧空等項案情較重者，均應據實具奏。或欽命大臣前往審辦，或敕交該省澈底根究，如所控屬實，即按律定擬以儆官邪；倘所控虛捏，亦當治以誣告之罪以懲刁健。」〔註176〕但皇帝駁回了誠安的提議，倘若「不核案情輕重，僅以一奏了事。則都察院衙門，不過一接收呈詞之官，並供情亦可不必詳訊，豈國家設立臺垣之意乎？」皇帝命令都察院以後遇有外省控案，仍照舊章辦理。〔註177〕

　　嘉慶十五年十二月二十一日，都察院將咨交案件逾限未結案件彙參。自當年五月通行咨催後，尚有逾限未結並上次展限已逾仍未審結各案共129件：

表4-3　嘉慶十五年十二月都察院咨交各地逾限未結之案清單

各地方衙門	逾限未結札案件數	各地方衙門	逾限未結札案件數
順天府	5	安徽巡撫	4
直隸總督	16	浙江巡撫	2
山東巡撫	68	湖廣總督	5
山西巡撫	1	兩廣總督	2
河南巡撫	1	廣西巡撫	1
江西巡撫	3	陝甘總督	2
兩江總督	15	四川總督	2
江蘇巡撫	2	總計	129

　　這裡僅僅是都察院衙門咨交各省逾限未結之案，步軍統領衙門咨交之案並未列入，且對於奉旨特交之件，例應各該督撫隨時咨報軍機處，由軍機處查核，不在此次統計範圍中。129件京控咨交案件未結，給司法帶來了莫大的壓力，其中尤以山東、直隸和江南地區為重，山東巡撫衙門達68件，佔據總量一半以上。兩江總督並江浙皖三省總數達23件，直隸總督為16件。三地合計達107件之多。都察院只能「請旨敕交吏部查明審案逾限各督撫，分

〔註176〕都察院左副都御史誠安：《奏為都察院接收京控呈詞應視案情輕重分別具奏或咨辦事》，嘉慶十五年十二月初十日，錄副奏摺，檔號：03-1632-058。

〔註177〕《清仁宗實錄》卷237，嘉慶十五年十二月庚寅，中華書局1986年版，第4冊第196頁。

別照例處分。並請敕下該省督撫將未結各案迅速審辦完結」，仍隨時查核，如再有逾限不結案件，即行參奏。〔註178〕隨後，皇帝下旨「除此次都察院所開單內未結各案，著交部查明各督撫照例議處外。嗣後咨行案件日久未結者，著各該衙門查明彙參，或半年、或一年。應如何立定章程分別辦理，責成該督撫隨時咨報之處，著該衙門詳議具奏。」後經議定：「嗣後咨交本省之案，照例兩月彙奏、半年咨催，應改為三月咨催、半年彙參。督撫於逾限未結之案，應令自請處分，並將批發承審之員，一併開具職名咨部議處，仍歸都察院核對。如單內有遺漏逾限之案，隨時參奏。」〔註179〕將之作為常例從十六年開始施行。〔註180〕

除中央統一稽察彙報外，各督撫也要每半年循例奏報京控奏咨案件的審結情形，如道光十四年安徽巡撫《呈安徽省京控奏咨完結各案清單》。〔註181〕

針對新例，嘉慶十六年六月，江蘇巡撫章煦率先進行了彙報，他表明節次奉到的奏交案件均已審明，依限奏結。但咨交案件，除了展限之案，「尚有未能依限具詳者五案」。他還奏請於立法之始予以創懲，將逾限各員交吏部議處。皇帝再次重申奏交咨交案件，應隨時依限速結。著照該撫所請。為了提高各督撫對於咨交案件的重視，嘉慶指出「各直省於刑部、都察院、步軍統領等衙門咨交案件，俱係奏明咨交，即與特交之案無異」，並督催無論距京遠近，均應「照前降諭旨，於接奉咨交各案半年期限內，遵照新例查奏」，如逾限未結，即當奏明分別交部議處，「毋得日久因循、顢頇了事」。〔註182〕

七月，都察院將各直省咨交案件逾限未結情形進行了彙奏：**都察院札行順天府逾限未結1件；直隸總督19件；山東巡撫63件；山西巡撫2件；江西巡撫1件；兩江總督8件，漕運總督1件；江蘇巡撫7件；安徽巡撫1件；湖廣總督3件，兩廣總督1件。步軍統領衙門咨交順天府逾限未結1件；直隸總督8件；山東巡撫13件；兩江總督1件；湖廣總督2件；兩廣總督1件；四川**

〔註178〕都察院左都御史王集等：《奏為查明審案逾限各省督撫分別處分並迅速審辦完結事》，嘉慶十五年十二月二十一日，錄副奏摺，檔號：03-1537-048。

〔註179〕《清仁宗實錄》卷237，嘉慶十五年十二月辛丑，中華書局1986年版，第4冊第205頁。

〔註180〕參見李典蓉：《清朝京控制度研究》，上海古籍出版社2011年版，第84頁。

〔註181〕安徽巡撫：《呈安徽省京控奏咨完結各案清單》，道光十四年，錄副奏單，檔號：03-2633-073。

〔註182〕《清仁宗實錄》卷245，嘉慶十六年六月甲子，中華書局1986年版，第4冊第304～305頁。

總督1件。〔註183〕

　　未結京控咨交積案數量較大，逾限未結以及經過展限期限仍未審結的，遠省尚少，近省愈多。其中山東省自十二年起，多至76件，直隸省自十三年起多至27件。上諭指出「若不分別核辦，無以示儆」。逾限未及5案的省份無庸交議，江蘇巡撫章煦已在六月自行奏請議處，故對於「逾限五案以上之直隸、兩江、湖廣各總督並該臬司，著交吏部查明在仕年月，分別議處。山東巡撫、臬司，著加等議處。所有單內各直省未結之案，著該督撫上緊查催趕辦。」〔註184〕

　　嘉慶十六年七月二十九日，兩江總督百齡奏明三省京控咨交各案已未結緣由，載明其到任後檢查前任督臣勒保任內咨交事件共計28案，俱經提案委審，先後據情咨部展限有10案；核審咨結4案；尚未逾例限者14案。「其展限各案實係難就現在人犯審結，尚非無故玩延，俱經勒限嚴催，斷不任再滋疲玩。」〔註185〕這與前文中都察院彙奏的結果似乎不一致。

　　嘉慶十六年八月，景安奏明湖南省奉旨發交親審者尚有未結2案，都察院及步軍統領衙門先後咨交未結控案尚有8件，或未逾限或已經展限在案，〔註186〕均不納入半年彙參範圍，與都察院統計結果相一致。

　　茲將《清宣宗實錄》中都察院和步軍統領衙門每半年彙奏京控咨交未結案件數據彙總如下：

表4-4　《清宣宗實錄》所載都察院和步軍統領衙門彙報京控未結案數統計表

奏報時間	都察院	步軍統領衙門	數據出處
道光十六年七月	16	9	卷286
道光十七年二月	13	10	卷294

〔註183〕都察院左都御史德文等：《奏報各省逾限未結案件數目並請將逾限官員處分事》，嘉慶十六年七月初三日，錄副奏摺，檔號：03-2175-027。

〔註184〕中國第一歷史檔案館編：《嘉慶道光兩朝上諭檔》第16冊，廣西師範大學出版社2000年版，第416頁。

〔註185〕兩江總督百齡：《奏為查明三省京控咨交各案已未結緣由事》，嘉慶十六年七月二十九日，朱批奏摺，檔號：04-01-01-0530-027。

〔註186〕湖南巡撫景安：《奏為並無逾限未結京控案事》，嘉慶十六年八月十五日，錄副奏片，檔號：03-2465-035；湖南巡撫景安：《奏為查明湖南省並無逾限未結之案事》，〔嘉慶十六年七月〕，朱批奏片，檔號：04-01-01-0530-025。

道光十七年七月	18	8	卷299
道光十八年七月	22	4	卷312
道光十九年二月	11	7	卷319
道光十九年七月	22	3	卷324
道光二十年二月	22	4	卷331
道光二十年七月	45	9	卷337
道光二十一年七月	32	5	卷354
道光二十二年七月	59	7	卷378
道光二十三年二月	23	3	卷389
道光二十四年七月	46	9	卷407
道光二十五年七月	48	16	卷419
道光二十六年二月	39	12	卷426
道光二十六年七月	31	16	卷432
道光二十七年七月	37	17	卷444
道光二十八年二月	22	9	卷452

上表中反映的是在京法司彙總的咨交京控案件總數，實則根據檔案可以看到這些未結京控咨案的地域分布，茲以道光二十八年二月為例，當時步軍統領衙門咨交未結控案共9件，清單載明瞭各個案子的具體情形：

> 步軍統領衙門咨交各省逾限未結控案——湖廣總督未結控案一件：一據武陵縣民胡有造控稱伊子胡玉文被賊搶去銀兩等情，道光二十五年九月咨交，上次展限已逾，至今尚未覆結。山東巡撫未結控案二件：一據濮州民王添祥控李存義賴欠銀糧等情，道光二十六年七月咨交，嗣因逾限奏請處分在案，至今尚未覆結；一據壽張縣民馬東魯呈請懇捐挑河等情，道光二十六年十月咨交，現已逾限。四川總督未結控案一件：一據成都縣民婦張馬氏控鮮朝隴等誆借銀兩等情，道光二十六年八月咨交，嗣因逾限奏請處分在案，至今尚未覆結。熱河都統未結控案二件：一據土默特旗兵丁官布加布控色布精額強派差錢等情，道光二十四年五月咨交，嗣因逾限奏請處分在案，至今尚未覆結；一據土默特旗人坤都定呼爾扎布控王起平不准回贖地畝等情，道光二十五年六月咨交，嗣因逾限奏請處分在案，至今尚未覆結。盛京將軍未結控案二件：一據直隸滄州民於渭控於

占魁不給養贍等情，道光二十四年三月咨交，嗣因逾限奏請處分在
案，至今尚未覆結；一據蒙古孀婦伊廖氏控伊常智誣係家奴等情，
道光二十四年十二月咨交，嗣因逾限奏請處分在案，至今尚未覆結。
奉天府府尹未結控案一件：一據岫岩廳民王鈞控孫文傑賴伊霸地等
情，道光二十二年四月咨交，嗣因逾限奏請處分在案，至今尚未覆
結。〔註187〕

從清單可見，逾限未結的京控案件除分佈在直省外，在奉天、盛京等地域亦有
分布。

　　因制定了嚴格的京控案件審結制度，此後，各督撫一直圍繞著京控案件的
已未結情形進行奏報。

　　嘉慶十八年七月十六日，兩江總督百齡奏明，接准咨案截至十八年五月
底，統計未結 8 案，除甫經准咨者，尚未逾限。間有已逾例限者，曾經咨請展
限在案，請俟審結時查明承審、提解月日，如有遲延，另行核實扣參。〔註188〕
嘉慶十九年四月，上諭將直隸省 32 起京控案交總督那彥成率同臬司錢臻迅速
審辦，勒限一年，每月具奏一次。五月二十九日，那彥成奏報已完結 9 起。因
情節未符，駁飭覆審而未詳覆者十餘起。〔註189〕七月初十日，奏報六月份又
審結 3 起。〔註190〕八月初五日，奏明七月份審結 5 起。〔註191〕九月初七日，
奏報八月份又結 3 起，實計未結僅止 12 起。奉朱批：「速審速結，以全民命。
勉之。」〔註192〕嘉慶二十年十二月二十九日，江蘇巡撫張師誠奏明咨交未結
有 9 案，核計承審期限均未逾違。內惟 3 案行提證佐已逾例限，該州縣奉文後

〔註187〕 都察院左都御史宗室成剛等：《步軍統領衙門咨交各省逾限未結控案》，道光
　　　　二十八年二月二十六日，臺灣故宮博物院館藏檔案，統一編號：故機081809。
〔註188〕 兩江總督百齡：《奏為查明咨交未結控案嚴催審辦事》，嘉慶十八年七月十六
　　　　日，朱批奏摺，檔號：04-01-01-0545-064。
〔註189〕 直隸總督那彥成：《奏報查明內控案已未結起數並至任後辦過命盜案數目
　　　　事》，嘉慶十九年五月二十九日，朱批奏摺，檔號：04-01-01-0555-040。
〔註190〕 直隸總督那彥成：《奏為查明六月份已未結內控案件數目事》，嘉慶十九年七
　　　　月初十日，錄副奏摺，檔號：03-1559-022。
〔註191〕 直隸總督那彥成：《奏報七月份已未結內控案件起數事》，嘉慶十九年八月初
　　　　五日，錄副奏摺，檔號：03-2234-038。
〔註192〕 直隸總督那彥成：《奏報八月份已結未結內控案件起數事》，嘉慶十九年九月
　　　　初七日，錄副奏摺，檔號：03-2235-011；直隸總督那彥成：《奏為查明本省八
　　　　月份未結內控案件起數事》，嘉慶十九年九月初七日，朱批奏摺，檔號：04-
　　　　01-08-0031-004。

若不上緊提解，自應分別查參，以示懲儆。〔註193〕嘉慶二十二年七月，安徽巡撫康紹鏞奏明，自上年十二月具奏後，共完結奏咨案件 10 起。此外尚有都察院奏交韓妮孜案和刑部咨交宿州旗丁吳鳳現呈控案，其餘並無逾限未結之案。〔註194〕嘉慶二十三年六月，江蘇巡撫陳桂生奏明上年咨交控案已陸續審結 12 案，「尚有武進、陽湖二縣民巢兆選等請豁役田租銀一案，係上年七月內接准都察院咨交查辦。並無應提質訊人證，惟因自乾隆十六年二次查辦豁免之後，迄今六十餘年，查核徵租冊檔多至數百餘戶。其從前實在有無原置役田，必須弔齊糧冊按年逐戶鉤稽，方可得其底裏，不便率行請豁，輾轉駁查，未能尅期定案。現經江蘇藩司楊懋恬督飭該府縣查明詳議，由臣覆核，應否准豁，隨案扣明行查限期有無遲逾，咨部辦理。此外，有碭山縣民李蘊絳呈控舊僕之孫蔡、景憲飾賤充官勒供捏詳一案，又常熟縣民趙春林呈控張良輔捏契霸地一案，均係甫經咨交，現在行提委審。」〔註195〕奏摺將各案未結的原因細敘，可見有些案件逾限未結具有客觀原因。

嘉慶二十四年七月二十日，山東布政使岳齡安奏報六月份審結京控案數，尚有未結京控案 22 起，又續奉撫臣兩次分交新案 14 起，統計未結新舊各案共 36 起。自六月初一日起至月底止，審結都察院咨交 3 案和步軍統領衙門咨交 1 案，尚有未結京控案 32 起。〔註196〕嘉慶二十五年五月，慶保奏其於湖廣總督任內，奉旨交審京控各案尚有未結 2 案，因行提人證尚未齊集，已開單移交張映漢接收審訊奏辦。〔註197〕嘉慶二十五年八月初二日，兩江總督孫玉庭奏報咨交江蘇、安徽控案已未結數目：上次奏報截至嘉慶二十四年十二月底止，共未結 17 起，先後分別咨結 11 起，截至二十五年六月底止，尚未結 6 起；又續准咨交 8 起。共計 14 起未結。〔註198〕

〔註193〕江蘇巡撫張師誠：《奏參逾限未結案件州縣官員事》，嘉慶二十年十二月二十九日，錄副奏摺，檔號：03-1574-028。

〔註194〕安徽巡撫康紹鏞：《奏為恭報查明赴京呈控各案已結未結各案事》，嘉慶二十二年七月二十六日，朱批奏摺，檔號：04-01-01-0573-023。

〔註195〕江蘇巡撫陳桂生：《奏為審結上年咨交控案並查辦未結一案事》，嘉慶二十三年六月二十一日，朱批奏摺，檔號：04-01-01-0581-008。

〔註196〕山東布政使岳齡安：《奏報六月分審結京控案數及未結案件情形事》，嘉慶二十四年七月二十日，朱批奏摺，檔號：04-01-01-0588-042。

〔註197〕湖廣總督慶保：《奏為任內尚有未結京控二案已開單移交新任張映漢事》，嘉慶二十五年五月二十六日，錄副奏片，檔號：03-2262-034。

〔註198〕兩江總督孫玉庭：《奏報咨交江蘇安徽控案已未結數目並嚴催速結事》，嘉慶二十五年八月初二日，錄副奏摺，檔號：03-2264-032。

　　李典蓉指出督撫因審理京控案件遲延而受處分的情形很少，除非出現發交審辦案件原告再度上控的情形。作者根據所收集的「數十份各省上報奏咨已結未結以及遲延名單」，進一步強調「被開列的名單，幾乎都是正署任知縣、知州、同知，兼有候補知縣等官。亦有涉及離任的州縣官，極少涉及府以上官員。」〔註199〕其據我國臺灣所藏的自道光至宣統朝共50份奏摺進行統計，共涉及8個省份，各直省參奏的州縣官從5人到95人不等。〔註200〕就清單所載各地京控奏咨案件數量來說，「由於各直省的年份收集不齊，清單年代又集中在道光以後，無法確實計算一省每年的京控奏咨案件約略數目，而一省每年的接受京控數量亦不相同。觀察各省連續數年內的提解遲延清單與未結清單，積案是很普遍的。」〔註201〕中國第一歷史檔案館同樣也存在39件嘉道時期各直省督撫奏報京控奏咨案件審結情形的清單，最早還有嘉慶二十三年正月兩江總督孫玉庭的奏報，其中安徽省的數據最為完整，時間跨度從嘉慶二十四年至道光二十四年。這種循例奏報制度延續到了宣統朝。

　　但是，各地似乎仍前懈怠，以山東為例，嘉慶十九年四月山東有未完京控案件89件，勒限一年完結。嘉慶十九年八月初八日，吏部尚書署山東巡撫章煦奏報表明「內有已結二起，一事兩次呈控共二起，切實止八十五案」；另外，由步軍統領衙門奏咨京控案件17起，「五月至六月底止，巡撫審結三案，已結未奏三案，藩司審結四案，已結未奏四案；臬司審結四案，已結未奏四案。」章煦又與臬司程國仁查明自嘉慶十四年起至十九年四月截數，另外有部院衙門交審京控逾限案件共63起，而同興之前奏報時並未列入。故章煦與藩臬兩司將上述所有逾限未完案件一併分提解審，以望積案得以及早清釐而以後續交之案即可隨時審結。八月十二日奉朱批：「分限速結，勉力辦理，切勿草率。」〔註202〕次日，山東布政使慶炆也將七月審結京控案數奏明，表明前撫臣同興曾奏明將前所積壓案件，「巡撫及兩司衙門每處各分二十九起。」慶炆截至六月底止共審結章丘縣查繼相等4案；自七月初一日起至七月底止，共審結昌邑縣劉士漢京控等4案。藩司衙門尚有未結21起。〔註203〕

〔註199〕 李典蓉：《清朝京控制度研究》，上海古籍出版社2011年版，第89頁。

〔註200〕 參見李典蓉：《清朝京控制度研究》，上海古籍出版社2011年版，第91～94頁。

〔註201〕 李典蓉：《清朝京控制度研究》，上海古籍出版社2011年版，第90頁。

〔註202〕 署山東巡撫章煦：《奏為查明逾限京控各案分提審辦事》，嘉慶十九年八月初八日，錄副奏摺，檔號：03-2234-040。

〔註203〕 山東布政使慶炆：《奏報七月份審結京控案數事》，嘉慶十九年八月初九日，錄副奏摺，檔號：03-2234-041。

嘉慶十九年九月十七日，署山東巡撫章煦奏報，已審結朱李氏控案等共計 7 案，分別奏咨完結。其餘各案並當年四月截數之後接准新案，循例移交撫臣陳預審辦。〔註 204〕十一月，監察御史賈聲槐參奏山東京控積案尚未完結，「請敕下山東巡撫查明已結若干，其未結者迅速審明，務於限內完結以重地方公務。」〔註 205〕

就各地督撫奏報京控案件審結情形而言，有些地方將案件逐一開列，十分詳細。如嘉慶二十一年十二月十一日，安徽巡撫康紹鏞奏明自二十一年四月，安徽省新增接准步軍統領衙門暨都察院先後奏交 4 案，均親審定擬奏結。另外咨交 4 案業已完結。

> 此外，尚有都察院奏交鳳臺縣武生王定國呈控萬永等毆斃徐來貴等身死桕大有賄保捏稟該縣刑逼一案；又阜陽縣民韓妮孜呈控孫敏等攢毆伊父韓長榮身死一案。以上二案現已逾限，其遲延職名上屬業已聲明入於正案扣限開參。

> 又奏交績溪縣民章添玉呈控伊子章金元被章積砍傷身死一案；又咨交霍邱縣民胡見昭呈控被竊獲贓賄縱訛詐等情一案。此二案先因解審逾限，咨部參展。茲犯供屢審屢翻，另須補提要證質究，其提解違限及承審遲延各職名，應俟定案時查扣各員逾違月日，奏參議處。

> 又咨交鳳陽縣民耿敦本等呈控胡成等串贓詐贓等情一案；又咨交宿州民張保呈控丁萬倉霸佔伊妻一案；又奏交婺源縣民潘人傑呈控關役朱槐等包攬木稅一案。前經行提人證來省，委員審辦，未據詳解，實由承審及拘解遲延所致。現復嚴檄行催，並將遲延月日扣明咨參，聽候部議。〔註 206〕

這一份奏摺列舉得相當明晰，即已結 8 案，逾限未結共有 7 案。十日後，皇帝針對此奏中的未結 7 案，將苗頭指向了書吏，並指出外省書吏壓擱文書，借案索贓之弊。要求迅速審辦，毋任稽延。〔註 207〕

〔註 204〕署山東巡撫章煦、那彥寶：《奏報已未結京控案件起數及巡撫陳預業已抵任事》，嘉慶十九年九月十七日，錄副奏片，檔號：03-2235-023。

〔註 205〕掌江西道監察御史賈聲槐：《奏請敕令山東巡撫迅速審結積案事》，嘉慶十九年十一月初二日，錄副奏摺，檔號：03-2322-009。

〔註 206〕安徽巡撫康紹鏞：《奏為查明限滿已未完結赴京呈控各案遵例具奏事》，嘉慶二十一年十二月十一日，朱批奏摺，檔號：04-01-01-0568-005。

〔註 207〕中國第一歷史檔案館編：《嘉慶道光兩朝上諭檔》第 21 冊，廣西師範大學出版社 2000 年版，第 589 頁。

　　嘉慶後期各督撫對京控案件審結依舊遲緩，因此嘉慶二十三年奏准新例，「直省督撫於各部院查催事件，咨覆遲延，自十一案至二十案者，罰俸六月；二十一案至四十案者，罰俸二年；四十一案至六十案者，降二級留任；六十一案至八十案者，降四級留任；八十一案以上者，降二級調用。其由司道府州縣等官詳覆遲延者，仍照承辦欽部事件遲延例議處。」〔註208〕

　　因京控咨交案件性質不同，採用由督撫、藩臬兩司分別審理的模式。嘉慶晚期，山東積案繁多，對京控案件依舊採取這種形式審理，每月奏報。嘉慶二十五年四月十一日，兼署山東巡撫李鴻賓奏報京控案件截至當年正月底，經前撫臣程國仁奏明尚有新舊分審未結 33 起，二月內前撫臣又審結 1 案，其接撫篆後審結共 3 案。尚有新舊分審未結 29 起。〔註209〕四月二十七日，山東布政使岳齡安奏報已將當年二月審結京控案數奏明在案，計尚有未結京控案 28 起，三月份又審結 4 案，尚有未結 24 起。〔註210〕九月初七日，岳齡安奏報七月份又審結 4 案，當有未結 21 起。〔註211〕

　　值得注意的是，道光十年九月將京控案件承審遲延和提解遲延區分處理。上諭「前因各省京控咨交案件，提解逾限各員。惟江蘇彙奏請旨交部議處，安徽彙奏咨參。其餘各省，均係定案時隨案咨參。辦理兩歧。降旨交吏部明定章程，改歸畫一。茲據奏：查明各省京控咨交案件，前於嘉慶十五年，經都察院會同步軍統領衙門奏准，統計一年之內，咨催兩次，彙參兩次。並令該督撫每屆半年，詳查逾限各案，將承審各官開列揭參，交部查取職名議處。久經定有章程。惟各省案件多寡不同，以致辦理兩歧，請飭一體照例遵辦。嗣後各該督撫府尹，均將京控咨交逾限未結之案，每屆半年彙奏，請旨交部議處一次，以歸畫一。」並於彙奏之期，「確切查明，如係承審遲延，即行據實指參。不得概以提解遲延為詞，致咨避重就輕情弊。將此通諭知之。」〔註212〕這道諭旨

〔註208〕〔清〕昆岡等修：《欽定大清會典事例》卷88，載《續修四庫全書》編纂委員會編：《續修四庫全書》第799冊，上海古籍出版社1996年版，第463頁。

〔註209〕兼署山東巡撫李鴻賓：《奏報二月份已結未結京控案數目事》，嘉慶二十五年四月十一日，錄副奏摺，檔號：03-2261-019。

〔註210〕山東布政使岳齡安：《奏報三月份已結未結京控案數目事》，嘉慶二十五年四月二十七日，錄副奏摺，檔號：03-2262-003。

〔註211〕山東布政使岳齡安：《奏報七月份已結未結京控案數目事》，嘉慶二十五年九月初七日，錄副奏摺，檔號：03-2265-013。

〔註212〕《清宣宗實錄》卷173，道光十年九月丁巳，中華書局1986年版，第3冊第682頁。

相當重要,說明自嘉慶十五年確定的督撫每半年彙參京控奏咨案件已未審結情形的制度,實行了 20 年後已逐漸有所廢弛,有些省份彙奏,有些省份不僅彙奏還咨參,有些省份僅隨案咨參,於是朝廷重申彙奏,並明確區分承審遲延和提解遲延。

第二節　依託行政手段規範

自理詞訟或案件,若不及時審結,兩造構釁容易激化矛盾,釀成大案,甚至反覆控訴拖累,演變為聚眾事件,衝擊政體。追究責任固然重要,訟清政理、長治久安才是根本目標,為此清廷在追責之外,也相當看重案件的清理,各官員亦建言獻策,貢獻了許多智慧。

如前所屬,江西巡撫金光悌奏請開設總局,遴選得力人員幫同審理,雖被朝廷駁回,然而各地變相地成立臨時組織,選用幹練人員幫同審辦積案是必然之勢。對於獄訟進行分類和批審,也是分散司法壓力的有效方式。更有甚者,將得力人員派赴其他地方協同審理。對於自理詞訟亦恢復循環簿制度,及時審結,嚴加稽核,以免小事激化為大案,如直隸總督溫承惠奏報,「仍飭各府廳州縣將奉批、自理各案,分立循環號簿,仿照四柱冊式,逐一登記,按月呈送,輪流更換。」〔註213〕這說明稽核方式一再被適用。

一、循例奏報,限期清理

積案的定期奏報制度正式確立於嘉慶十二年,嘉慶帝要求各直省督撫在蒞任之初,即將積案的情形奏達上聞。從而形成了前後任之間的相互監督。同時恢復各州縣的自理詞訟詞訟月報制度,形成了對「細事」的定期稽核和彙總工作。因積案過多,其中更有涉及多次京控大案,至嘉慶十五年又確定京控案件分別奏咨發回原省審辦,督撫每半年奏報一次審結情形的奏報制度。至此,積案的定期奏報制度基本確立。至道光年間,河南巡撫牛鑑尚且遵循這一成例進行奏報,只是隨著京控的制度化和由於京控案件的重要程度,各直省奏報案件積壓情形時,更多地轉向對京控奏咨案件的奏報。這也是道光朝很少再看到各直省奏報省城積壓案件的情形,但並不能否定道光朝依舊存在嚴重的積案問題。

〔註213〕署理直隸總督溫承惠:《奏為遵旨清釐積案飭令藩臬兩司及各道府廳州縣迅速審結辦理事》,嘉慶十二年五月二十七日,朱批奏摺,檔號:04-01-01-0512-043。

除循例奏報外，限期清理也是解決積案的必要手段。勒限完結某項政務是清代常用的做法，檢核《清實錄》有「勒限追補」「勒限追還」「勒限追賠」「勒限完解」「勒限責比」「勒限清查」「勒限清完」等等用法。而「勒限清釐」一詞則首先適用於積案場景中，與之類似的還有「勒限清結」「勒限清理」等，是清代統治者應對積案的常用做法。

嘉慶五年，漕運總督鐵保奏稱漕督衙門名下歷年所積共有 660 多案未經審結，奏請分別注銷起限以清積案。嘉慶諭令鐵保查辦。三月四日，上諭「嗣後各直省凡遇地方案件，除審辦命盜本有定限外，其餘自理詞訟，著各督撫分別立限，飭令有司按期完結，逐件注銷。」〔註214〕

嘉慶十一年，張師誠已表明「嚴定限期，每幾日必須審結一案」〔註215〕，即採用限期審案的方式。嘉慶十二年正月二十二日，江西巡撫金光悌針對江西已查明的 1,610 起積案，預備統限一年之內將通省積件掃數完結。〔註216〕嘉慶十二年六月十五日，護理安徽巡撫印務鄂雲布亦奏明其隨同前撫臣初彭齡嚴查各屬詞訟，勒限審斷，「會同臬司稟商撫臣初彭齡，酌定計日考課章程，令各州縣將每月自初一日起，每日審過上控及自理詞訟案數，或赴鄉相驗踏勘，逐日填注於冊，按月呈送各上司，一面現將新舊詞訟全行造報，以憑逐月核對。……如此則日計不足，月計有餘，各屬詞訟可期漸清無積。」朱批：「實力辦理，以清正勤三字為本，斷無積案矣。」〔註217〕六月十八日，湖南巡撫景安奏明湖南省城各衙署積案有 3,000 多件，將督率司道同心協力，認真經理，勒限查辦，以冀改觀臻效。〔註218〕六月二十二日，江蘇巡撫汪日章就江蘇積案也採取分別嚴催勒提訊結等方式以期肅清塵案。〔註219〕湖北省進一步推廣

〔註214〕《清仁宗實錄》卷 61，嘉慶五年三月丙辰，中華書局 1986 年版，第 1 冊第809〜810 頁。

〔註215〕江西巡撫張師誠：《呈現在督飭查辦積案等地方要務清單》，嘉慶十一年八月十九日，朱批奏摺，檔號：04-01-12-0274-055。

〔註216〕江西巡撫金光悌：《奏為查辦積案設法清釐未結詞訟事》，嘉慶十二年正月二十二日，朱批奏摺，檔號：04-01-01-0512-028。

〔註217〕護理安徽巡撫鄂雲布：《奏為遵旨查明安省未結詞訟督催審辦事》，嘉慶十二年六月十五日，朱批奏摺，檔號：04-01-01-0503-001。

〔註218〕湖南巡撫景安：《奏為遵旨清釐積案嚴督各州縣勒限審辦事》，嘉慶十二年六月十八日，朱批奏摺，檔號：04-01-01-0512-014；湖南巡撫景安：《奏報清釐全省積案設法催辦情形事》，嘉慶十二年六月十八日，錄副奏摺，檔號：03-2204-013。

〔註219〕江蘇巡撫汪日章：《奏報查明通省未結積案事》，嘉慶十二年六月二十二日，錄副奏摺，檔號：03-2448-014。

這一做法。因湖北省積案無多，湖廣總督和湖北巡撫奏請將未結積案查明年份，分定限期認真實辦。如在五年以上者，勒限兩個月審辦完竣。「在兩年以內者案數更多，應請勒限四個月審辦完竣。」統限一年之內全數審辦完結。〔註220〕為皇帝所允准。此後，其他省份也多採用分別案件類型，限期清理，掃數完結的方式。如嘉慶十三年正月二十日，山東巡撫吉綸也針對山東省未結控案勒限趕辦。已將前奉特交、敕交京控案件共審結6起，咨交之案又陸續辦結20餘起。「據兩司彙報，自上年十月至十二月止，續又審結七百餘案。而藩臬兩司提審案件又審結三十起（夾批：此數月來，京控告者寥寥，非明證乎？必應勤於聽斷，不可因循）。」〔註221〕可見勒限清理積案起到了一定的作用。

十三年，河南巡撫清安泰奏報「各以案數多寡，分別予限半年及三個月，一併審詳完結。」〔註222〕嘉慶十四年七月，兩廣總督百齡和廣東巡撫韓崶也奏明將督飭藩臬兩司並各巡道嚴催各府州縣勒限訊結，以期一清塵牘，力挽頹風。〔註223〕九月十六日，護理江西巡撫袁秉直也奏明將繼續遵循前任巡撫先福勒限清理的路線，諄切督飭屬員趕緊詳慎審辦，務期依限完結。〔註224〕

嘉慶十五年七月，江蘇巡撫章煦表明屢次專札行催勒限清理，截至七月底止，據各屬詳結之案共計473件。並就未結積案，設立章程分別懲勸，認真查辦。〔註225〕就清釐積案章程而言，其中第一款即載明「兩司衙門提審之案，兩造及人證俱到者，臣隨時督催勒限一月內審結詳辦。」第二款載明「批發各府州縣審詳者，如有獄訟繁多之處酌委候補丞倅牧令等官一員分赴各處會同趕辦，一百案以上者，勒限三個月全完；五十案至一百案者，勒限兩個月全完；五十案以下者，勒限一個月全完。責令將審結案數每一月開摺具報以憑稽察。」第十一款「積案既立法清釐，其新控之案，亦當嚴定章程，隨

〔註220〕湖廣總督汪志伊、湖北巡撫章煦：《奏為遵旨清釐積案擬定期限事》，嘉慶十二年八月二十五日，朱批奏摺，檔號：04-01-01-0512-012。

〔註221〕山東巡撫吉綸：《奏報奉旨審辦未結各案情形事》，〔嘉慶十三年正月二十日〕，錄副奏片，檔號：03-2291-006。

〔註222〕河南巡撫清安泰：《奏為查明詞訟積案酌擬辦理事》，嘉慶十三年五月初七日，錄副奏摺，檔號：03-2451-017。

〔註223〕兩廣總督百齡、廣東巡撫韓崶：《奏為查明廣東通省未結積案嚴飭清理事》，嘉慶十四年七月二十四日，錄副奏摺，檔號：03-2458-024。

〔註224〕護理江西巡撫袁秉直：《奏為清釐積案將歷年漕弊實力稽查並飭屬驗收好米事》，嘉慶十四年九月十六日，錄副奏摺，檔號：03-1526-021。

〔註225〕江蘇巡撫章煦：《奏為設法清釐積案並酌議章程事》，嘉慶十五年七月二十九日，朱批奏摺，檔號：04-01-01-0521-007。

時審辦。如遇有向臣衙門具控情節重大者，即行提訊速結，其餘批交各衙門審辦者，每一案自奉文之日起，扣除提解往返月日，總勒限一月內審結出詳。如有違逾，隨時記過。新案遲至三月以外全不審辦，查係易結不結者，立即參奏。」〔註226〕這些均是針對不同衙門積壓的不同的類型的案件作出的限期與展限的規定。十二月初四日，江西巡撫先福具奏江西尚有未結積案共計229件，仍將「勒限嚴催趕緊查辦」。〔註227〕

嘉慶十七年六月，兩江總督百齡「通飭三省藩臬兩司，督率各屬勒限四個月趕緊催提審詳。」〔註228〕十一月，江蘇巡撫朱理奏陳「札飭司道督率各府州縣勒限四個月訊明詳結。倘實有要證未到及勘丈未明，不能一時完案者，准其詳明展限。」〔註229〕

嘉慶中期，熱河地方同樣面臨積壓控案過多的問題，當時的熱河都統慶祥奏明勒限清釐。歷年控案積至150起之多，自勒限清釐以來，已據審結104案。至二十二年七月十二日，熱河地方尚有京控10案、外控36案，未據審詳，繼任熱河都統慶溥表明「除再行嚴飭趕緊關傳原告及證佐人等到案，分別審辦，並將本年新控各案隨時審斷完結，毋許再有因循積壓。」〔註230〕

通過以上梳理可以發現，勒限清理積案的方式是各地制作的清訟章程的重要組成部分。實行勒限清理積案最詳細的當屬嘉慶晚期的山東省，撫臣和舜武充分考慮到了各地積案數量和情形的差異而制定章程。其酌議「每屬如上司批詞數在五百起以下者，限以六個月全行審結；四百起以下者，限以五個月全完；三百起以下者，限以四個月全完；二百起以下者，限以三個月全完；一百起以下者，限以兩個月全完。其由府批飭各州縣審訊之案以及各屬自理詞訟亦分別定限。」〔註231〕

〔註226〕江蘇巡撫章煦：《呈酌議清釐積案章程各款清單》，嘉慶十五年七月二十九日，朱批奏單，檔號：04-01-01-0521-008。

〔註227〕江西巡撫先福：《奏為清釐詞訟積案情形事》，嘉慶十五年十二月初四日，朱批奏摺，檔號：04-01-02-0142-028。

〔註228〕兩江總督百齡：《奏為查明三省新舊未結控案勒限清釐事》，嘉慶十七年六月二十九日，朱批奏摺，檔號：04-01-08-0029-001。

〔註229〕江蘇巡撫朱理：《奏為勒限清釐積案事》，嘉慶十七年十一月二十二日，朱批奏摺，檔號：04-01-01-0542-033。

〔註230〕熱河都統慶溥：《奏報熱河地方審結積案數目事》，嘉慶二十二年七月十二日，朱批奏摺，檔號：04-01-01-0573-028。

〔註231〕山東巡撫和舜武：《奏為遵旨勒限清釐積案並酌議分提審辦京控案件事》，嘉慶二十三年五月二十二日，朱批奏摺，檔號：04-01-01-0581-007。

　　掃數完結是勒限清釐的特殊形式，其主要特點在於當積案數目確定的前提下，督撫隨時跟進清釐進度，每個月都要具奏當月清釐的積案起數和剩餘的積案數目，直到所有積案完結為止。這種情形在京控積案中適用普遍，因這類案件在朝廷由都察院和步軍統領等衙門彙奏，督撫每半年亦應循例具奏，擁有相對完整的跟蹤流程。掃數完結以嘉慶年間湖南省、直隸省和山東省最為典型。十九年十一月四月，皇帝令山東巡撫、兩司於未結 89 案分審，每月具奏 1 次，限 1 年全行完結。到了十一月，因已逾半載之久未收到任何奏報，御史賈聲槐奏請「敕下山東巡撫查明已結若干，其未結者迅速審明，務於限內完結以重地方公務。」〔註 232〕

　　嘉慶二十一年正月，湖南巡撫巴哈布奏報前任撫臣批發未結各案「共計二百九十四件」（御筆專門在此圈畫），將「勒限兩個月掃數完結」。〔註 233〕

表 4-5　嘉慶二十一年湖南巡撫巴哈布按月具奏積案審結情形統計表

月　份	當月所結積案數目	連前共結數目	剩餘未結積案數目	檔　號
正月			294	04-01-16-0108-045〔註 234〕
二月				04-01-01-0565-039〔註 235〕
三月		102	192	04-01-01-0565-025〔註 236〕
四月	42	144	150	04-01-01-0569-053〔註 237〕

〔註 232〕掌江西道監察御史賈聲槐：《奏請敕令山東巡撫迅速審結積案事》，嘉慶十九年十一月初二日，錄副奏摺，檔號：03-2322-009。

〔註 233〕湖南巡撫巴哈布：《奏為查明前任未結積案數目並催辦各案情形事》，嘉慶二十一年正月十五日，朱批奏摺，檔號：04-01-16-0108-045。

〔註 234〕湖南巡撫巴哈布：《奏為查明前任未結積案數目並催辦各案情形事》，嘉慶二十一年正月十五日，朱批奏摺，檔號：04-01-16-0108-045。

〔註 235〕湖南巡撫巴哈布：《奏報查明湖南省審結前任積案數目事》，嘉慶二十一年三月二十八日，朱批奏摺，檔號：04-01-01-0565-039。

〔註 236〕湖南巡撫巴哈布：《奏報湖南省審結積案起數事》，嘉慶二十一年四月二十七日，朱批奏摺，檔號：04-01-01-0565-025。

〔註 237〕湖南巡撫巴哈布：《奏報嘉慶二十一年五月上半月湖南審結積案起數數事》，〔嘉慶二十一年五月二十六日〕，朱批奏片，檔號：04-01-01-0569-053；「所有四月份審結積案四十二起，連前共已結案一百四十四起。於四月底奏明聖鑒，其五月份審結積案，現在尚止半月，查已結二十六起，統俟下月份核明五月內共結案若干起，再行截數具奏。嘉慶二十一年五月二十六日。六月初七日奉朱批：覽。」見湖南巡撫巴哈布：《奏報審辦湖南省陳年積案數目事》，

五月上半月	26	170	124	04-01-01-0569-053〔註238〕
五月整月	54	198	96	04-01-01-0566-020〔註239〕
閏六月	17	264	30	04-01-01-0566-025〔註240〕
七月	14	278	16	04-01-01-0569-035〔註241〕

　　這是現存的關於嘉慶二十一年湖南按月清理積案情況的檔案，這些基本屬於外結案件。通過表格可知，以當年六月為限，從二月到六月清理的案件偏多，共計247起，可能與案件本身的難度相對簡單有很大的關係。六月底遺留的47件案子，自閏六月開始只清理17件，七月清理14件，直到七月底尚有16件未能結清，與之所承諾的兩月結清相距甚遠。根據我國臺灣地區館藏檔案可知，九月二十八日，巴哈布通過奏請銷結6起案子的方式而將這批積案徹底清理，據其奏報「八月內據兩司及各府州屬審詳完結積案十起，連前共結二百八十八起，尚有未結積案六起。」然而未能審結的6起案件，「均係田土等件，委因原被人等遠出生理，回歸無期，難於審結，倘若咨提回籍就訊，未免長途拖累，應請暫時銷案。如再呈控，另作新案辦理，以清塵牘。」〔註242〕這也說明有些案件自身具備一定的審理難度，因而久拖不決。

　　相較來說，內結案件的審辦要棘手得多，以直隸京控咨交案件為例，嘉慶十九年四月，查出各衙門咨交直隸省控案未結共32案，四月十八日，皇帝諭令將案件「交那彥成率同臬司錢臻迅速審辦，亦著勒限一年，每月具奏一次。」〔註243〕以下為那彥成歷次奏報內容：

　　　　嘉慶二十一年六月初七日，錄副奏片，檔號：03-1639-026。
〔註238〕湖南巡撫巴哈布：《奏報嘉慶二十一年五月上半月湖南審結積案起數數事》，
　　　　〔嘉慶二十一年五月二十六日〕，朱批奏片，檔號：04-01-01-0569-053。同湖
　　　　南巡撫巴哈布：《奏報審辦湖南省陳年積案數目事》，嘉慶二十一年六月初七
　　　　日，錄副奏片，檔號：03-1639-026。
〔註239〕湖南巡撫巴哈布：《奏報嘉慶二十一年五月分湖南省審結積案起數事》，嘉慶
　　　　二十一年六月二十七日，朱批奏摺，檔號：04-01-01-0566-020。
〔註240〕湖南巡撫巴哈布：《奏報嘉慶二十一年六月分湖南省審結積案起數事》，嘉慶
　　　　二十一年七月十一日，朱批奏摺，檔號：04-01-01-0566-025。
〔註241〕湖南巡撫巴哈布：《奏報嘉慶二十一年七月分審結積案起數事》，嘉慶二十一
　　　　年八月二十四日，朱批奏摺，檔號：04-01-01-0569-035。
〔註242〕湖南巡撫巴哈布：《奏為積案全行審竣緣由》，嘉慶二十一年九月二十八日，
　　　　臺灣故宮博物院藏檔案，統一編號：故機049848。
〔註243〕直隸總督那彥成：《奏報查明內控案已未結起數並至任後辦過命盜案數目
　　　　事》，嘉慶十九年五月二十九日，朱批奏摺，檔號：04-01-01-0555-040。

表 4-6　嘉慶十九年直隸總督那彥成按月具奏積案審結情形統計表

奏報日期	具體內容
五月二十九日	已完結 9 起，業經咨覆。尚有審轉因情節未符，駁飭覆審而未詳覆者十餘起。另表明「直隸地方，幅員廣闊，獄訟繁多」，其自二月二十四日到任至五月底，審題命盜案件及奏結控告邪教等案已 113 起。「其間擬軍流咨部之案，尚不在內。」
七月初十日	直隸省內控案件未結 32 起，五月分審結 9 起，實計未結 23 起。六月分催經審結 3 起，實計未結尚有 20 起。
八月初五日	五、六兩月已結 12 起，尚未結 20 起。七月分又結 5 起，實計未結尚有 15 起。計六七兩月，審明題奏地方命盜案及教案，共計 75 起。擬軍流咨部之案，尚不在內。
九月初七日	直隸省內控未結案件 32 起，五、六、七三個月內已結 17 起，尚未結 15 起。八月分又結 3 起。實計未結僅止 12 起。除問擬軍流咨部不計外，八月內計審題命盜案 32 起。
十二月十九日	直隸京控案件提省審辦者十居六七，向皆依限審結，不致遲逾。上年九月以後，直至歲底，因辦理軍需並審辦散旗惑眾等要案，未免勢難兼顧。各州縣亦因派調車馬承辦兵差，所有行提被證未能隨時傳解，以致未結稍多。本省命盜案件亦間有因此延緩。……迨臣於二月十四日到任接准移交……已結京控案件並本省命盜各案共 70 起。內有經臣審題奏咨，亦有現經兩司覆核辦理，不日均可完結。〔註 244〕

綜上可以看到，除 5 月份審結 9 起外，六月、七月、八月分別審結 3、5、3 起，按照這個進度，八月底所剩 12 起，可能還需要最少 3 個月才能審結。事實證明，至當年十二月，依舊存在少量未完情形。按照嘉慶定制每半年彙奏一次京控咨交案件未結情形來說，是年七月，該省可能還有新增未結京控咨交案件。可見，皇帝預留的勒限一年清理完結當是綜合考量後給出的時限。這說明即使是掃數完結，每月具奏，但有些案件本身確實存在一定的審理難度，拖延了整體進度，這並非是簡單的數字增減而已，案件當事人也在審判中進行各項角力，而單獨從官員層面進行約束只是清理積案的一個方面，如何提高緝捕犯證的成功率，提高證據的採信度乃至如何在訟源處進行疏導，都需要綜合權衡，妥善解決。

〔註 244〕〔清〕那彥成：《那文毅公奏議》卷 48，載《續修四庫全書》編纂委員會編：《續修四庫全書》第 496 冊，上海古籍出版社 1993 年版，第 541～542 頁。該摺朱批：「實力遠辦，以省拖累」。

二、約束幕友，管束胥役

對書吏、幕友和衙役加強約束，也是有效的減少積案的途徑。如袁守定建議，當辦理命案時，為了提防吏役作弊，對需要擬抵的命案和不須抵的命案分別辦理，官員對於律例也應諳熟於心，防止胥吏高下其手，杜絕書差染指。〔註245〕另外，就訟師和書役利用自盡命案射利而言，王鳳生認為應從檢驗、堂訊等方面格外慎重，如對於口角輕生或拼命圖賴之事，儘量當場斷結，防止書役百計宕延；哪怕民眾報案時接近除夕，也應實時親往，及時完案。〔註246〕久而久之，當吏役習慣官長的行事風格後，也就打消了借案需索的念頭。

書吏粗通筆墨和法律，一般通過抽換案卷或援引舊年成案而作弊，當中央衙門的書吏與地方串通舞弊時，可以改變案件的結果。御史喬遠煐建議應當在修例時充分刪汰核實，禁止有司附會援引原刊則例及續纂則例沒有採入的遠年成案，從而杜絕書吏朦混之弊。〔註247〕嘉慶九年六月，經御史韓克均奏請，皇帝諭令各部將本衙門例案逐一檢校，對於例意未盡昭晰的詳細注明，對前後兩歧的成案酌中參核，並刪除不可遵行的例案。〔註248〕

嘉道時期，朝廷也一再申斥嚴禁胥役的滋擾，多次下達禁令。更直接的做法是裁汰逾額差役。嘉慶十一年十一月，御史陸言奏稱浙江省仁和縣以及錢塘縣正身白役不下一千五六百名，「近來訪察他省，亦大概相同」，如直隸正定縣吏役多至九百餘名，〔註249〕奏請各省督撫嚴飭各州縣遵照定額，其餘盡數刪汰，並將花名數目，春秋二季彙造清冊，咨送部科。如有滋事被人首告者，部科檢查原冊，係正身則治本管官以失察之罪，倘核與原冊花名不符，即係額外私自濫增，本管官應照違制律論罪。〔註250〕為皇帝允准。道光六年

〔註245〕〔清〕袁守定：《圖民錄》，載《官箴書集成》第 7 冊，黃山書社 1997 年版，第 427 頁。

〔註246〕〔清〕王鳳生：《假命案》，載《官箴書集成》第 9 冊，黃山書社 1997 年版，第 429～430 頁。

〔註247〕山東道監察御史喬遠煐：《奏請嗣後各部辦理積案所援成例應指明例文出處以杜書吏舞弊事》，嘉慶六年十一月十二日，錄副奏摺，檔號：03-2174-019。

〔註248〕《清仁宗實錄》卷 130，嘉慶九年六月庚午，中華書局 1986 年版，第 2 冊第 760 頁。

〔註249〕掌山西道監察御史陸言：《奏為請嚴汰州縣逾額官役以清弊源事》，嘉慶十一年十一月十七日，錄副奏摺，檔號：03-1629-024。

〔註250〕掌山西道監察御史陸言：《奏為請嚴汰州縣逾額官役以清弊源事》，嘉慶十一年十一月十七日，錄副奏摺，檔號：03-1629-024。

二月，張師誠奏請革除州縣積弊，如「解犯盤費州縣不給，令差墊用，以致中途脫逃，藉端訛詐；又衙役私開館店，押人索詐；又每日傳遞呈詞，原告出錢，謂之傳費，為蠹役、訟棍搭臺串索之根；又點驗鄉保，每保出錢，謂之點費」等。〔註251〕然而，除正役外，還有幫役、白役等專事滋擾，劉衡即在擔任巴縣知縣期間革除白役。到了道光十四年十一月，四川蠹役橫行、擾累地方又驚動了朝廷，〔註252〕「大州縣或千餘人，小州縣亦數百人、百餘人不等。」皇帝命瑚松額和鄂山排查各項情弊，設立章程，據實具奏。四川總督鄂山只得奏報已經過前督臣全行裁撤，只在額設之外酌量添加幫役，「大缺不得過二百名，小缺一百五十名。嚴定稽查章程，恪遵辦理。」皇帝對此下達旨意——「立法何難？患在不能實力奉行耳！當勉之又勉！」〔註253〕鄂山此奏，乃顧忌考成起見，因嘉慶十一年已經要求裁汰冗役並報部核查，四川卻再次蠹役橫行，只能藉口差務繁重增添幫役。道光晚期，四川蠹役繁多的情形仍舊存在。地方章程和文武官員的奏報無非是文牘工作，其效力有限，對政策的實力奉行仍依靠精明強幹的人手。

蠹役串合匪類「妄拏無辜及教賊誣扳良民」是訴訟活動中最為直接的表現，劉衡為防止蠹役殃民，除逐案嚴懲蠹役外，還列出告示，使得軍民全部知悉，以避免蠹役的滋擾，若遇到捕役嚇詐等事，允許民眾赴縣呈告，免使良善受累。〔註254〕

不斷有言官上奏請規範胥役，以避免官民之間的衝突過於激烈。但這類群體作為官員的輔助，自然也少不了官員的庇護，是故很多矛盾即使被揭發出來，地方官也會想盡各種辦法加以消弭。這類群體還是官員的耳目，不僅盤踞在省城傳遞消息，甚或聯繫京中衙署而互通有無，以維繫地方政務的運轉，保證官員的升遷。「保歇之包庇，訟棍之愚弄，蠹役之騷擾，三者相為倚伏」是地方的三大危害，道光十九年八月初三日，監察御史曹履泰奏請「地方官蒞任之初，廉明正直，密拿暗訪，勿徇情面，勿畏強禦，使唆訟之徒有所斂跡。庶

〔註251〕〔清〕張師誠：《一西自記年譜》，載北京圖書館編：《北京圖書館藏珍本年譜叢刊》第 126 冊，北京圖書館出版社 1999 年版，第 210～211 頁。

〔註252〕山東道監察御史陶福恒：《奏請嚴飭四川大吏設法嚴禁地方積弊等事》，道光十四年十一月二十四日，錄副奏摺，檔號：03-2632-076。

〔註253〕《清宣宗實錄》卷 260，道光十四年十一月丙戌，中華書局 1986 年版，第 4 冊第 970～972 頁。

〔註254〕〔清〕劉衡：《庸吏庸言·嚴禁捕役妄拏告示》，載《官箴書集成》第 6 冊，黃山書社 1997 年版，第 178 頁。

不寒而凜，而蠹役亦無所施其伎倆矣。」〔註255〕從而達到政平訟理的理想狀態。

三、分別獎懲，慎重保舉

分別獎懲也是有效的清理積案、整飭吏治的方式，嘉道兩朝不乏由審案出力而被議敘之員，更不乏因審案遲延而予以議處之員，其中不乏將督撫和藩臬兩司進行處分的例子，以嘉慶十二年為最，其後也有因京控奏咨案件遲延而被議處之員。

督撫作為地方最高監察官員，也通過稽核屬員，督促清理積案。審案出力往往會得到督撫的重用。嘉慶十五年，多托禮奉補邵武府知府，福建巡撫張師誠奏明多托禮「辦事公正，聽斷勤明，且曾任首府，諸凡熟練」，奏請暫留該府在省數月，俟積案審辦將竣，即行給咨送部引見。〔註256〕道光二十三年九月，熱河都統薩迎阿也將候補司員姚近寶，「現因清釐積案奏請留辦一年」。〔註257〕嘉慶二十三年十二月，山東巡撫奏明歷城縣知縣戴屺將巡撫衙門及藩臬兩司批發積案共560餘起掃數訊詳完結，尤為奮勉。奏請將歷城縣知縣戴屺以應升之缺陞用。〔註258〕

審案不力將被參革。嘉慶二十一年十二月，熱河都統慶祥特參所有未結控案在二三十起以上並不傳齊人證解審之建昌縣知縣恒慶、朝陽縣知縣德興、署赤峰縣金德，請旨交部議處。勒限次年四月以內，將二十一年以前京控外控積案全部結案。〔註259〕二十三年七月十四日，山東巡撫和舜武特參濱州有未結

〔註255〕 陝西道監察御史曹履泰：《奏為敬陳清積弊安閭閻事》，道光十九年八月初三日，錄副奏摺，檔號：03-2810-001；陝西道監察御史曹履泰：《奏為滿除擾民包庇訟棍蠹役之積弊以清案牘事》，道光十九年八月初三日，朱批奏摺，檔號：04-01-01-0788-008。

〔註256〕 福建巡撫張師誠：《奏為奉補邵武府知府多托禮現審積案暫緩給咨送部引見事》，嘉慶十五年三月，朱批奏片，檔號：04-01-12-0285-033；福建巡撫張師誠：《奏為知府多託禮審理積案後即給咨送部引見事》，嘉慶十五年三月二十三日，錄副奏片，檔號：03-1532-057。

〔註257〕 熱河都統薩迎阿：《奏為候補司員姚近寶清釐積案請留辦事》，〔道光二十三年九月初七日〕，朱批奏片，檔號：04-01-12-0462-114。

〔註258〕 無責任者：《奏為歷城縣知縣戴屺審詳積案查拿要犯勤幹可靠請准升用事》，〔嘉慶二十三年十二月〕，朱批奏片，檔號：04-01-01-0583-003。

〔註259〕 熱河都統慶祥：《奏為特參建昌縣知縣恒慶等將控案人犯屢提不解請旨交部議處並勒限催辦事》，嘉慶二十一年十二月十三日，朱批奏摺，檔號：04-01-01-0568-009。

積案 110 餘起，屢次飭府嚴催，仍未據訊結一起，請旨將濱州知州王龍圖革職。〔註260〕皇上將王龍圖革職發往軍臺效力，制定新例「嗣後州縣官任內積案延不訊結至一百案及四十案以上者，即照此例查明參奏，將該員發往軍臺，其積壓四十案以下者，奏請革職，以懲積玩。」〔註261〕此例發揮了一定的作用，嘉慶二十三年和舜武奏明，自當年五月間奏明勒限清釐積案，除積案本屬無多州縣早經完結不計外，其詞訟最繁之處已依限審結積案三百六十餘起及百數十起不等。詞訟極簡之處亦審結積案三四十起不等，約計奏明定限以內積案可期清理。」〔註262〕

更多的情形是，督撫在參奏時亦請求將屬員革職留任，限期清理積案。如嘉慶二十四年閏四月二十四日，湖南巡撫吳邦慶查明湘陰、瀏陽二縣，各有未結積案二十餘起，其中前任湘陰縣知縣蔚長春業經因病出缺，故請旨將現署瀏陽縣事、酃縣知縣方為霖革職，暫行留任，勒令將未結積案限一個月趕緊審辦，如能依限掃數完結，奏請開復。若再拖延，即請革任，並將該管知府一併參處。朱批：「依議辦理」。〔註263〕十二月二十一日，他們又上奏方為霖已將未結控案 21 起，「統於限內審明具詳」，請旨將其開復。次年正月二十日奉朱批：「准其開復，吏部知道」。〔註264〕五月二十五日因湖北巴東縣知縣趙栻名下有上控積案 30 餘起，督撫請旨將趙栻革職，暫行留任，勒限一個月分別提解審詳。〔註265〕當年十一月二十四日又奏稱，趙栻「於前參積壓案件俱已依限審解掃數完結，並未逾延」。故請旨開復革職留任，

〔註260〕 山東巡撫和舜武：《奏為特參濱州知州王龍圖延不清理積案惠民縣知縣邱音越竊案抗違不解請旨一併革職事》，嘉慶二十三年七月十四日，朱批奏摺，檔號：04-01-12-0331-004。

〔註261〕 《清仁宗實錄》卷 344，嘉慶二十三年七月甲寅，中華書局 1986 年版，第 5 冊第 556～557 頁。

〔註262〕 山東巡撫和舜武：《奏為遵旨飭令各屬趕審積案情形事》，〔嘉慶二十三年〕，朱批奏片，檔號：04-01-01-0579-040。

〔註263〕 湖南巡撫吳邦慶：《奏為特參署理瀏陽縣知縣方為霖審理積案延不斷結請旨革職留任勒限清釐事》，嘉慶二十四年閏四月二十四日，朱批奏摺，檔號：04-01-01-0595-018。

〔註264〕 湖廣總督慶保、湖南巡撫李堯棟：《奏為被參署理瀏陽縣知縣方為霖限內審明積案請開復革職留任處分事》，嘉慶二十四年十二月二十一日，朱批奏摺，檔號：04-01-12-0339-026。

〔註265〕 湖廣總督慶保、湖北巡撫張映漢：《奏為巴東縣知縣趙栻擱壓積案請革職留任勒限清釐事》，嘉慶二十四年五月二十五日，朱批奏摺，檔號：04-01-12-0336-002。

給還頂戴。〔註266〕

除了朝廷統一制定的積壓案件處理辦法外，各地所制定的章程也在考核屬員中發揮了重要作用。如嘉慶二十五年六月二十七日，山東巡撫錢臻特參壽光縣知縣宋銘等員延誤積案，依據的乃是按察使童槐酌議、程國仁奏定的章程——立限一月內將久逾例限舊案，先行詳結十分之五，如有遲延，將該州縣摘去頂戴，本管府州詳請咨部查議。因為「各屬內尚有壽光、曹縣、巨野、魚臺、濟陽、恩縣、昌邑、章丘八縣所銷舊案仍未及十分之五」，錢臻奏請將曹縣、魚臺、恩縣、巨野縣官員記大過，或停止委署；「壽光、濟陽、昌邑三縣，實屬延誤，相應遵照奏定章程」，將這三縣的知縣宋銘、李若琳、黃瀾安三員請旨革去頂戴，並將該管知府或知州徐紹薪等人，一併咨部查議。「仍勒限趕緊清理以觀後效。」七月初一日奉硃批：「所參甚是，依議，該部知道。」〔註267〕到當年十月，山東巡撫錢臻奏明「壽光縣原有積案十八起，現已詳結十七起；濟陽縣原參積案十起，已詳結九起。」請旨將壽光縣知縣和濟陽縣知縣開復頂戴。並請將該管之青州府知府汪彥博、前署濟南府知府戴嘉穀免其議處。〔註268〕為皇帝所允准。〔註269〕

除參處各員外，錢臻也表明其他州縣官員「僅只勉力從事」，但代理沂水縣知縣胡世琦於奉文勒限後，不但依限完結十分之五，並能將所有積案悉數清結。該縣積案較多，胡世琦係代理之員，辦理實屬認真，將該員記功二次註冊以示鼓勵。「嗣後如有能似此認真者，即行照辦。」〔註270〕皇帝准奏。

道光九年十二月十七日，湖廣總督嵩孚、湖北巡撫楊健奏明候補知縣唐樹義自上年五月，總計幫同審結委審京控、提審、駁審、奏咨要案90餘起，通省積案1400餘起，奏請將候補知縣唐樹義遇有本班知縣缺出，盡先補

〔註266〕 湖廣總督慶保、湖北巡撫張映漢：《奏為巴東縣革職留任知縣趙栻依限辦結積案遵旨請開復處分事》，嘉慶二十四年十一月二十四日，硃批奏摺，檔號：04-01-12-0339-135。

〔註267〕 山東巡撫錢臻：《奏為特參壽光縣知縣宋銘等員延誤積案等情請分別懲處事》，嘉慶二十五年六月二十七日，硃批奏摺，檔號：04-01-12-0345-023。

〔註268〕 山東巡撫錢臻：《奏為濟陽等縣審結積案請開復頂戴事》，嘉慶二十五年十月二十七日，錄副奏片，檔號：03-1643-014。

〔註269〕 中國第一歷史檔案館編：《嘉慶道光兩朝上諭檔》第25冊，廣西師範大學出版社2000年版，第493頁。

〔註270〕 山東巡撫錢臻：《奏為代理沂水知縣胡世琦認真趕辦積案已予記功註冊事》，嘉慶二十五年七月初一日，錄副奏片，檔號：03-1593-045。

用。〔註271〕道光十年正月二十日，山東巡撫訥爾經額奏明濟南府知府吳振棫在八個月內審結各府州屬京控奏咨及省控命盜各要案共180多起，「尤為出力能事」，請按照道光六年升任濟南府知府鍾祥一年之內審結發審案件104起之例量予鼓勵。〔註272〕正月二十六日，上諭將吳振棫記名以道員用。〔註273〕

道光十一年四月初九日，熱河都統裕恩奏請理藩院員外郎鄂克敦布、刑部候補主事林綬辦理積案有功獎勵。其稱「將失入斬遣各罪審明平反，實屬可嘉。且到任以來，平日留心察看該司員等辦理一切案件，俱極認真妥協。即如上年因查辦積案內建昌縣民於平洲圖奸不從殺死張褚氏母女二命一案，稽延八年之久，亦由該司員等提齊人證、質訊明確，經奏明辦理在案。」〔註274〕

道光十一年五月，御史瞿溶奏山西臨汾縣和趙城縣發生盜案，地方官諱盜。皇帝命阿勒清阿查明。〔註275〕至當年七月，查明該縣起初並不認真訊究，因循延緩，實屬不職之員，請旨將臨汾縣知縣黃暄革職，以為玩泄者戒。〔註276〕

卞士雲，道光十五年到安慶知府任後審結要案361起。「其平反石埭等縣蕭幗柱被毆身死等案，比照平反本屬之案例應送部者，較為出力。」陶澍奏請比照當年濟南府知府王鎮審結427起積案的先例，由朝廷給予鼓勵，上諭「著交軍機處記名，以道員用」。〔註277〕

〔註271〕湖廣總督蔿孚、湖北巡撫楊健：《奏為候補知縣唐樹義幫審案件尤為出力請遇缺盡先補用事》，道光九年十二月十七日，朱批奏摺，檔號：04-01-12-0411-051。

〔註272〕山東巡撫訥爾經額：《奏為濟南府知府吳振棫等審案出力請獎事》，道光十年正月二十日，朱批奏摺，檔號：04-01-12-0412-095。

〔註273〕中國第一歷史檔案館編：《嘉慶道光兩朝上諭檔》第35冊，廣西師範大學出版社2000年版，第17頁。

〔註274〕熱河都統裕恩：《奏為理藩院員外郎鄂克敦布刑部候補主事林綬辦理積案有功請獎勵事》，〔道光十一年四月初九日〕，朱批奏片，檔號：04-01-12-0420-105；熱河都統裕恩：《奏為理藩員外郎鄂克敦布等質訊建昌縣民於平湖圖姦殺死二命積案明確請升補事》，道光十一年四月十三日，錄副奏片，檔號：03-3864-035。

〔註275〕《清宣宗實錄》卷188，道光十一年五月辛酉，中華書局1986年版，第3冊第981頁。

〔註276〕山西巡撫阿勒清阿：《奏請將審辦盜案不力之臨汾縣知縣黃暄革職查辦事》，道光十一年七月十七日，錄副奏摺，檔號：03-2612-068；山西巡撫阿勒清阿：《奏為查明臨汾趙城二縣盜案請將臨汾縣知縣黃暄革職事》，道光十一年七月十七日，朱批奏摺，檔號：04-01-01-0731-028。

〔註277〕〔清〕陶澍：《陶澍全集》第四冊，嶽麓書社2010年版，第174頁。

　　道光二十三年二月，廣東候補知縣陸孫鼎讞獄出力，將及一年，總共審擬新舊積案 120 餘起，其中疑難大案 4 起，廣東省向來承審委員審擬案件，都不如該員之多且速。總督奏稱「實州縣中不可多得之員。仰懇將該員陸孫鼎不論繁簡，遇缺即補，俾該員益知奮勉。」〔註 278〕

　　道光二十六年閏五月，兩江總督璧昌、江蘇巡撫李星沅奏明試用知府鍾殿選試用一年期滿，堪勝繁缺知府之任。〔註 279〕二十八年正月，李星沅和陸建瀛奏稱，候補知府鍾殿選「於道光二十五年五月到省，復經委入讞局」，先後審結命盜重情及京控奏咨各案共 314 起，「此外，幫審各案皆能衡情定讞，從無翻異不服遲延未結之事」，奏請按照「道光二十六年湖北襄陽府同知候補知府姚華佐在武昌、漢陽二府幫審奏咨要案三百餘起，經兩湖督臣奏請遇有湖北、湖南兩省合例知府缺出，盡先補用，欽奉諭旨允准」這一成案，請將鍾殿選遇有江蘇、安徽合例應補知府缺出，即行補用。〔註 280〕二月十日，上諭允准，同時對於積壓案件之員，「著李星沅等按數查明，分別參辦，俾昭公允」，並指示應當恪遵道光十七年特降諭旨，勸懲並用。〔註 281〕二十八年十二月初一日，李星沅和江西巡撫陸建瀛除了進一步奏明鍾殿選審結各類案件數目外，還將造成積案的各官員查明分別參辦。〔註 282〕道光二十八年，署蘇州府知府鍾殿選因其他案件被參奏。〔註 283〕至十月，因審明鍾殿選督緝無方，降旨將其「審案出力，准以江蘇、安徽合例應補知府缺出補用之處，著即注銷。無庸交部議處。」〔註 284〕二十九年十月，兩江總督陸建

〔註 278〕兩廣總督祁墳：《奏為候補知縣陸孫鼎幫同辦理積案最為出力請遇缺即補以資鼓勵事》，道光二十三年二月二十八日，錄副奏摺，檔號：03-4070-022。

〔註 279〕兩江總督璧昌、江蘇巡撫李星沅：《奏為試用知府鍾殿選期滿甄別事》，道光二十六年閏五月二十四日，朱批奏摺，檔號：04-01-13-0276-007。

〔註 280〕兩江總督李星沅、江蘇巡撫陸建瀛：《奏為候補知府鍾殿選審辦案件出力請遇缺即補事》，道光二十八年正月二十四日，朱批奏摺，檔號：04-01-12-0466-066。

〔註 281〕《清宣宗實錄》卷 452，道光二十八年二月甲寅，中華書局 1986 年版，第 7 冊第 700～701 頁。

〔註 282〕兩江總督李星沅、江蘇巡撫陸建瀛：《奏為遵旨查明江省積壓未結命盜等案各員均已參辦事》，道光二十八年十二月初一日，朱批奏摺，檔號：04-01-12-0469-052。

〔註 283〕《清宣宗實錄》卷 458，道光二十八年八月癸卯，中華書局 1986 年版，第 7 冊第 777 頁。

〔註 284〕《清宣宗實錄》卷 460，道光二十八年十月庚申，中華書局 1986 年版，第 7 冊第 814 頁。

瀛和江蘇巡撫傅繩勳又奏請委令候補知府鍾殿選署理松江府知府。〔註285〕至咸豐元年，鍾殿選署理蘇州府知府；二年，實任；三年，因浙江青浦縣發生鄉民聚眾抗糧事件，鍾殿選因剿捕不力，加之其在民間口碑不好，不能折服民心，至十二月被下部嚴議。經此梳理，可見審案出力實為進階的有效渠道，但並不能證明一個官員的綜合能力強。

督撫因辦案遲延而被參奏亦不乏人。嘉慶二十年，嘉玉藻京控之事3年尚未審結，因嘉玉藻曾在總督衙門具控，五月二十八日上諭「常明不為究辦，實屬疲玩，常明著交部議處。」吏部根據定例「行查事件任意耽延者，承辦官降一級調用」例，奏明應將四川總督常明照任意耽延例降一級調用。欽奉特旨交議之件，毋庸查級議抵。〔註286〕嘉慶二十年六月初二日奉旨，因黎定麟京控案「在該督撫衙門歷控六次，何以案懸四載，尚未辦結。蔣攸銛、董教增俱著交部議處。」吏部亦奏明應將兩廣總督蔣攸銛、廣東巡撫董教增均照任意耽延例降一級調用，係欽奉特旨交議之件，毋庸查級議抵。〔註287〕

嘉慶十八年天理教起義，十九年五月二十五日，御史卓秉恬奏請整飭吏治。第二條即速結獄訟以省拖累。他指出「近日地方官凡有自理詞訟及上司發審案件，往往拖延不辦，不能依限完結」，奏請諭令各直省督撫嚴飭所屬，將自理詞訟及發審案件速為訊結，其任意延緩不能迅速完結者，即行據實查參，倘該上司狥庇屬員，任其懸宕，別經發覺，均有應得之咎。〔註288〕

如前所述，有些地方官積壓在先，清理在後，還為此獲得了獎勵，因此言官們呼籲應當慎重保舉，使得地方切實及時地清理案件。嘉慶十九年二月初十日，卓秉恬奏請滿漢大員及各省督撫慎重保舉以布公道而絕私援。〔註289〕八月十一日，卓秉恬又奏請「敕下封疆大吏，凡保奏人員查其聲名素好，事屬因公者，准其照例捐復。如因私罪降革，聲名較劣之員，概不得濫行瀆請捐復原

官」。〔註290〕

　　最有意思的是，道光十二年盧坤奏襄陽縣知縣阮克峻到任一年多審結積案800多起，六月二十日欽奉上諭將阮克峻賞加知州銜以示鼓勵。其後，御史范承祖奏請應當查明襄陽所積各案係何任、何時，「地方積案累百盈千，即有清理之員，必先有壓擱之員」。「若查係積自前任，則應將前任參辦，而後將該員奏請鼓勵。若查係積自本任，則功過尚不足相抵，准情酌理亦只宜計過而不宜計功。乃該督等只知奏請鼓勵審辦之員，而並不查參積壓之員。是不惟勸懲不得其平，恐各省府廳州縣，每遇升調有期，即先將大小案件推諉不辦，不特任意安逸，毫無處分，而且可留為後任清理邀功地步。」此奏指出了要害，也在以後發揮了重要作用，該御史「並請嗣後各直省督撫凡遇保舉清理積案人員，必先查明所辦案件繫積自何任何時，據實參辦；而後將清理之員邀請升敘，庶功過明而賞罰均，可杜怠玩取巧之弊。」〔註291〕七月，皇帝諭令盧坤查明襄陽縣所積八百餘起案件的具體情形。九月初三日盧坤片奏，其已經札飭新任臬司朱樹並安襄鄖荊道文明清查阮克峻任內審理積案800餘起的情形。〔註292〕隨即，因總督的更替，結果出現了逆轉。〔註293〕至次年正月，皇帝將阮克峻的獎勵撤銷。

　　道光十七年十一月十九日，山東道監察御史臣胡長庚奏明各省保舉過優請旨量為裁抑以飭吏治而杜冒濫。

　　　　竊惟知府一官係奉特旨簡放，責任綦重。至調任首府，尤為通
　　　省出色人員，三年卓異例有陞轉之途，如果懋著循聲，始可特膺保
　　　薦。若承審訟案乃係職分所應為，向來督撫有以訊結多案專摺保奏
　　　者，仰蒙聖主優容，微長必錄。本屬逾格之恩，今則各省相沿，幾
　　　若視為成例。自安徽、江蘇、山東、直隸以及河南，均以首府審結

〔註290〕山東道監察御史卓秉恬：《奏為獲咎人員嚴禁濫保事》，嘉慶十九年八月十一日，錄副奏摺，檔號：03-1560-025。

〔註291〕掌浙江道監察御史范承祖：《奏請湖廣總督盧坤將湖北襄陽縣所積各案查明參奏並請各省舉保清理積案人員必先查明功過事》，道光十二年七月二十一日，錄副奏摺，檔號：03-3768-023。

〔註292〕湖廣總督盧坤：《奏為遵旨核查襄陽縣知縣阮克峻任內審理積案積自何任何時分別參辦事》，道光十二年九月初三日，錄副奏片，檔號：03-4047-014。

〔註293〕參見湖廣總督訥爾經額：《奏為遵旨查明襄陽縣知縣阮克峻審理積案獎勵過當請撤銷升銜事》，道光十二年十二月二十日，朱批奏摺，檔號：04-01-01-0735-035。

案件數百起或平反一二案，或但能究出實情。薦章相繼而起，異口同聲，其餘未到各省，俱可計日而待。竊思此項案件無非京控、省控，民間常有之事，並無重大案情，所稱數百起者，如係前任積壓原摺內既未附參，如係各該府本任之事則例有定限，安得不自顧考成。且聞各省審案大半委之分發候補人員，亦並非首府一人所能了結，至平反之案，必係業經定讞，實有冤抑者，其原審各官曾否均經參劾，亦據隨摺聲明，該府等於數百起之中昭雪一二，原無足異。至於河南首府則但稱俱能究出實情，夫審案而不能究出實情，即州縣中尚為闒冗，何況首府？乃向來保舉者猶屬本任，今則並及於署事之員，因是以推，何所究竟？<u>各該省俱有首府，各首府俱有案件，相率效尤，大吏以寬厚市恩，屬員以微長自耀，將來若有不肯保舉之督撫，則必謂之屈抑人才，即有不能結案之首府，亦可謂之循分供職，吏治所趨，每況愈下。</u>可否請旨量為裁抑，俾該員等職思其居，勉其所當為，以其所未逮。庶吏治可期漸臻上理。〔註294〕

針對此奏，十一月二十日上諭：「嗣後各省遇有承審出力之員，該督撫務於保奏時，將何人任內積壓，何人承審錯誤，一併聲敘。庶勸懲並用，彰癉兼施，可收指臂之效，而吏治自蒸蒸日上矣。若但以究出實情等語，空言保薦，斷不能幸邀恩准也。」〔註295〕這也算是對承審積案動輒被保薦之風的一種約束。

四、重視監察，強化監督

監察可以糾舉政務中的過錯，嘉道時期監察制度對於清理積案也起到了重要的作用。督撫作為地方最高層級的監察官，擁有對屬員的監察權。嘉慶十二年六月十八日，湖南巡撫景安奏明湖南訟牘繁多，遞年積壓，省城各衙署積案即多達3000多件。因會同縣知縣陳甲淦辦理命案詳報遲延，他已據實參奏，奉旨革職發遣。又有新化縣知縣黃元顥行提人證不即拘解，以致控案難以審結，亦經其參奏革職。「自參辦該二員以來，各屬稍知儆戒。」〔註296〕

〔註294〕山東道監察御史胡長庚：《奏為各省保舉過優請旨量為裁抑事》，道光十七年十一月十九日，錄副奏摺，檔號：03-2664-066。

〔註295〕《清宣宗實錄》卷303，道光十七年十一月甲午，中華書局1986年版，第5冊第727頁。

〔註296〕湖南巡撫景安：《奏為遵旨清釐積案嚴督各州縣勒限審辦事》，嘉慶十二年六月十八日，朱批奏摺，檔號：04-01-01-0512-014。

可見，督撫若真正發揮察吏安民作用對地方的案件清理很有幫助。

在積案清理中加強監察有三條路徑：第一，鼓勵中央言官參奏不法或不職的行為。這在嘉道兩朝較為普遍，嘉道時期許多制度的定立都和言官條奏有關，如茅豫、莫晉等人都以直言敢諫留名，帝王也鼓勵言官充分發揮建言獻策的作用。嘉慶十九年，章煦因審理崔起龍催比漕糧刑斃人命案遲延，十一月即被掌江西道監察御史賈聲槐參奏。〔註297〕摺奏當天，皇帝傳旨將章煦申飭，並將此案改交陳預立即親提嚴審，迅速定擬具奏。〔註298〕道光二年四月初一日，某御史條陳及時清理詞訟，指出應嚴禁胥吏需索、稽查州縣設立循環簿、嚴禁批發佐貳等情。如州縣仍復耽玩擾累，道府不行揭報，督撫查出立即嚴參。〔註299〕第二，通過中央衙門和督撫在審理案件程序方面的銜接以發揮一定的監督功能。如都察院按時彙奏京控咨交案件辦理情形，嘉慶十五年定例：「嗣後咨交本省之案，照例兩月彙奏、半年咨催，應改為三月咨催、半年彙參。督撫於逾限未結之案，應令自請處分。並將批發承審之員，一併開具職名咨部議處，仍歸都察院核對。如單內有遺漏逾限之案，隨時參奏。」〔註300〕通過中央法司定期咨催和地方督撫按時奏報京控咨案辦理情形，很好地將案件審理結果進行了跟蹤，也可以查處不職之員。第三，通過派駐欽差、學臣等官員到地方發揮一定的監督作用。如名臣王鼎多次作為欽差被派往外地審案，在道光初年的浙江德清徐蔡氏案中發揮了一定的監督作用。

五、設置發審局，遴派專員

嘉道時期各地也注重新增專職部門以審理積案，其中最顯著的乃是發審局。發審局，或稱讞局，主要負責審理京控中的奏咨各案、省控以及批發詞訟等案。〔註301〕學界對發審局的起源尚未形成定論，李典蓉指出「發審局運作

〔註297〕掌江西道監察御史賈聲槐：《奏請敕令山東巡撫迅速審結積案事》，嘉慶十九年十一月初二日，錄副奏摺，檔號：03-2322-009。

〔註298〕《清仁宗實錄》卷299，嘉慶十九年十一月己丑，中華書局1986年版，第4冊第1104頁。

〔註299〕御史：《奏為請旨及時清理詞訟除證據不齊可展限之外應隨到隨審速結事》，道光二年四月初一日，錄副奏片，檔號：03-4021-020。

〔註300〕《清仁宗實錄》卷237，嘉慶十五年十二月辛丑，中華書局1986年版，第4冊第205頁。

〔註301〕對其職能的認識，需要借助各直省定立的章程，地域不同，其職責也有變化，可參考同治年間由曾國藩主持制定的《直隸清訟章程》。

模式實際產生的時間是早於名目出現之始,在乾隆朝後期已見雛形。」〔註302〕一般來說,發審局直屬督撫或由兩司兼管,局中人員的選任由首府知府主導,一般調派幕友、候補官員或知縣充當局員,「若能及時清理積案,局員會有遇缺即補、升職記功的獎勵。」〔註303〕道光十七年,保定府知府姜梅審完京控和省控大小案件382起,經直隸總督琦善保奏,官升一級。

發審局最晚設置於嘉慶五年,在山東進行試點。錢臻奏報「溯查京控各案,自嘉慶五年首府衙門立有發審專局以來,陳陳相因,日積日夥,距今二十餘年,從無清釐之日。」〔註304〕山東省於嘉慶五年在首府衙門設立發審局,嘉慶八年金光悌任山東按察使時便參與發審局工作。〔註305〕值得玩味的是,嘉慶十二年,當江西積案累纍之時,金光悌奏請設立發審局,御史鄒家燮奏稱設局有諸多弊端,遂作罷,但變相地通過委審和遴選候補官員作為發審人員用以處理積案等方式,無疑是解決積案的重要渠道。

但據錢臻奏報,山東首府發審局發揮的功用有限,「近年雖經前撫臣和舜武奏定巡撫兩司分案提審,每月各將審結若干起,自行具奏,立法不為不備。無如積弊太深,革除非易。除案情較輕,循照奏定章程應勒限各該府提省者,業經發回外,計省中新舊京控奏咨等案,開局時尚不下八十餘起,其中有遷延八九年及五六年未能辦結者,險健愈甚,斷結愈難。」嘉慶二十五年六月,因山東省城積案尚有數千件,經童槐提議,遂在巡撫衙門設立發審局清理積案。據《今白華堂文集》所載,奏請設局一事的奏疏亦由童槐一手起草,撫臣錢臻於六月間奏請設局,獲得朝廷批准,後由按察使童槐總領其事,七月初六日正式開辦。自此首府衙門發審局和巡撫衙門發審局一併用於清釐積案,「一切京控奏案及原發府局難辦之咨案,俱經提局審結,其餘咨案在府局者本已無多。」經過三個月的整頓,「省中京控新舊各案,皆掃數清釐,毫無存積。統

〔註302〕 李典蓉:《清朝京控制度研究》,上海古籍出版社2011年版,第108頁。

〔註303〕 參見陳文嘉:《盛世的黃昏——乾隆(1736~1757)》,廣西師範大學出版社2018年版,第242頁。

〔註304〕 山東巡撫錢臻:《奏為京控積案全數審結撤局日期事》,嘉慶二十五年十月十三日,朱批奏摺,檔號:04-01-01-0608-027。

〔註305〕 「東省最重者莫急於彌補虧空、清理積案二事。……至控告未結之案,多至數千件,臣現與臬司金光悌立局清理,分別年份遠近,案情輕重,或提省垣,或發鄰府。惟各州縣疲玩成風,任催妄應(皇帝夾批:最可惡,不知若輩每日有何事做)。臣擬將最甚者參劾數員以示懲儆,庶各屬知所愧懼,案牘得以漸清。」見山東巡撫鐵保:《奏為東省彌補虧空清理積案二事辦理情形事》,嘉慶八年三月十二日,朱批奏摺,檔號:04-01-12-0264-067。

計開釋無辜約二千餘人」。而山東兩個發審局也隨著嘉慶二十五年山東積案的清理完結被撤銷，「定於本月十五日撤局、並將嘉慶五年設立首府衙門之專局同時裁撤，從此積習一祛，訟風漸轉，地方可次第整頓。」〔註306〕作為一個臨時成立的審判機構，承擔專責，它的出現和撤退都以現實情形的變化而決定。

　　道光時期，中央對各地奏請設立發審局似乎並沒有太多禁止，各地多有類似發審局的機構用以解決積壓或重大的上控案件，如江西首府即有讞局，包世臣曾遊幕南昌，「在南昌四十日，問過自理案三百起」，審結230起。其游歷多省，「見讞局中能員堂坐，但聞問官亂喝亂叫」。〔註307〕後來包世臣的二子興實被招入江蘇的讞局，包世臣指出：「至於首府讞局，為全省總匯，或京控奉發，或上控提省，或翻異提全案人證，其案多有自數年至十數年者。又本案兩造先後控訴之詞，多出岔頭，更有牽砌別案作證，自數案至十數案者。提卷動至盈箱，提犯動致數十百人。」〔註308〕包世臣特地向其傳達審案經驗。當時有一部分負責審理發審案件的官吏，其經費還納入公項攤分，如道光十三年正月，皇帝諭旨表明「惟首府廉俸無多，其另辦發審案件之幕友，專為通省公事，由通省公派脩脯。各省皆係如此，不獨直隸近年為然。若責令自出己資，在各州縣所省甚微，而首府勢必辦公竭蹶，自應仍循其舊。」〔註309〕此處提到的是發審幕友的脩脯，可見各地首府基本有類似的人員班子，延請的專辦發審案件的幕友的薪資則從辦公經費中撥出，各地情形如出一轍，不可更易成法。

　　據考證，山西省最晚在道光十五年也設立了發審局。〔註310〕廣東省最晚於道光二十三年也設置了類似發審局的組織，道光二十三年二月，兩廣總督奏明廣東案件積壓，「自上年英夷就犯，彼時積案較平時多至數倍。」祁墳與前撫臣梁寶常飭行設局清釐，委員幫同審辦。〔註311〕

〔註306〕　山東巡撫錢臻：《奏為京控積案全數審結撤局日期事》，嘉慶二十五年十月十三日，朱批奏摺，檔號：04-01-01-0608-027。

〔註307〕　〔清〕包世臣撰：《包世臣全集》第3冊，李星點校，黃山書社1997年版，第402、403頁。

〔註308〕　〔清〕包世臣撰：《包世臣全集》第3冊，李星點校，黃山書社1997年版，第403頁。

〔註309〕　《清宣宗實錄》卷230，道光十三年正月乙未，中華書局1986年版，第4冊第448頁。

〔註310〕　《清宣宗實錄》卷287，道光十六年八月甲戌，中華書局1986年版，第5冊第438頁。

〔註311〕　兩廣總督祁墳：《奏為候補知縣陸孫鼎幫同辦理積案最為出力請遇缺即補以資鼓勵事》，道光二十三年二月二十八日，錄副奏摺，檔號：03-4070-022。

　　據張集馨日記所載，四川省因首府積案累累，屢催不結，最晚於道光二十八年「在臬署西院設發審局」〔註312〕。《四川通飭章程》一書末尾附有「成都發審局匾對」「成都發審局藏書目錄」等。委派專員進行審理，李象昺、俞文詔、朱鳳標、顧希曾等人都曾榮膺此任，「而李象昺係老吏，尤優於眾人。」〔註313〕但當時刑訊尤其慘烈，許多人立斃杖下，「委員希奉臬臺意，每問案無不刑求。川省刑法極重，各委員更以意為高下，真所謂三木之下，何求不得也！」〔註314〕江蘇省最晚於道光二十八年也設置了發審局，兩江總督李星沅和江西巡撫陸建瀛奏請保獎審案出力的候補知府鍾殿選時，稱其「於道光二十五年五月到省，復經委入讞局」〔註315〕。

　　各地的獎懲機制中往往以案件審結數量為最重要的考核標準，帶來了顯著的弊端。所謂「三木之下，何求不得」，刑訊逼供成為發審官員最為常用的方式，進一步導致了冤濫，而官員卻可以藉此晉升。在發審中功績突出之人，包括官員和幕友，往往會得到督撫的保薦，從而在仕途上更為順利。如兩淮候補運判童濂曾在省城幫助審案，之後經兩江總督陶澍保舉，盡先補用。但因其「分發未久，即得儘先。人多缺少，不能貼服」，而招致物議。後查知「童濂審訊梟匪李二一案，獨著勞績，督臣陶澍保舉儘先補用。並非由夤緣而得，此外發審案件均能認真。不聞物議。」〔註316〕此即表明童濂此時是被抽調的專事負責審辦發審案件的人員。道光時期，很多候補官員和幕友通過承辦發審案件成為晉升之階。

　　久而久之，審案也有流於形式的嫌疑，官員們往往一銷了事，且以數量作為依據，出現了長官濫行保舉的情形。而對於根治積案問題並無任何助益，許多官員依舊任意積壓詞訟。清廷不得不操縱賞罰二柄以試圖維繫司法領域和政治生態中的平衡。道光十年正月上諭：「現在各省只知於委員審案出力者奏

〔註312〕〔清〕張集馨：《道咸宦海見聞錄》，杜春和、張委清整理，中華書局1981年版，第96頁。

〔註313〕〔清〕張集馨：《道咸宦海見聞錄》，杜春和、張委清整理，中華書局1981年版，第96頁。

〔註314〕〔清〕張集馨：《道咸宦海見聞錄》，杜春和、張委清整理，中華書局1981年版，第96～97頁。

〔註315〕兩江總督李星沅、江蘇巡撫陸建瀛：《奏為候補知府鍾殿選審辦案件出力請遇缺即補事》，道光二十八年正月二十四日，朱批奏摺，檔號：04-01-12-0466-066。

〔註316〕《清宣宗實錄》卷204，道光十二年正月甲寅，中華書局1986年版，第4冊第3頁。

請鼓勵，而積壓案件之員總未據實參奏，殊不足以昭勸懲。著各督撫嚴飭所屬，於自理詞訟及奏咨各案，務須隨到隨結，遇有因循不辦積案過多者，一經查出，即行從嚴參辦，功過分明，力除疲玩積習。」〔註317〕

值得注意的是，不光是巡撫衙門、按察使司衙門和首府衙門，專門的業務衙門也設局清理奏銷積案、軍需積案等。嘉慶十九年五月，署理江南河道總督黎世序奏明各前任積年未辦之案尚有一百數十起之多，因一直忙於各處防汛查工，奏懇展限。為了趕辦南河工程積案，「於清江設局清釐，自嘉慶九年起至十六年止，應行題估題銷題覆各件計一百五十案，清單奏稿九案，該局員於本年二月辦完撤局。」〔註318〕

遴派人員委審或調審也是應對積案的臨時措施，如派出欽差到各地審案，以及地方督撫委審。欽差審案在嘉道時期的頻率雖在下降，但遇到大案時依舊會採取這種方式。道光初期，浙江徐蔡氏案和山西閆思虎案引起頗多關注，徐蔡氏案最終由道光帝特別信賴的欽差王鼎覆審；閆思虎一案特旨調京發部覆訊。

委審是督撫比較常用的臨時措施。嘉慶十一年六月二十九日，兼署閩浙總督福建巡撫溫承惠奏明查辦漳泉府屬未結命盜積案頗多，及收閱民人呈詞，竟有命盜案內人犯禁押十餘年或六七年未經審結者。他採取了遴委明幹之員馳赴漳泉會同該道府先提現犯研訊確情錄供、按擬詳款的方式。〔註319〕嘉慶十二年六月二十二日，江蘇巡撫汪日章奏報於臣倅中遴選明白任事者，每府州酌派一員前往幫同審辦，以期核實稽查，肅清塵案。〔註320〕嘉慶十三年，韓封自秋間抵任，既經遴委明幹正、候、試用人員分赴各州縣，會同該地方官將未結各案督催審辦。〔註321〕嘉慶二十二年七月二十六日，安徽巡撫康紹鏞奏明對於該省的京控案件，也採取遴派明幹委員幫同認真審理的措施。〔註322〕嘉

〔註317〕《清宣宗實錄》卷164，道光十年正月丙辰，中華書局1986年版，第3冊第547頁。

〔註318〕署理南河總督黎世序：《奏為趕辦南河工程積案事》，嘉慶十九年五月二十七日，朱批奏摺，檔號：04-01-01-0555-004。

〔註319〕福建巡撫溫承惠：《奏為漳泉府屬未結命盜積案參劾前任總督事》，嘉慶十一年六月二十九日，錄副奏摺，檔號：03-2285-007。

〔註320〕江蘇巡撫汪日章：《奏報查明通省未結積案事》，嘉慶十二年六月二十二日，錄副奏摺，檔號：03-2448-014。

〔註321〕兩廣總督百齡、廣東巡撫韓封：《奏為查明廣東通省未結積案嚴飭清理事》，嘉慶十四年七月二十四日，錄副奏摺，檔號：03-2458-024。

〔註322〕安徽巡撫康紹鏞：《奏為恭報查明赴京呈控各案已結未結各案事》，嘉慶二十二年七月二十六日，朱批奏摺，檔號：04-01-01-0573-023。

慶二十三年，新任山東按察使溫承惠對於批發府州審辦的積案，「責成該守牧勒限傳訊，並遴派明練之員，分赴各府州幫同審理，令其按旬將審結起數具報。其結案數多又復允當者，加以獎勵。草率怠玩者，將府州及委審之員均加參處。」〔註323〕

　　審斷案件是按察使的主要工作。如前所述，張集馨曾於道光二十七年任四川按察使，因「首府衙門案件積壓甚多，屢催不結」，在臬署西院設立發審局，「終日督率委員審理各案」。「其時委員特派李象昺、俞文詔、顧希曾、朱鳳標，皆能問案。而李象昺係老吏，尤優於眾人。」〔註324〕

第三節　憑藉其他手段應對

　　嘉道時期為了端正人心、改變風俗澆漓的現實，經過了多重努力、投入了極大精力，綜合利用其他措施（如宣講聖諭律例等手段），倡導和推行「無訟」「息訟」理念，教化民眾，轉變風俗。

一、以教化手段扭轉世風

　　傳統中國提倡禮樂政刑，綜合為治，奉行「治民之道，教化為先」，反對不教而誅。相比於法律手段和政治手段而言，教化手段的特徵是潛移默化，收效較慢，正所謂「日計不足，月計有餘」。這雖是歷代提倡之治理手段，卻對問題的解決只能起部分作用，但加強化導官民對減少訟端也有一定的積極作用。如嘉慶曾要求山東巡撫將聖諭廣訓演化為通俗易懂的話語刊刷告示，「以馴其桀驁之性，庶敗類潛消、而俗臻淳美也」。〔註325〕為挽救社會頹風，嘉慶曾御製《原教說》，為官員制定官箴等，試圖通過這些方式規勸官民。嘉慶十九年九月二十八日，頒御製《實心行政說》，強調「以實心行實政則治」〔註326〕，還發布《化民成俗論》等聖諭以期挽救澆風。道光帝亦沿襲乃父的

〔註323〕無責任者：《奏為清理積案及設法催審各情形事》，嘉慶二十三年，朱批奏片，檔號：04-01-01-0587-054。
〔註324〕〔清〕張集馨：《道咸宦海見聞錄》，杜春和、張委清整理，中華書局1981年版，第96頁。
〔註325〕《清仁宗實錄》卷272，嘉慶十八年八月乙巳，中華書局1986年版，第4冊第699頁。
〔註326〕《清仁宗實錄》卷297，嘉慶十九年九月乙卯，中華書局1986年版，第4冊第1084～1085頁。

做法，繼續化民成俗。如張師誠記述道光四年在山西任上，「該州縣於每月朔望宣講聖諭」〔註327〕，用以貫徹朝廷的政策。

（一）宣講聖諭律例

清代在法律教育方面，以宣講聖諭廣訓和《大清律例》最為顯著，在法律中設置「講讀律令」專條。宣講聖諭廣訓是清廷一直著力推行的教化策略，〔註328〕從康熙聖諭十六條到雍正二年御製長達萬言的《聖諭廣訓》，頒發各直省督撫和學政，轉行文武員弁和教職等人員，通行講讀。乾隆朝曾將《聖諭廣訓》作為日常學習和考試內容。但這種教化所能起到的作用是值得懷疑的。地方雖然著力宣講，久而久之，民眾的參與熱情和積極性下降，逐漸成為具文。如鐵保記載「宣講聖諭廣訓，向成具文。一日余赴講堂，見官吏草草從事，聽者亦甚寥寥。余即號召各鄉民齊集兩階，移座與諸父老細談」。〔註329〕

據《清實錄》所載，嘉道兩朝至少有25次要求地方宣講聖諭廣訓，其中嘉慶朝16次。嘉慶十九年，兩廣總督蔣攸銛奏請生監考試時都應默寫聖諭廣訓。他指出各學政考試童生，在覆試時，「定有敬謹默寫聖諭廣訓之條。誠以士為民倡，果能平時服誦，相與宣講。內而砥厲躬行，外而化導鄉俗。」其後，皇帝下旨「著禮部通行直省各學政，嗣後歲科兩試並貢監生錄科考遺，均一體敬謹默寫聖諭廣訓一二百字。其不能默寫者，按其文藝遞降等第，及斥置不錄。庶該生監等勤加肄習，共相漸摩。俾鄉曲小民咸知觀感，用副朕化民成俗之意。」〔註330〕此乃恢復乾隆舊制，個中的掙扎和無奈躍然紙上。這也可被視為一個重要的轉折點，即基於化民成俗的目的讓士子在科考時默寫《聖諭廣訓》，加強對於綱常禮教的維護和善良風俗的提倡。

從現在能收集到的清代各版本聖諭廣訓來看，其內容相當豐富，將聖諭和律例乃至朝廷的最新政策穿插其中，按照各地方言習慣，編織成各樣名目，甚至專門雇覓講手進行宣講。

〔註327〕〔清〕張師誠：《一西自記年譜》，載北京圖書館編：《北京圖書館藏珍本年譜叢刊》第126冊，北京圖書館出版社1999年版，第193頁。

〔註328〕筆者所見關於清朝前中期的法律宣講研究的最新成果為：楊揚：《清朝前中期的法律宣講與社會教化》，載《青海社會科學》2022年第6期。

〔註329〕〔清〕鐵保：《梅庵自編年譜》，載北京圖書館編：《北京圖書館藏珍本年譜叢刊》第119冊，北京圖書館出版社1999年版，第157頁。

〔註330〕《清仁宗實錄》卷300，嘉慶十九年十二月戊午，中華書局1986年版，第4冊第1121頁。

但是，這種方法的效果是值得懷疑的，管子早已言明「倉廩實而知禮節，衣食足而知榮辱」，在生存第一的法則下，綱常禮教作為附屬品，是最難建立起權威也是最容易被拋棄的東西，社會轉型大背景下民生日蹙給道德規範的踐行帶來了極大的挑戰。

嘉慶年間，服制類案件增多，有一些大臣主張進一步從嚴打擊此類犯罪行為，而嘉慶帝卻未經允許。道光三年，景謙奏湖南近年服制命案較多，請照原犯罪名加擬梟示。上諭指出「服制命案之多，總由地方官平日不能盡心化導，以致鄉民干犯逆兇，罔知倫紀。若將此等案犯加擬梟示，既與定例不符，亦非弼教明刑之意。嗣後各該地方官惟當隨時勸諭居民，俾知尊卑大義，雍睦克敦，自可漸挽澆漓。固不在嚴立科條，徒事更張也。該護撫所奏，著毋庸議。」〔註331〕

就教化民眾而言，如《西江視臬紀事‧勸諭民俗十條》對革新風俗具有相當的代表性。江西按察使曾出示禁止宗族惡人迫害族人。「江省故家大族以及編民之家，皆設立祠堂，以展歲時之饗。其尊親崇本者，吲自不乏；而城鄉暴戶，輒有不法族惡，遇事生風。偶見族人稍有干犯，不計親疏，不問輕重，動稱祠禁」，而迫害族人，「或捆縛抬溺，或毒毆活埋」。該臬司遂宣示「嗣後如有族人干犯法紀，教誡不悛，輕則量以家法責懲，重則請以官法究處。倘有仍前託名祠禁勒罰滋事者，定即照律科懲；倘敢倡議將人致死者，造意加功定即按照謀故情形，分別坐以斬絞重辟。不行勸首之族黨地鄰，一體科罪。」〔註332〕

（二）端正士習

士乃四民表率，充當社會風向標的功能。嘉道時期的士人廣泛參與各項社會事務，其中不乏與官方倡導的不一致的做法，如包攬詞訟、包漕抗稅等，給社會治理帶來了極大的挑戰。乾隆時期江蘇即設置專門的稽查生監涉訟的簿冊交學政稽查。嘉道時期面對社會風氣日趨墮落的現實，端正士習也是統治者想要達成的目標之一。前文所述314名生監分潤漕糧轟動一時，還專門刻碑戒飭。之後鐵保在記述個人經歷時曾提及嘉慶十四年的另一件事——「先是，江

〔註331〕《清宣宗實錄》卷55，道光三年七月庚寅，中華書局1986年版，第1冊第983頁。
〔註332〕〔清〕凌燽：《西江視臬紀事》卷4，載《續修四庫全書》編纂委員會編：《續修四庫全書》第882冊，上海古籍出版社1993年版，第141～142頁。

省士風刁健，撫軍宜興、學政平恕任內俱有罷考爭毆之事，余隨時訓戒，勸以廉恥，曉以利害，四年之久，並無有秀才滋事之案。」〔註333〕可見，加強對士人的管束起到了一定的效果。對清理積案而言，生監包訟是清廷重點整治的行為。嘉慶二十年七月，河南學政姚元之奏報其「申明舊規，嚴飭各州縣按月詳報生員有無出入衙門幹連詞訟之處」，〔註334〕據稱生員涉訟案件日漸稀少。而一旦管理鬆弛，這種風氣又將死灰復燃。道光五年，上諭「士為四民之首，欲正民風，先端士習。著各省學政，嚴飭各學教官，隨時稽查詳報，毋使身列膠庠，恃符滋事。如有刁生劣監，即分別戒飭褫革。至巧構訟端，潛身局外者，必應嚴行懲辦。其刁健之徒，凡審繫虛誣，例嚴反坐。地方官不據實究辦，該管上司，查明參處。」〔註335〕這道上諭中將涉事的生監群體等同刁民看待。對於涉及生監群體的案件，官方一般貫徹獨特的審訊方式：「貢監生員每多包攬詞訟，平空插入，扛幫訟事，如果到案，不可輕易責打。即或逞刁頂撞，亦不可認真發怒，即交號房看守，速將可惡之處及平日惡跡據實聲敘，詳請斥革功名，奉到批示，然後用刑懲辦，始無後患。」〔註336〕從這個規定來說，還是相當尊重這類群體的知識和社會地位。

除了中央提倡一定的價值和理念，各地亦制定相應的告示和勸諭，如劉衡《勸諭生監敦品善俗以襄教化告示》指出：「士首四民，士習端則民風厚，不特甲科鄉宦，民望攸歸，即俊秀生儒，亦均有表率齊民之責。蓋百姓顓愚，囿於近習，守令雖親民之官，究不能家喻戶曉，所賴讀書明理之人。居處同鄉，見聞較切。」即重點發揮讀書人勸諭鄉民的作用，宣傳人情、國法，「自然弱者感化，強者畏服。便息了地方多少事端，省了官府許多氣力。可見一鄉有善士，勝於一邑有好官。謂其情更親而機亦順也。」〔註337〕各地亦通過生監群體宣講聖諭和律例，這是傳統農業社會所依賴的重要宣教資源，通過他們的懇

〔註333〕〔清〕鐵保：《梅庵自編年譜》，載北京圖書館編：《北京圖書館藏珍本年譜叢刊》第119冊，北京圖書館出版社1999年版，第196頁。

〔註334〕河南學政姚元之：《奏報嚴懲豫省士子干涉詞訟事》，嘉慶二十年七月十五日，錄副奏片，檔號：03-1604-019。

〔註335〕《清宣宗實錄》卷89，道光五年九月甲辰，中華書局1986年版，第2冊第425頁。

〔註336〕〔清〕褚瑛：《州縣初仕小補》卷下，載郭成偉主編：《官箴書點評與官箴文化研究》，中國法制出版社2000年，第307頁。

〔註337〕〔清〕劉衡：《州縣須知》，載《官箴書集成》第6冊，黃山書社1997年版，第116～117頁。

切勸諭,能夠使民眾之間很多小紛爭和平化解,不需動用政府資源,民眾也不至於費時失業,具有較好的社會效益。

此外,嘉慶皇帝還御製官箴以規勸內外臣工,如嘉慶二十年四月,頒布御製官箴26章,諄諄誡諭內外臣工。教化手段對於倡導善良風俗,民眾之間和平相處、相互包容忍讓有一定的敦促作用,但因其見效慢,還需各種手段互相配合。

二、用經濟手段保衛民生

經濟手段對積案防治而言也很重要,包括控制銀錢比,打擊私鑄行為等。嘉道時期,銀錢比失衡,普通民眾日常生活使用制錢和碎銀,但交納賦稅時卻要通過銀匠兌換成成分較高的條銀。很多時候,民眾是按照一定的兌換比例、承擔一定的損耗,將制錢交給地保或胥役代辦。這些人群就有從中貪漁的可能。

錢糧和田土事關小民的生存,相關爭訟積案所在多有。通過禁止浮收勒折可以確保民眾不被勒索,減少官民衝突和民告官告吏案件的發生,國家的財稅也能得到保障。清代糧戶繳納賦稅後,發給糧串為憑據,因而會有大戶冒交他人賦稅從而取得糧串並進一步爭奪土地。如前文所述汪從信案,其在京控中對於沒為官產的土地即以完糧憑證——糧串作為重要證據而主張土地的所有權。清朝為防止弊端滋生,業將糧串從兩聯變為三聯,由糧戶、書吏和正印官各持一份,曾經一度實行過四聯串票,以加強完稅印證。其他如土地變賣、典質等行為,也要去官府登記備註,汪從信案中,官員即通過查核官府留存的證據,發現書吏舞弊。可見,清代對於土地、田宅等交易規則不斷完善,也為確權止爭起到了良好的作用。

私鑄行為在嘉道兩朝一直存在,破壞了金融市場秩序,隨著鴉片傾銷規模的逐漸擴大,道光時期,中國在國際市場上出現了貿易逆差,大量白銀外流,銀貴錢賤的情形更為惡劣。民眾也從私自鑄造銅錢向鑄造洋銀的方向轉變,更加激化了社會矛盾。因此,道光十三年六月,清政府增加紋銀出洋治罪專條。當時清朝實行一口通商制度,對外貿易都集中在廣州,是故當時浙江省的寧波、乍浦一帶,海船輻輳,大多前往廣東進行貿易,「難保其不以紋銀易貨」,皇帝下旨令富呢揚阿將刑部奏定禁止紋銀出洋條例遍行曉諭,「嗣後內地民人赴粵貿易,只准以貨易貨,或以洋銀易貨,不准以紋銀易貨。外洋夷人在粵貿

易，亦只准以貨易貨，或以紋銀易貨，不准以洋銀易貨。」〔註338〕倘若奸商違反新例，依法治罪；民間私鑄私販，從嚴懲辦。七月，御史黃爵滋上奏，紋銀和洋銀都應被禁止出洋，「務絕仿鑄之弊，並嚴科罪之條。」皇帝令刑部再行妥議具奏。其後，刑部奏陳對於禁止紋銀出洋之事應另定治罪專條，「請嗣後內地奸民，有摹造洋板，銷化白銀，仿鑄洋錢圖利者，一經當場拿獲，如數在一百圓以上者，即照白銀出洋一百兩以上例，發近邊充軍，一百圓以下，杖一百徒三年，不及十圓者，枷號一個月杖一百，為從者各減一等，纂入例冊，永遠遵行。」刑部另外提出「至該御史請將洋銀並禁出洋，於海洋交易事宜，有無窒礙，應請飭下沿海各督撫酌核。」〔註339〕刑部意見均被皇帝採納。可見，清廷在短短的兩個月內，不僅禁止紋銀，還禁止洋銀出洋，根絕仿鑄之弊。

這些內容在《大清律例》中「私出外境及違禁下海」律例中得到了體現，《大清律例根原》詳載其制定經過。刑部按語載明：「道光十三年七月內，據升任福建道監察御史黃爵滋奏洋銀應禁仿鑄之弊，請嚴立科條一摺……經臣部查，白銀出洋，雖經明立科條，而仿鑄洋銀之禁不行，則偷漏出洋之弊誠恐不能盡絕。自應另立治罪專條，以昭懲創。」遂定立科條，奏准允行，纂為專條，以資引用。〔註340〕這兩個條例的制定，是為了穩固當時的金融秩序，打擊民眾的違禁犯罪，體現了清律因時制宜的特色，且這兩條一直延續到清末變法修例之時。

小結

嘉道時期積案問題問題嚴峻，統治者多維並舉對積案進行清理，取得了一定的成效，其中的法律手段最嚴厲和長久。

嘉慶十二年興起的清理積案運動，讓官吏承受了極大的壓力，通過各種方式以清理積案並規避處分。儘管清朝制定和完善了處分則例，各地也適時制定了章程，加強對屬員的考核，但地方官拖延獄訟的積習始終未曾消除。

〔註338〕《清宣宗實錄》卷 238，道光十三年六月庚戌，中華書局 1986 年版，第 4 冊第 566～567 頁。

〔註339〕《清宣宗實錄》卷 241，道光十三年七月庚寅，中華書局 1986 年版，第 4 冊第 609 頁。

〔註340〕〔清〕吳坤修等編撰；郭成偉主編：《大清律例根原》，上海辭書出版社 2012 年版，第 764、786～787 頁。

嘉慶十五年，監察御史西琅阿奏請設立稽查地方自理詞訟章程，〔註341〕但這種稽查基本停留在地方層面，案件積壓依舊嚴重。到了嘉慶末期，仍不乏「各省命盜等案有拖延至數年、十餘年之久者」。〔註342〕嘉慶二十五年，上諭指出地方官「若於民事漠不關心，日耽娛樂，則闒茸廢弛，積壓日多。地方狡健之徒，因而別生枝節，案外牽連。無辜良民受其拖累，吏役更從中詐索。百弊叢生，皆由於此。」〔註343〕他已經把積案問題作為百弊叢生的根源，指出其嚴重威脅到了統治安危。

各地的清訟章程值得肯定。嘉慶朝晚期山東積案為全國之最，嘉慶二十三年，皇帝只能調任其信賴的和舜武擔任山東巡撫。和舜武制定了按照積案數目而分立限期審結的章程，對於自理詞訟也分別定限，加強對屬員的督察，如再有因循泄玩，不知振作者，即以「易結不結」嚴行參奏，勤理詞訟結案最多者則給予獎勵。〔註344〕六月初一日，和舜武針對「應提人證往往任催不解」的問題，進一步制定「一經檄提，除去程限定限，該州縣於文到十日內起解。如有遲延，按其月日分別從嚴參處」，有其他原因可以奏請展限。「若不肖州縣仍敢無故抗玩，致延案拖累者，即照溺職例參革」。〔註345〕和舜武就任山東巡撫後，特參延不清理積案的濱州知州王龍圖和屢提抗違不解的惠民縣知縣邱音越；〔註346〕因歷城縣知縣戴屺審詳積案共 560 餘起，將

〔註341〕 該章程規定各省州縣將自理詞訟呈詞「每月造報該管道府，按例起限。其前報各案已結未結，但於續報冊內陸續聲明，即責成道府依限督催，於年底具結申報，藩臬兩司查核」。參見山東道監察御史西琅阿：《奏請酌定各州縣自理詞訟稽察章程事》，嘉慶十五年二月初八日，錄副奏摺，檔號：03-1632-005；嘉慶十五年二月初八日上諭，見中國第一歷史檔案館編：《嘉慶道光兩朝上諭檔》第 15 冊，廣西師範大學出版社 2000 年版，第 53 頁。

〔註342〕 河南道監察御史朱鴻：《奏為請嚴禁諱訟唆訟以清訟源事》，嘉慶二十四年十二月初三日，錄副奏摺，檔號：03-1589-001；嘉慶二十四年十二月初三日上諭，見中國第一歷史檔案館編：《嘉慶道光兩朝上諭檔》第 24 冊，廣西師範大學出版社 2000 年版，第 634～635 頁。

〔註343〕 嘉慶二十五年二月二十二日上諭，見中國第一歷史檔案館編：《嘉慶道光兩朝上諭檔》第 25 冊，廣西師範大學出版社 2000 年版，第 60 頁。

〔註344〕 山東巡撫和舜武：《奏為遵旨勒限清整積案並酌議分提審辦京控案件事》，嘉慶二十三年五月二十二日，朱批奏摺，檔號：04-01-01-0581-007。

〔註345〕 山東巡撫和舜武：《奏為奉旨整頓吏治現在逐一遵辦情形事》，嘉慶二十三年六月初一日，朱批奏摺，檔號：04-01-13-0213-001。

〔註346〕 山東巡撫和舜武：《奏為特參濱州知州王龍圖延不清理積案惠民縣知縣邱音越竊案抗違不解請旨一併革職事》，嘉慶二十三年七月十四日，朱批奏摺，檔號：04-01-12-0331-004。

其保奏。〔註347〕當年，和舜武即奏明自勒限清理後，「除積案本屬無多，州縣早經完結不計外。其詞訟最繁之處，已依限審結積案三百六十餘起及百數十起不等；詞訟極簡之處亦審結積案三四十起不等」，估計在定限內積案均能被清理。「嗣後新案均飭隨時審明詳結，倘再有積壓。查核案數，欽遵諭旨，分別參辦。斷不使始勤終惰，復蹈疲玩積習。」〔註348〕

　　嘉道時期新增的有關審斷方面的則例對敦促官吏及時審結案件有促進作用。嘉慶二十三年朝廷所定則例「嗣後州縣官任內積案延不訊結至一百案及四十案以上者，即照此例查明參奏，將該員發往軍臺」，而對於積壓40起以下的情形要寬仁許多，以革職處理，因此各地在實際操作中對於奏請革職之人亦往往暫行留任，勒限清理，清理完竣即奏請開復。嘉慶二十四年，湖南審理積案延不斷結之署理瀏陽縣知縣方為霖〔註349〕、湖北巴東縣知縣趙栻〔註350〕以及嘉慶二十五年山東壽光縣知縣宋銘、濟陽縣知縣李若琳〔註351〕都按照這個辦法施行，最後都被開復頂戴。

　　嘉道時期，除朝廷欽定條例、則例外，各省亦紛紛增設省例，《四川通飭章程》載：「惟自乾嘉以降，時勢日艱，情偽日幻。於是大部有通行部章，川中各上憲有通飭省章，皆以達律例之未賅，准情法之持平，求合乎大中至正之歸，誠哀矜之苦心也。」〔註352〕

　　各地省例中亦載有清理積案的相關舉措，如《粵東省例新纂·吏·功過》：

　　　「審案議獎」條：首府縣幫審案件，委員不論時日久暫，應以
結案多寡分別獎勵，如審結奏案及委審案內有平反更正，罪關生死

〔註347〕山東巡撫和舜武：《奏為歷城縣知縣戴屺審詳積案查拿要犯勤幹可靠請准升用事》，嘉慶二十三年十二月，朱批奏片，檔號：04-01-01-0583-003。
〔註348〕山東巡撫和舜武：《奏為遵旨飭令各屬趕審積案情形事》，〔嘉慶二十三年〕，朱批奏片，檔號：04-01-01-0579-040。
〔註349〕湖南巡撫吳邦慶：《奏為特參署理瀏陽縣知縣方為霖審理積案延不斷結請旨革職留任勒限清釐事》，嘉慶二十四年閏四月二十四日，朱批奏摺，檔號：04-01-01-0595-018。
〔註350〕湖廣總督慶保、湖北巡撫張映漢：《奏為革職湖北巴東縣知縣趙栻暫行留任仍勒令將未結積案展限一月事》，嘉慶二十四年五月二十五日，錄副奏摺，檔號：03-1584-016。
〔註351〕山東巡撫錢臻：《奏為濟陽等縣審結積案請開復頂戴事》，嘉慶二十五年十月二十七日，錄副奏片，檔號：03-1643-014。
〔註352〕〔清〕鍾慶熙輯：《四川通飭章程·自序》，載沈雲龍：《近代中國史料叢刊續輯》480《四川通飭章程》，文海出版社1977年影印版，第14頁。

出入暨審結二三年以上日久未結之命盜重案，每一案記功一次，尋常命盜罪應斬絞者，每五案記功一次，遣軍流徒者每十案記功一次，自理枷杖人犯，每二十案記功一次；積功至三次者，由府縣列摺請獎，候補試用人員給予超委，實缺人員量予調劑；積功至六次者，候補試用人員請給盡先超委，實缺人員准予調署繁缺一次，以示鼓勵（至審案出力保舉應照吏部通行新章辦理）。〔註353〕

「詳銷控案功過」條：各州縣士民上控案件，院司每月核計詳銷數目，分別記功記過，如一月內結案七起至九起者，記功一次；十起至十四起者，記功二次；十五起至十八起者，記功三次；十八起以上者，記功四次而止（詳銷五六起不敷記功，次月再有銷案，准其合算，共成十起者，記功一次；未足十起，不准記功；再次月之銷案，亦不准接算）；其控案在五起以上，一起未銷，記過一次；二十起以上，一起未銷，記過二次；記過至十次停其升調；記過至十五次，詳請撤參以示懲儆。〔註354〕

相比前文所列的江蘇、直隸、山東等地具有代表性的清理積案章程來說，廣東省例對於辦案獎懲規定格外細緻。

以上措施對於清理積案起到了一定的作用，延緩了清朝步入衰頹的步伐。但是司法只是政務中的一種，儘管作出了種種努力，吏治腐敗成為嘉道中衰的主要導火索，政務運轉失靈的局勢未曾獲得較大改觀。即使作為準司法審判機構的發審局在積案清理中發揮了一定的作用，但與之匹配的獎懲章程和地方省例，大部分以審結案件的數目作為考核指標，這只會使得局員片面地追求審案速度，任用刑訊逼供等措施，部分民眾依舊面臨嚴重的訟累問題，實踐中也不乏地方大員濫行保奏局員的情形。當然，也有一些地方對於審判質量加以把控，將翻案率和平反率作為考核內容，而這些規定在實行中依舊存在諸多問題。

〔註353〕〔清〕黃恩彤修；寧立悌等纂：《粵東省例新纂》卷1，道光丙午（1846）冬鎸（藩署藏板），第24a-b頁。
〔註354〕〔清〕黃恩彤修；寧立悌等纂：《粵東省例新纂》卷1，道光丙午（1846）冬鎸（藩署藏板），第26a頁。

第五章　對嘉道時期積案問題
應對舉措的評價

　　清代是距今最近的封建大一統王朝，為今日的國家治理和法治建設留下了大量的經驗和教訓。積案問題因案而生，在嘉道時期成為重大的國家治理難題，這在一定程度上反映了訴訟社會的到來，即傳統社會逐漸解構，民眾既追求權益，亦伸張冤抑，但這些案件因未得到及時解決，從而腐蝕了司法環境。嘉道時期設規立範，進行了一系列有效的嘗試，但依舊無法突破制度痼疾。第一，在專制政體下，民眾的訴訟行為實則是對統治秩序的挑戰，作為被統治階級的民眾發起的訴訟行為走到了傳統社會「無訟追求」目標的對立面，上控意味著官方要投入更多的司法資源，更有甚者，因積案而激化的聚鬧事件直接衝擊了統治權威，因此「刁民」「健訟」「訟棍」「刁生劣監」等詞彙乃是清代官方有意構建的話語表達，「息訟」「寡訟」「無訟」是統治者持續追求的秩序形態。第二，傳統社會行政兼理司法或稱之為行政司法一體化的體制，在政事殷繁的情況下，意味著地方官投入司法的精力有限，因此官員難以擺脫幕友、吏役和差役的協助，也無法杜絕這類群體的索詐、欺瞞和愚弄；加之清代由督撫掌握一方的考核，基層官員除勤理政務外，也需花費大量的精力投入人情關係的維繫，吏治衰頹加劇了司法弊病；而清代的監察制度存在漏洞，地方聯為一氣，在督撫層面容易形成與中央抗衡的力量，地方信息無法準確及時上達於朝廷，中央的政令亦難以在地方得到有效地貫徹；逐級審轉覆核制度亦使得地方官員形成了利益群體，上訴和京控案件難以得到審明和平反。

　　儘管有以上種種不足，但嘉道時期清理積案的舉措也為晚清積案問題的

防治提供了充分的經驗，這是不可抹煞的成績。

第一節　專制政體與無訟目標

一、因時制宜與體制痼疾

　　嘉道時期雖為清理積案適時地制定了一些條例、則例、省例和章程，但這些法律多是補偏救弊的制度設計，對於相沿已久的制度錮習難以撼動和革除。

（一）專制政體的僵化

　　自秦王掃六合起，至清代中國已延續近兩千年的專制政體，「百代皆行秦政治」，歷代統治者力圖維繫一個封建大一統的中央集權帝國，其中以君主專制為核心。宋朝為避免藩鎮割據的狀態，將地方權力逐步收歸中央，使得中央集權更為顯著；而明代以降，隨著丞相制度的廢除，封建專制逐漸走向極端，中央集權愈發顯著；清代的君主專制更是達到了登峰造極的地步，尤其是密摺制度的實行和軍機處的設立使皇帝乾綱獨斷。嘉慶四年，和珅倒臺後，皇帝命督撫陳奏事件，俱應直達御前，不許另有副封，〔註1〕從而既避免了重大事務的漏洩，還進一步加強了皇權。林乾指出「明清兩代，由於丞相制已廢除，從整體上改變了中國封建政體的結構，從最高立法權而言，君主對立法權的控制比較嚴格。」〔註2〕這種專制政體在權力架構上呈現出典型的金字塔結構，帝王集權力和榮耀於一身，擁有至高無上的威勢和尊嚴；官員作為中介，溝通君與民，是政令的執行者、消息的傳送者和法律的踐行者；而廣大的底層民眾作為被統治者，勠力本業，向國家提供力役和賦稅。階級色彩濃厚，三大群體的身份地位絕然不等。

　　蕭公權曾說「專制統治者要解決的第一個問題，就是如何保持對其臣民的牢固控制，以確保自己及其子孫的皇位坐得安穩。」〔註3〕為此古代中國要建立一套行之有效的行政組織來幫助皇帝確保臣民的順從並防止反叛，即通過保障臣民基本的物質需求、反覆向臣民灌輸經過嚴格篩選的道德教條、監視臣民等措施，以維持體系的運轉，有效地施行統治。隨著朝代鼎革，「統

〔註1〕劉錦藻撰：《清朝續文獻通考》卷118，商務印書館1936年版，第8774頁。
〔註2〕林乾：《傳統中國的權與法》，法律出版社2013年版，第222頁。
〔註3〕蕭公權：《中國鄉村：19世紀的帝國控制》，張皓、張昇譯，九州出版社2017年版，第3頁。

治體系在一些細節方面不時得到精練和提高，主要表現為中央集權不斷加強，法律規章更加詳細，監視更加嚴密，控制更加嚴厲。」〔註4〕

不同於漢人王朝，清代的滿族統治者，在自動選擇和被動接受的前提下，最大程度上將本民族習慣和漢人王朝歷來的統治經驗進行了完美地結合。在權力架構上，呈現出與漢唐宋明並不相同的統治方式。廣土眾民，一體多元，區域性和民族性色彩濃厚。為了實現長治久安，清朝通過設官分職和立規設範，實現權力的左右牽制、上下相維和政務的上傳下達。在法律上保持統一性和特殊性相結合，實現因時制宜、因地制宜和因人制宜，最大程度上通過實用主義原則治官與治民。

就法的本原而言，除人類理性、上帝意志、自由意識、民族精神等學說外，國家權力說是最適合解釋傳統中國法律特徵的模型之一。這種學說認為國家權力決定法律，傳統中國專制政體的特徵之一就是法自君出，與奧斯丁所謂的「法是主權者的命令」有一定的相似，也接近於讓·博丹的君主主權論中提出的「主權首先就表現為頒布和中止法律效力的權力。法律是主權者表示自己意志的命令，因此主權者便是立法者。」「博丹認為立法權是不能分屬於他人的，除主權者外，一切人均不能擁有立法權。」〔註5〕傳統中國的法律，尤其是清代的法律，雖然在生成過程中有所謂的「因言生例」「因案生例」，但中央法律的最終出臺是需要皇帝來決定的，或准或駁，批准意味著意見為皇帝所採納，駁回則說明奏陳與帝國意志存在一定的差距。歸根結底，法律更多體現為君主的意志，當然君主也要受到天道和祖宗成法的制約。

除法律在制定上具有濃厚的主權色彩外，還有一點不可忽視的就是傳統社會盛行的法律工具觀。「道之以政，齊之以刑，民免而無恥；道之以德，齊之以禮，有恥且格。」〔註6〕這雖是強調明德慎罰，但最終將德禮政刑作為治國理政的方式，慎重採擇以期達到理想的狀態。而司馬遷所言「法令者，治之具，而非制治清濁之源也」〔註7〕則具有明顯的法律工具意味，也深深地影響了後世。朱子對孔子「道之以政」這句話作出的解釋是：「政者，為治

〔註4〕　蕭公權：《中國鄉村：19世紀的帝國控制》，張皓、張昇譯，九州出版社2017年版，第3頁。

〔註5〕　參見馬嘯原：《近代西方政治思想》，雲南大學出版社2014年版，第52頁。

〔註6〕　《論語·為政》，載楊伯峻譯注：《論語譯注》，中華書局1958年版，第11～12頁。

〔註7〕　（西漢）司馬遷撰：《史記·酷吏列傳序》，中華書局1982年版，第3131頁。

之具,刑者,輔治之法。德禮則所以出治之本,而德又禮之本也。」〔註8〕德禮為治國之本,而政刑亦不可偏廢。馬基雅維利也同樣認為法律和軍隊都是國家的暴力機器,都是實行專制統治的工具。這種法律工具觀,在傳統社會,無論中西方都比較盛行。通過君主專制和獨裁,皇帝將國家的政務活動、司法活動等都控制在自己手中。清代帝王乾綱獨攬、操縱司法,概莫能外。以清代的死刑裁判而言,除立決人犯必須及時奏達上裁外,「凡秋錄大典,會讞上聞,皆親覽要辭,宣召大臣,再三審核,然後麗之於辟。權衡至正,明允咸孚,固非中官所得參決,而內監等之給事禁掖者,自灑掃使令以外,其他亦從未能干預絲毫。宮府肅清歷代積弊,至今日而袪除實盡矣。」〔註9〕這種封建法制即專制權力的構成部分之一,法律隨著權力的運行而制定、修改和廢止。在整個專制政體的權力架構中,法制不過是其中的組成之一,也就意味著在政治運行過程中,司法也是行政中的一種職能。「皇權作為最高層次的專制權力是整個封建專制國家法制的最終保證,專制和獨裁是封建政治制度的實質,它要求國家的一切政治生活包括司法活動都適應於它、服從於它,或者說封建法制本身也是專制權力的一個組成部分。」〔註10〕司法因缺少參照而難以自我約束和自我革新,遑論獨立。對於案件的處理,如何在官僚和皇帝之間進行分配,實際上「就成了一個權力內部的制度編制的問題,或者不過是作為一切權威之源泉的皇帝如何向作為其手足的官僚分配權限的問題。」〔註11〕更嚴重的是,所有的機構或官員,都有可能介入司法審判活動,司法工作人員難以獨立,司法缺乏專業化運作,司法場域自然滋生各種弊端。織田萬曾說:「清國不為裁判事務設特別之機關,使行政官廳兼掌之,督撫以下至於府州縣諸衙門,迨無不兼任行政、司法二權之執行也。」〔註12〕不僅如此,而且清朝在重情裁判中層層遞轉,「審級之多,他國罕見其例。」〔註13〕

〔註8〕〔宋〕朱熹撰:《四書章句集注》,中華書局2012年版,第54頁。

〔註9〕〔清〕永瑢等修纂:《歷代職官表》卷13,商務印書館1937年版,第359頁。

〔註10〕鄭秦:《皇權與清代司法》,載《中國法學》1988年第4期。

〔註11〕〔日〕寺田浩明:《權利與冤抑:寺田浩明中國法史論集》,王亞新等譯,清華大學出版社2012年版,第241頁。

〔註12〕〔日〕織田萬撰:《清國行政法》,李秀清、王沛點校,中國政法大學出版社2003年版,第431頁。

〔註13〕〔日〕織田萬撰:《清國行政法》,李秀清、王沛點校,中國政法大學出版社2003年版,第431頁。

君主專制的一大特點就是法自君出，生殺予奪如同雷霆雨露皆自上裁，除了在成文法中貫徹和表達君主的意志外，在司法實踐中也可以通過個案裁判來宣示君主的仁慈或威嚴。「外則統之以督撫，內則綜之以六部，內外相維，法至善也。」〔註14〕督撫制度起於明朝，本是臨時性質的官職，在清代漸成定制。督撫是清代官僚集團的一個組成部分，他既是地方最高行政長官，又是中央與地方聯繫的中介，是握有極大權力、地位顯赫的封疆大吏。嘉慶中葉，梅曾亮上書直隸總督方維甸：「非從中復者，雖小吏毫髮事，無所奉行。事權之一，綱紀之肅，推校往古，無有倫比。」此句表明清代君主之乾綱獨攬，一切事務均須奏達上聞，請示後施行。清廷也因此不斷完善法律，使得萬事皆有法可循，有案可稽，「方今官吏皆習故態，雖小利害至微淺，輒袖手委重律令，不一任勞怨，為天下先。此豪傑志士所以束手而無奇，奸人所樂窺而無憚者也。」〔註15〕這段話則表明清代法制完備，官僚束身奉法，一切等待上面命令，致使一些民眾無所忌憚而作奸犯科。以往的學者往往只注意到清朝高度中央集權的狀況，也注意到了督撫在中央集權體制中的重要地位，但對於清代「委重律令」的治理模式卻關注不足。在這個體制中，督撫雖為一方之長，但終不過是「承號令，備策應而已」〔註16〕，充分反映了制度的僵化。

此外，清代的司法體制設計體現出明顯的「同級集權與縱向監督」〔註17〕的特徵，皇帝通過縱向的科層化覆審，使得上下級之間承擔司法的連帶責任，以及橫向的同級的制約和監督，尤其是刑部對督撫的制衡，實現集權專制，操縱司法。清朝嚴密的中央集權體制塑造著督撫的整體人格：「在外督撫諸臣，其賢者斤斤自守，不肖者亟亟營私。國計民生，非所計也，救目前而已；官方吏治，非所急也，保本任而已。慮久遠者，以為過優；事興革者，以為生事。」〔註18〕因為這種「委重律令」的統治方式，極大地扼殺了官員的能動性，也造成了因循疲玩的吏治生態。嘉道時期，儘管社會百弊叢生，但在傳統的政治環境、吏治生態和儒家教條約束下，勤於職守、頗有建樹的大員並不多見，即便

〔註14〕〔清〕朱壽朋編：《光緒朝東華錄》，中華書局 1958 年版，第 1048 頁。

〔註15〕〔清〕梅曾亮：《上方尚書書》（嘉慶癸酉年），載《續修四庫全書》編纂委員會編：《續修四庫全書》第 1513 冊《柏梘山房文集》，上海古籍出版社 1993 年版，第 610 頁。

〔註16〕趙爾巽等撰：《清史稿》卷 114，中華書局 1977 年版，第 12 冊第 3264 頁。

〔註17〕鄭小悠：《同級集權與縱向監督：清代法制體系的設計、權變與評價》，載《天府新論》2015 年第 1 期。

〔註18〕趙爾巽等撰：《清史稿》卷 356，中華書局 1977 年版，第 37 冊第 11309 頁。

有陶澍和林則徐這類經世名臣，「但他們的作為很難超越這個體制所允許的範圍，更不要說形成一股革新思潮和革新力量了。」〔註19〕

在官制設計上，中央官與地方官互不統屬，也使得地方與朝廷之間存在離心力。在司法管轄上，刑部與督撫是同一層級，都直接向皇帝負責。只是皇帝需要刑部的專門襄助而辦理司法事務。為保證他們忠誠履職，對於諸司百官，專制權力又設計了層層科條以對其進行約束，以六部則例為核心的專門法對各項事務的操作流程及其相應處分等均進行了規定，自乾隆朝開始，這種法律架構有效地提高了國家治理效能，也為應對社會轉型困境提供了重要的制度資源。〔註20〕「州縣官如琉璃屏，觸手便碎。誠哉是言也！一部《吏部處分則例》，自罰俸以至革職，各有專條。」〔註21〕但是「失察」和「遲延」都是公罪，相對而言處分較輕，也可以通過議抵和加恩寬免等方式去掉這些處分，充分體現了「任法而治」和皇權至上的特色。

官員的忠誠遠比勤能重要，只要不犯上作亂，帝王可以容忍官員的怠惰、冗闒和貪腐等種種問題。嘉道時期的名人梅曾亮指出當時的時局不在於事勢的盤根錯節，不在於法令不素具，也不在於財力之不足，而在於官僚隊伍尸位素餐、無所振作，「有不事事之心，而以其位為寄，汲汲然去之，是之為大患。」〔註22〕蕭公權先生也說：「到 19 世紀之初，忠實於皇帝成為罕見的官德；對政務漠不關心，顢預無能，成為官員普遍的病症。官僚機構的腐敗，不僅降低了朝廷的威望，而且極大地危害了整個統治體系的其他機能。」〔註23〕傳統中國，司法屬於政務中的一種，就此意義上而言，地方官員對於案件的審理是日常政務中的一部分，除命盜重案直接關係社會穩定外，地方詞訟甚至要部分地讓位於徵課催比等錢穀事宜。官員個人的能力和作風在政務運轉中起到了重要作用。當司法資源稀缺時，案件的積壓也成為不難理解的問題。

〔註19〕章開沅、馬敏、朱英主編：《辛亥革命百年紀念文庫·辛亥革命前後的官紳商學》，華中師範大學出版社 2011 年版，第 1 頁。

〔註20〕參見林乾：《清朝法律的重構與國家治理效能的強化》，載《政法論壇》2022 年第 2 期。

〔註21〕〔清〕汪輝祖：《佐治藥言·公過不可避》，載《官箴書集成》第 5 冊，黃山書社 1997 年版，第 291 頁。

〔註22〕〔清〕梅曾亮：《臣事論》（嘉慶丙戌年），載《續修四庫全書》編纂委員會編：《續修四庫全書》第 1513 冊《柏梘山房文集》，上海古籍出版社 1993 年版，第 608 頁。

〔註23〕蕭公權：《中國鄉村：19 世紀的帝國控制》，張皓、張昇譯，九州出版社 2017 年版，第 8〜9 頁。

　　而當中央權威逐漸式微時，地方積弊叢生。乾隆時期開始，社會問題便逐漸爆發，當時的統治者尚且操控得當。而從乾隆朝晚期開始，吏治衰頹已成不可扭轉之勢，官員腐敗和虧空問題十分嚴峻，加之天災人禍也給國家帶來了極大的財政負擔。嘉道兩朝一直試圖整頓，但成效有限。

　　嘉道兩朝，面對積案叢集的現實，皇帝和中央官員乃至督撫都將原因歸結於地方官怠惰，不勤理訴訟。「如果地方官勤於聽斷，並無壅滯，則案情立分虛實，在銜冤控告者既可立時剖雪，自不致再行赴愬……今案件延擱不審，良民既多負屈，而奸徒懷私挾詐，遂得肆意訐訟，陰快其拖纍之計，效尤無已，實由積案不清有以啟之。」〔註24〕嘉慶十二年四月，皇帝要求各省地方官隨時審結控案，並對積壓案件的官員進行了追責，專門針對司法領域進行整頓，經過這一次集中清理，起到了一定的作用，但此後各地的積案問題仍此起彼伏。

　　督撫大員以及兩司和道員等官或統轄全省或兼率各屬，政務較繁，民隱或未能周悉。州縣官的表現由知府向兩司彙報，兩司擬寫評語報告督撫，由督撫統一掌握一省或數省的人事考核權。在這種機制下，地方官員會在人情世故方面花費大量的精力。嘉慶十八年十一月，御史王嘉棟指出「一境之內，事事皆待治於有司，必得隨時體察，逐事清釐，精神貫注，實力整頓，方不負父母斯民之責。」但據其訪聞「近日外省風氣，山僻小縣，往往以地僻事簡，耽於安逸。至於附省首邑及地當沖繁之缺，則又終日奔走衙門，伺候上官酬應，差使往來絡繹，於地方公務轉或視為後圖，即在勤幹之員，亦無暇悉心經理。以致諸務因循，案牘叢積。非聽命於代辦之委員，即假手於佐理之幕友。書吏由此作奸，胥役因而舞弊。」〔註25〕他請旨敕下各省督撫嚴飭州縣勤察民生，力除積習，非有公事稟商，不得私謁。其過往差使，除例得支應外，一概謝絕。可見這種攀緣結交的情況是切實存在的，也使得官員委重幕友和胥役，進而引發其他的問題。

　　此外，按照清制規定，外省官員於例應議處事件，自應將職名隨案送部議處。但當時的情形卻是「外省督撫往往不隨案送部，聲明另行開參，藉查明造送之由即為輾轉稽延之地」，不但使得往返行查過程中徒煩案牘，而且遲延日久會導致吏部書吏藉端招搖致滋弊竇。為預防起見，吏部請旨「一併通

〔註24〕《清仁宗實錄》卷178，嘉慶十二年四月己亥，中華書局1986年版，第3冊第342頁。
〔註25〕掌四川道監察御史王嘉棟：《奏為各省督撫責成州縣整飭地方事》，嘉慶十八年十一月二十二日，錄副奏摺，檔號：03-1553-046。

行各督撫，嗣後遇有屬員應行議處事件，除事隔多年一時不能查送者，准其隨案聲敘另行查明送部議處外，如案件並無膠轕，即著將職名隨案送部以便查議。經此次行文以後，倘各督撫仍不遵照辦理以及錯誤案件顯有處分，故將職名含而不露，希冀免議者，均即分別遺漏、狥庇，照例議處，以儆遲延而杜弊竇。」〔註26〕因為地方官屬於利益團體，督撫往往為了維護屬員而採取既不隨案附參也不另行開參的形式以幫助下屬規避處分，久而久之，中央的權威勢必受損。「介乎皇帝與百姓之間的官僚，必須承擔兩項工作——秉遵國家律例和皇帝諭旨，同時又要照顧百姓福祉」。〔註27〕地方官員作為一種利益共同體，通常會為了保存共有的利益而作出違反規則的事情，當地方大員庇護屬員時，也給司法帶來了不良影響。魏廷珍於雍正九年提出：「地方官曆來求巡撫為之擔當者，多是不當外結之案，求作外結，以免參罰。」〔註28〕即說明這種屬員尋求督撫庇護的情形久已有之，這也導致很多案件因牽涉廣泛而不能速結。除州縣官員審案遲延耽擱外，督撫大員同樣對於案件延擱積壓，如第四章提到，嘉慶二十年六月，吏部照任意耽延例議處四川總督常明〔註29〕、兩廣總督蔣攸銛和廣東巡撫董教增。〔註30〕然而這種議處督撫大員的例子並不常見，且因其總攬一方事務，也多會加恩將其處分寬免或赦免。督撫對於京控咨交乃至部分奏交案件亦任意耽延。嘉慶二十年六月十九日，吏部尚書英和等人奏請查催各省未覆事件。據稱各督撫對於吏部「查取職名及行查事件並不按限咨覆，其中竟有遲至數年仍未咨送到部者」，〔註31〕頻催罔應。即便是尋常事件，但咨覆遲緩，嚴重干擾了公務的執行。吏部只好將咨催各省未覆事件開單具奏，待皇帝下達命令。

以對民眾的約束和對訟師的打壓來看，在專制體制之下，民眾的權利也

〔註26〕吏部尚書英和等：《奏為查催各省未覆事件事》，嘉慶二十年六月十九日，錄副奏摺，檔號：03-1637-051。

〔註27〕徐忠明：《內結與外結：清代司法場域的權力遊戲》，載《政法論壇》2014年第1期。

〔註28〕〔清〕魏廷珍：《覆奏駁案等事疏》，載〔清〕賀長齡、魏源等編：《清經世文編》卷20，中華書局1992年版，第484頁。

〔註29〕吏部尚書英和等：《奏為四川總督常明辦事任意耽延交部議處並照例降一級調用事》，嘉慶二十年六月初二日，錄副奏摺，檔號：03-1568-053。

〔註30〕吏部尚書英和等：《奏為兩廣總督蔣攸銛等辦事任意耽延照例降一級調用事》，嘉慶二十年六月初十日，錄副奏摺，檔號：03-1568-063。

〔註31〕吏部尚書英和等：《奏為查催各省未覆事件事》，嘉慶二十年六月十九日，錄副奏摺，檔號：03-1637-051。

只能在官府主導下得以實現、冤抑也需官方主導來平反，對訟師的過度打壓則意味著統治者沒有捕捉到時代的變化氣息，抑或他們認為這種訴訟行為對行政資源是一種浪費，對政治統治形成了威脅。這些都是難以突破的歷史局限。

（二）權宜之策難以長久

清代的司法程序與現代司法程序有著明顯差異，在常規運作上主要表現為「司法程序的行政化」「裁判結果的非終局性」等特徵。〔註32〕

通過前文的梳理可知，地方積案引起朝廷注意帶有一定的偶然性，除嘉慶十二年開始展開一場集中的積案清理運動外，地方督撫難免刻意諱飾，嘉道時期的清廷再無精力和能力繼續進行大規模的積案整頓。在集中整頓時，各地採取了一系列做法，如系列章程的出臺，在道光朝又進一步完善對官員的獎懲措施，採取行政手段從治官角度試圖維持司法環境的公平和案件的及時解決，但這些措施的效果也需辯證看待，有些地方官依舊遲延，而朝廷對其處分力度不大；縱使有些官員集中清理了一批積案，但其質量仍舊值得懷疑，如前文所述這些積案中很多是通過直接銷除的方式得以完結。《六部處分則例》雖在此期間進行了大幅度修改與完善，但在落實過程中依舊存在重重困境，審案遲延、錯謬，往往一參了事，有些官員的參罰單中積案累累，依舊可以被開復。如雍正、乾隆朝施行的自理詞訟月報制度，到嘉慶朝不得不被重申。嘉慶十五年底確定的督撫每半年彙參京控咨案件審結情形的制度，至道光十年已在實行過程中出現諸多分歧。

從治民角度來說，清廷加大力度完善越訴例、誣告例、教唆詞訟等法律，配合使用法律宣教等手段，企圖減少訟端。但整個社會的風氣並未得到淨化，甚至出現了憑藉訴訟為生的訟戶，給社會治理帶來了巨大的困境。值得注意的是，在官方約束下，民間形成了一套與之對立的變通的訴訟策略，如通過可以收贖的老人或婦女等群體進行呈告以規避由此帶來的不良後果，這在嘉慶末期的山東積案問題中已經暴露無遺。

第四章中，我們看到了各地針對積案清理而制定了清訟章程，但這些章程多伴隨著督撫人員的更替而被廢止，鮮有貫徹始終的。這也意味著此類法律多是因時制宜、因地制宜的急就章，注定了其命運比較短暫。即便如《粵

〔註32〕徐忠明：《內結與外結：清代司法場域的權力遊戲》，載《政法論壇》2014年第1期。

東省例》中對稽核官員審辦案件的分數進行了規定，而這些省例在實際中執行的效力如何，還需繼續尋找資料，展開進一步討論。總之，嘉道時期清理積案的舉措整體來說多是在既有體制下的部分革新，其中的一些法制建設多為臨時措施而注定難以長久，即使一些議定的條款被載入作為大經常法的《會典則例》《大清律例》中，如對「承審限期」有關法律一再完善，並增加處分則例，實際卻是「然例雖嚴，而巧於規避者，蓋自若也。」〔註33〕嘉道時期，受到制裁的民眾的數量應當遠比受到處分的官員的數量多得多。嘉慶十九年御史黃鳴傑奏稱：「在訐告者，亦明知結案後，此株連之人原無大罪，而一字牽入即可傾其身家，則平日之小忿微嫌得以報復。而官吏又或因兩造皆貧，正藉此牽連多人可供染指。是以案外牽連者半屬富厚之家，甚有於事毫無關涉而姓名已登案牘者。訟一日不清，則累一日不已。由株連而積壓，弊皆由此。是積壓之弊實挾私之原告與不肖之官吏之願為積壓也。臣風聞山東省城，竟有開設飯鋪數十家專備結訟之人終年住宿者，一省如此，恐他省未必不然。」〔註34〕此話道盡了個中曲折，即御史認為地方官員與一些捏告他人的民眾的利益有一致之處，因辦公經費的制約，地方官員希望民眾進行訴訟從中取利，而一些刁民進行訴訟也能起到拖累他人的目的。這成為一些案件積久難決、牽連甚廣的重要原因。所謂的歇家、飯鋪，很多時候是得到政府支持的，最起碼也有胥役染指其中，當朝廷清除打壓時，地方官可能奉行的完全是另一套。總之，嘉道時期採用的清理積案的舉措多是權宜之策，在當時起到了一定的作用，但放諸於整個社會運行的大背景中，結合人類所能發揮的主體性，其效果和影響還是應當辯證分析。

（三）文書行政與移情就法

傳統中國有悠久的文書行政歷史，司法審判也不例外。審判活動在實際操作中，除州縣提集人證初審外，多數案件實際是由各上級長官進行書面審理。州縣要向上級報送詳文、稟文等文書，在其中已將案件進行了擬判，若上級不再駁回，則基本依據州縣初審結果。即便是州縣初審，在敘述刑事案情時也以律例為導向，強調敘供與看語的一致。「招冊要口供簡明，看語要與供相符，引律例要與看相符，大憲題達時以縣供縣看為定，府司供看止聲明

〔註33〕趙爾巽等撰：《清史稿》卷114，中華書局1977年版，第15冊第4214頁。
〔註34〕掌京畿道監察御史黃鳴傑：《奏為釐積弊清訴訟事》，嘉慶十九年七月十七日，錄副奏摺，檔號：03-2500-023。

與縣相符，不復重敘，院者亦只照原招，不再更改。此縣看所以看重，不可不慎也。」〔註35〕因清代實行「斷罪引律令」，所以官員在擬判過程中存在嚴重的移情就法的情形，各地對於各類案件的奏報都形成了固定的套語。如包世臣曾傳授其子審理發審大案的經驗，「或移情就例，或擇例就情，務求平允而寬厚」，〔註36〕這樣的話，官員和案件當事人都可以兩無所憾，訟師也無法從中作梗。就犯人押解而言，有的只押解到府衙，有的規定押解至省城。就重情案犯來說，徒刑一般押解到知府層面，命案解勘到省城，但如第四章所述，由於路途遙遠艱險加之解費面臨的困境，嘉道時期各省對於距離省城窵遠之區的將處以徒刑以上的案犯，尤其是其中有相當一部分秋審重犯，只押解到巡道衙門，採用「如臬司例」進行審理。按察使和督撫根本無從得見犯人，僅依據文書報告而定案從而滋生出很多弊端。清代在證據規則設定上，尤其是定罪環節，在很大程度上依據犯人的親供，而傳統中國教育的普及程度嚴重制約了這一規定的有效開展，普通民眾的識字率較低，很多供詞都由書吏代為書寫，由此存在逼供畫押之弊。這也就意味著，上司衙門的審擬在很大程度上均依靠下級衙署制作的各類書面文件，容易被蒙蔽並發生其他問題。

　　現存的清代冕寧司法檔案中，有一則余濟揚砍傷陳學貴身死之事，據道光二十四年九月初三日詳冊載，陳學貴在半路休息，余濟揚挾忿用準備好的斧頭將陳砍傷而死。十月二十四日詳冊則稱陳學貴與余濟揚因事在余濟揚門前打架，「陳學貴抓住小的碰頭拼命，小的掙不脫身，一時情急，順用手內柴斧嚇砍一下」，傷到陳頂心偏左。但因陳學貴是盲人，四川按察使潘鐸指出「焉能抓住該犯碰頭拼命？在該犯亦不難以走避。有何情急，遽行持斧向砍？」這兩則詳冊記載不同，說明地方改謀殺為鬥殺。此案被按察使駁回，後委派他員代審，據委審審明，余濟揚先掌摑陳學貴致其倒地，陳學貴大聲喊罵，余濟揚將其砍傷而死。〔註37〕可見，這起案件的前後說法頗不一致。因駁回和委審又延長了案件的審理期限。

〔註35〕〔清〕王植：《命案》，載《官箴書集成》第 7 冊，黃山書社 1997 年版，第 424 頁。

〔註36〕〔清〕包世臣撰：《包世臣全集》第 3 冊，李星點校，黃山書社 1997 年版，第 404 頁。

〔註37〕參見張晉藩主編：《清代冕寧司法檔案全編》第 33 冊，法律出版社 2019 年版，第 78～114 頁。

　　2021 年，王川和嚴丹通過對巴縣檔案中「曹宗志自縊案」來解讀檔案中的虛構，抽絲剝繭地分析了這起案件中當事人的狀詞、供述、結狀等材料，巴縣的審單、通詳和招詳以及四川總督的題本的區別和變化，重在分析地方衙門是如何「移情就法」。其根據案件的發展經過，重點分析了巴縣兩次通詳的區別、案件的翻轉、招詳中的擬判以及四川總督的「裁剪」，為清代的「疑難案件」在地方如何修飾和包裝提供了十分生動的案例。〔註38〕

　　以秋審為例，地方秋審即要求各地制作招冊報送至中央，中央依據這些文牘進行准駁，存在一定的偶然性。即現代術語所用的「書面審」，一般情況下並不能親自拷訊。在死刑案件審理中起重要作用的按察使在省城辦公，「官非親民，則情不易得；事統一省，則識不易周」；看到的都是詳報之語，前人的意見會迷惑個人的思考；審問的案犯都是歷經敲樸的創殘，稍一提審則震聾恐栗，「雖有冤莫敢復辨，由是或失而出、或失而入，一出入而人命關焉。」〔註39〕也就是說臬司在刑案審斷中地位重要，責任重大，但案卷和審訊設計依舊有許多漏洞，會影響到案件結果。

　　鄭秦先生指出逐級覆審制「指徒刑以上含徒刑案件，在州縣第一審級審理後，擬律詳報上一審級覆核，再層層上報，直至有權作出判決的審級批准後才為終審。當事人上訴與否並不影響逐級覆審程序的進行。」〔註40〕按照鄭秦先生的觀點，一般情況下，清代的地方審級是四層，但直隸廳、州必須經由道審轉。〔註41〕中央司法機構包括三法司、九卿以及皇帝。這一套審級制度相當繁瑣。通過科層設計來分配「各級官府的審判權限和司法分工」，〔註42〕這樣可以強化垂直的司法控制，但使得州縣面臨特別大的壓力。層層審轉會導致上級官府的控制能力遞減，並伴隨「司法文牘主義的生產」〔註43〕。

〔註38〕參見王川、嚴丹：《清代檔案史料的「虛構」問題研究——以〈巴縣檔案〉命案為中心》，載《史學集刊》2021 年第 6 期。

〔註39〕〔清〕管同：《送朱干臣為浙江按察使序》，載沈雲龍主編：《近代中國史料叢刊》第 85 輯 847《皇朝經世文續編》，文海出版社 1972 年版，第 4363 頁。

〔註40〕鄭秦：《清代地方司法管轄制度考析》，載《法律科學（西北政法學院學報）》1987 年第 1 期。

〔註41〕鄭秦：《清代地方司法管轄制度考析》，載《法律科學（西北政法學院學報）》1987 年第 1 期。

〔註42〕顧元：《衡平司法與中國傳統法律秩序——兼與英國衡平法相比較》，中國政法大學出版社 2005 年版，第 37 頁。

〔註43〕徐忠明：《內結與外結：清代司法場域的權力遊戲》，載《政法論壇》2014 年第 1 期。

然而，司法活動中的文書行政伴隨天然的弊端，即為了使得供招一致且情法允協，在實際操作中自然無法避免捏造和抽換文書以及移情就法等弊端。只有從初審到審轉覆核各環節相當一致時，案件才能進入下一審判環節。也惟有一致，地方官員作為捆綁起來的利益團體才能更好地相互配合，完成治理任務。這是專制集權統治難以克服的弊端，在司法資源有限的條件下，面對廣土眾民的國情，清代也只能採取這樣的司法文書審判形式。

二、無訟追求與清訟實踐

清代國家同樣追求無訟理想，因而會想方設法來解決司法難題以甄和諧狀態。所謂「刑期無刑」在很多時候也是無奈的願景。因無訟追求而進行清訟實踐，這是嘉道時期應對積案問題的思路之一。

（一）和諧有序與無訟追求

在傳統中國的哲學智慧中，處於最高層級的乃是道德，德是內在根本，道是外在表現，蘊含著天然的秩序，呈現出井然有序的狀態，這是一種生生不息的智慧。傳統中國在法律層面亦尋求和諧有序，以求維持社會的穩定。「作為被視為有機體的傳統中國法，它的理想和終極目標必然是和諧。」〔註44〕也就是說傳統社會的理想訴訟狀態就是無訟，為此統治者會採取各種方式來向這一理想靠近。而糾紛和訴訟是對社會生活秩序乃至天道秩序的破壞，會帶來消極影響。

1. 訴訟文化土壤與理想的訴訟樣態

《易經》說「訟則終凶」，大儒朱熹曾在其主政的地方公布《約束榜》，對案件審限、書鋪責任等事宜加以規定。「家國同構」的社會政治結構對民眾的權利形成了某種壓制，加之自然經濟的自給自足特徵，使得民事關係通過禮義、道德、民間慣習等多元機制在基層社會得以調整，而國家專制威權建立的則是以威懾為主的刑事法，無形中抬高了民眾的訴訟門檻。傳統諺語有「衙門八字開，有理無錢莫進來」，也意味著獄訟一旦進入公門，民眾所面對的訴訟成本相當高昂。而且中國人追求中庸之道，崇尚謙讓之德，注重反省，著意於自我人格的修煉和砥礪，形成了忍耐、知足常樂、保守和委曲求全的性格，對於通過改變法律而實現自身權利的觀念相對淡薄。勒內·達維德通過對世界主要的法律體系進行比較而認為：傳統社會的「中國人民一般是在

〔註44〕張中秋：《傳統中國法理觀》，法律出版社2019年版，第55頁。

不用法的情況下生活的。他們對於法律制定些什麼規定不感興趣，也不願站到法官面前去。他們處理與別人的關係以是否合乎情理為準則。他們不要求什麼權利，要的只是和睦相處與和諧。」〔註45〕無訟既是傳統中國法律文化的內涵，也是民眾的一種基本的法律心理，在這種價值觀和心理作用的支配下，在司法審判活動中，有時需要「繞過成文法的規定，而專注於從事無訟的宣教和糾紛的調停」。〔註46〕在這樣的訴訟文化中，一般人除非萬不得已不願意挑起紛爭。在這樣的傳統下，官府也會採取一定的措施以遏制一部分訴訟。

無訟是中國傳統社會所追求的理想狀態，既契合儒家的「無訟」主張，也在一定程度上與道家標榜的「無為而治」有關，還跟法家的「去刑」理念存在聯繫。聖人孔子亦言「聽訟，吾猶人也，必也使無訟乎」〔註47〕，這並非意味著孔子對訴訟有某種偏見，而是他認為追求無訟才是人之常情，而且要盡其所能消除訴訟，這正好印證了理想與現實的差距。除主張無訟外，傳統思想家也主張通過去刑從而建立起理想的道德社會。但這始終只是聖君賢相構造的理想圖景，在現實中，只能盡可能理清是非曲直，對紛爭給予調處，對犯人進行懲戒。生活在乾嘉時期的名人崔述在《無聞集》中言：「兩爭者必至之勢也，聖人知其然，故不責人之爭，而但論其曲直：曲則罪之，直則原之，故人競為直而莫肯為曲，人皆不肯為曲，則天下無爭矣。」〔註48〕此外，該文集中還有一篇著名的《訟論》：「自有生民以來，莫不有訟；訟也者，事勢之所必趨，人情之所斷不能免者也。」〔註49〕就訴訟而言，經歷代發展，至清代，在訴訟程序、司法責任、冤假錯案的救濟方式等方面都發展得相當完善，以盡可能確保案件得到公正且及時的審判。但積案問題的存在恰恰說明司法制度在實際運行中遭遇了諸多困難，嚴重衝擊了王朝所要追尋的無訟目標。因此，官方話語評價下的民眾「好訟」「健訟」「訟棍」等情形，在一定程度上是他們有意塑造的話語體系，在反映某一地的風尚同時，更能標榜官員們所面對的政務之殷

〔註45〕〔法〕勒內‧達維德：《當代主要法律體系》，漆竹生譯，上海譯文出版社1984年版，第487頁。

〔註46〕顧元、李元：《無訟的價值理想與和諧的現實追求——中國傳統司法基本特質的再認識》，載《中國人民公安大學學報（社會科學版）》2008年第1期。

〔註47〕《論語‧顏淵》，載楊伯峻譯注：《論語譯注》，中華書局1958年版，第126頁。

〔註48〕〔清〕崔述：《無聞集‧論辯解說‧爭論》，載《清代詩文集彙編》編纂委員會編：《清代詩文集彙編》第399冊，上海古籍出版社2010年版，第15頁。

〔註49〕〔清〕崔述：《無聞集‧論辯解說‧訟論》，載《清代詩文集彙編》編纂委員會編：《清代詩文集彙編》第399冊，上海古籍出版社2010年版，第16頁。

繁，從而進一步突出他們的治績，這也隱含著某地域不易治理，如果存在不能勝任或不能稱職的情況，也可為推卸責任尋求合理的口徑。

2. 官方設置的訴訟限制——以「狀式條例」為中心

除了對統治秩序構成嚴重挑戰的命盜等重情，就一般的糾紛來說，衙門通常採取迴避糾紛和壓抑告狀的態度。清朝對告狀設置層層限制，有所謂的「不准理」相關條例，並演化為各地的《狀式條例》，除現存的清代地方檔案外，《官箴書》對之亦有記載。張晟欽即主張清代狀詞文書格式嚴謹且不斷演化，其作用之一是「一般在好訟風潮的衝擊和清代州縣長官息訟思想的矛盾，使得長官通過提高狀詞文面標準的方式來迫使民眾知難而退，從而減少訟案。」〔註50〕

《大清律例》明文規定不准理的條例有：04 應議者犯罪—08、273 恐嚇取財—24、334 告狀不受理—01、336 誣告—04、336 誣告—05、336 誣告—06、336 誣告—26、340 教唆詞訟—03 等。需要引起大家注意的是，「立案不行」和「不准理」是兩碼事，必須加以區分。前者指當事人訴訟主體不適格或控訴事件比較特殊，而不予受理，有時反倒追究當事人妄訴之罪，如《刑案匯覽》中有「挾嫌藉端控告鹽務立案不行（1666）」〔註51〕的例子。「不准理」則是將訴訟直接排除在公門之外。

作為上位法的《大清律例》在各地的狀式條例中得以具體化或細化，甚至得到了擴展和補充。這在巴縣、南部縣、冕寧縣等地的清代狀式條例可以得到印證。乾隆年間，福建即有通行全省的《狀式條例》。道光四年巴縣的不准理條款載有「被告過五名，干證過三名，及事非奸拐牽連婦女者不准」等。〔註52〕以條例數量來計算，黃岩訴訟檔案中則有 23 條規定。「各地《狀式條例》形式上具有體系化、齊一性和同質性特點，其系統地羅列了官方所禁止的訴訟行為種類；在時間與效力上，其異於人存政舉式的某一官員發布的告示或禁令，故而內容與形式在當地長久而穩定。」〔註53〕總之，清代官方通

〔註50〕張晟欽：《清代狀詞文書格式要素及其成因分析——以清代官箴書為中心》，載《檔案學通訊》2019 年第 3 期。

〔註51〕〔清〕祝慶祺等編：《刑案匯覽三編》第 3 冊，北京古籍出版社 2004 年版，第 1666～1667 頁。

〔註52〕參見四川省檔案館編：《清代巴縣檔案整理初編·司法卷·道光朝》，西南交通大學出版社 2018 年版，第 48 頁。

〔註53〕鄧建鵬：《清朝〈狀式條例〉研究》，載《清史研究》2010 年第 3 期。

過種種設定，以犧牲部分民眾權利為代價，減少了官員的審案壓力，也在一定程度上防止當事人捏告、誣告或牽控，使得進入衙門的案件總量得到了一定的控制，也能讓官員主導的職權式審判作用得以發揮，與他們追求的無訟目標有很大的一致性。但是，這種設計中部分民眾的合法權益無法維護，也成為社會失序的部分導火索。

（二）從息訟到壓訟

嘉道時期面臨巨大的積案問題，首先是從積極層面進行清理，皇帝諭令各督撫限期完結，加強對於屬員的考課和監督，但這是為了與整體統治目標靠近，「在某些情形下，皇帝未必和地方官員一樣力求息訟，反倒是希望官員們能夠更加勤勉處理政。」〔註54〕皇帝雖下達清理積案的諭旨，但是這些工作的開展和政策的落實都要依靠官吏，因關係到官員的考成，官吏不得不想方設法加以應對。即便有些官員非常勤政愛民，也應注意分辨這種驅動力究竟是來自於制度設計的壓力抑或受到儒家思想的浸潤。如蘇亦工曾在研究張五緯時指出，其「勉力追求司法公正及推進地方公益事業之根本思想動因乃源於儒家思想之浸潤，而非清代官僚體制自身。」〔註55〕但很多時候，基於體制的壓力，地方反倒抱團取暖，將朝廷政策陽奉陰違。為了片面地追求「政平訟理」的目標，官員甚至刻意打擊或壓制訴訟行為，反而激化了社會矛盾。「中央以『政平訟理』為要，地方官員以『勸民息訟』為要，中央與地方的追求，存在著一些矛盾。」〔註56〕以嘉慶帝為例，他執政的前半時期對小民萬里呼冤抱持極大的同情，由此經常斥責官吏的怠惰；但隨著京控的大量湧現，事無鉅細都直達天聽，乃至作出以死相逼的極端行為後，他意識到民眾層面也存在極大的問題，尤其是民眾會被訟師教唆，也開始命令各地大力查拿訟師。這與地方官歸結的獄訟增多與訟師唆訟之間相關的主張不謀而合。「每追究其寫呈何人，則率稱路遇不相識之人，或算命卜課等輩。至欲令其供出姓名，則終狡飾不吐。是五城地方私有包攬寫狀之人，然猶潛伏深藏，未敢顯露。若外省則訟師刀筆，公然橫行，勾串吏胥，表裏相濟，把持州縣，操其短長，擇人而噬，唯意所欲。」〔註57〕以葉墉包訟案為例，葉墉本人因涉訟而

〔註54〕李典蓉：《清朝京控制度研究》，上海古籍出版社 2011 年版，第 5 頁。
〔註55〕蘇亦工：《公正及公益的動力——從〈未能信錄〉看儒家思想對清代地方官行使公共職能的影響》，載《法制史研究》2006 年總第 10 期。
〔註56〕李典蓉：《清朝京控制度研究》，上海古籍出版社 2011 年版，第 5 頁。
〔註57〕掌京畿道監察御史黃鳴傑：《奏為釐積弊清訴訟事》，嘉慶十九年七月十七日，

積累了一些訴訟經驗後，看到了這種產業鏈能夠牟取巨大的利潤，多方籌措下即在京城建立起了聯絡點，專為民眾寫詞告狀，最終因南匯京控案而究出葉墉等人。〔註58〕筆者關注的彭大在京包訟案也如出一轍，彭大與二把手車夫以及訟師之間形成了一條產業鏈，使得外地民眾赴京呈訴相對便捷。但因這類人的存在使得案情反覆，難以審結，為社會秩序帶來了極大的挑戰，因此朝廷查禁這類群體也不遺餘力。尤其是道光朝後期還將捉拿訟師作為地方官員將功贖罪的標準，未免給刀筆吏乃至偶而代作呈詞的文人帶來了無盡的恐慌。

劉衡早就指出審案遲延對於官員來說也有種種弊端，「若稍為延緩，則舊案未結，新案復來。」若小民上控，訟師插入，反倒更難收拾。「是不肯早用其心者，必致多費其心。不但累民，且以自累，其失多矣。」〔註59〕通過這段描述，筆者發現劉衡通過一種樸素的經濟學分析方式來論證速審案件較拖延案件而言，於官於民都更有好處。是故，作為一個長期擔任幕僚和基層官員的人，劉衡一直通過勸諭的形式主張民間息訟，其撰寫了《勸民息訟告示》《理訟十條》等。如劉衡通過口語化的表述指出，對於細故，「只要投告老誠公道的親友鄰族，替你講理，可以和息，也就罷了，斷不可告官訐訟」，若聽信訟棍的唆使，會花掉很多冤枉錢，「自做呈之日起，到出結之日止，無事不要花錢」〔註60〕，除打點賄賂、被胥役索詐外，還要承擔房租、夫馬和吃喝的費用。

> 若是輸了，枷杖收卡，身受苦楚，被人恥笑，氣也氣死，還要花許多嘔氣的錢。若是贏了，那對頭人吃了虧，記了仇，斷不肯和你干休，總要想出主意來害你，叫你防備不得，便到子孫手裏，還要報復，鬧出人命也不定，更是可怕。〔註61〕

通過一番訴訟成本和代價的計算，劉衡將民眾提起訴訟的原因歸結於不能忍氣以及被訟師哄騙。因此，作為地方官不忍民眾經受這些苦楚，他才會苦口婆

錄副奏摺，檔號：03-2500-023。

〔註58〕 參見林乾：《從葉墉包訟案看訟師的活動方式及特點》，載《北大法律評論》2009 年第 1 期。

〔註59〕 〔清〕劉衡：《庸吏庸言·理訟十條》，載《官箴書集成》第 6 冊，黃山書社1997 年版，第 191～198 頁。

〔註60〕 〔清〕劉衡：《庸吏庸言·勸民息訟告示》，載《官箴書集成》第 6 冊，黃山書社 1997 年版，第 200 頁。

〔註61〕 〔清〕劉衡：《庸吏庸言·勸民息訟告示》，載《官箴書集成》第 6 冊，黃山書社 1997 年版，第 200 頁。

心相勸，並出示告諭百姓：「你們自後，若遇田土錢債等小事，就算有十分道理，也要忍氣。牢牢記得本官的話。只要投告親族和息，就吃點虧，總比到官，較有便宜。若還只有五六分道理，更要快快和息。」他還拿出自身的經歷現身說法，「本縣府在江西，也是百姓。我家二百年來，不敢告狀訐訟。暗中得了多少便宜，也只是忍氣的好處。」〔註62〕因此他希望治所下的百姓不要辜負他一番教諭的良苦用心。

當時四川「詞訟之多，甲於他省，且近有京控之案。」就如何矯正四川的好訟之風，四川總督要求各地知府拿出解決方案，劉衡遂將其擔任牧令十五年中積累的十條理訟章程繕寫在稟文中以資採擇，包括：代書作呈應直敘情節、審理詞訟寧速毋遲、切勿濫收尋常案件呈詞、嚴懲訟棍等。〔註63〕劉衡的「理訟十條」十分全面，把案件進入衙署後各環節所要面臨的問題都進行了詳細的規劃，以最大程度確保及時公正地審結案件，同時達到稽查蠹役、代書以及嚴懲訟師等目的。

嘉道時期，言官對於獄訟制度的構建發揮了重要的作用，如要求查拿訟師、嚴禁諱訟唆訟等事宜均經他們奏陳。

嘉慶二十四年十二月，監察御史朱鴻奏請嚴禁諱訟唆訟以清訟源。其指出普通百姓一般都害怕涉訟，而告訐之風日趨嚴重，第一是由於地方官有心諱飾，激化了民眾的矛盾；第二則是由於訟棍把持圖利，唆使造成的。首先，就地方官諱飾引發小民訐告來說，地方官於命盜重案，為規避處分起見，仍舊沿襲積習，既不能整飭地方，又存諱飾之見，因此「開脫重罪、縱匿要證、刑逼改供、賄通勸息諸弊，既在所不免。」「甚至故意宕延，冀案中人證拖累病亡，事得消弭！」另外還存在「屬員商通上司，上司袒護屬員，承審逾限，則改填月日；四參將滿，則派差調開」等種種規避巧計。官員毫不顧惜百姓痛癢，致令百姓深受屈抑，心不能平。其次，就訟師唆訟來說，小民無訟師亦不能成訟，即便教唆詞訟例禁綦嚴，「其實無訟不有唆使之人把持其間，具呈有費，簽差有費，通監有費，鋪堂有費，提解有費，以至改卷案、買批語，彼此各通門路，過付分肥，兩造被其把持。至於傾家蕩產，雖欲悔息，亦不得自主。則

〔註62〕〔清〕劉衡：《庸吏庸言·勸民息訟告示》，載《官箴書集成》第6冊，黃山書社1997年版，第200頁。

〔註63〕〔清〕劉衡：《庸吏庸言·稟制憲札詢民風好訟應如何妥議章程遵即議覆十條由》，載《官箴書集成》第6冊，黃山書社1997年版，第191～198頁。

訟棍之害民實甚！」〔註64〕在這種情形下，地方官對案件進行諱飾，便會化大為小，化有為無，訟棍卻以無為有、以小為大而挾制官長，播弄愚民，教唆翻控、誣控甚至到京纛控，種種弊端，不一而足。因此各地既要痛懲諱飾之弊，將命盜案件一一據實秉公速辦，不得迴護，避免民眾上控，更應該隨地嚴拏訟棍，務絕根株。可見，當時的朝廷花費了極大的努力來遏制訴訟，以求無訟。

第二節　對晚清法律與社會的影響

嘉道時期的積案清理舉措為晚清的積案清理提供了經驗，但因其所處的特殊時代背景和面對的複雜的社會矛盾，也給歷史帶來了一些負面影響。

一、為晚清清訟提供了經驗

嘉道時期的積案清理最顯著的成效是為晚清各地清訟提供了樣本，而這種借鑒得益於丁日昌和李鴻章的推廣。太平軍興時期，各地政務廢弛，案牘叢積，當清軍取得節節勝利後，便著手整頓政務。同治六年正月，丁日昌出任江蘇布政使，十二月，升任江蘇巡撫。蒞任之初，他發現江蘇有許多道光年間積累下來的案件一直未能得到清理，咸同年間的積案數目更多，遂將「清積年之案」和行查淹禁人犯作為首要之事。他採取的仍是四柱清冊方式，要求各州縣將監犯和新舊詞訟分別舊管、新收、開除、實在四欄，把收押日期、控告日期、控告事由、書差姓名等事項一一登覆，逐月報送至巡撫和兩司。這種辦法取得了顯著成效，到同治七年七月止，已結舊案 12000 餘起。從同治七年八月至十二月，又訊結或息結詞訟 5,000 餘起。「獄無留滯，著效頗多」。〔註65〕丁日昌主張折獄是撫民的重要舉措，為了激勵各屬積極清訟，他奏請褒獎審案出力人員，對已經訊結或息結的詞訟，分別原案多寡、年月久暫和所結成數，分為兩等：訊結 200 案以上，息結 100 案以上，加上注銷在九成以上的為一等；訊結 200 案以上，加上息結和注銷在八成以上，或訊結 150 案以上，加上息結和注銷在九成以上的為一等。還從各知府中酌擇一二員審案出力並案請獎，「俾督率之員不致日久鬆懈」〔註66〕。其幕僚林達

〔註64〕河南道監察御史朱鴻：《奏為請嚴禁諱訟唆訟以清訟源事》，嘉慶二十四年十二月初三日，錄副奏摺，檔號：03-1589-001。
〔註65〕趙春晨編：《丁日昌集》（上），上海古籍出版社 2010 年版，第 65 頁。
〔註66〕趙春晨編：《丁日昌集》（上），上海古籍出版社 2010 年版，第 65 頁。

泉曾言：丁日昌每晚親自稽核「高可隱人」的公牘，見到百姓有冤屈不能伸理或受到書差凌虐，不禁潸然淚下。丁日昌還設置發審局趕辦案件，其在信函中記載：「發審局日事榜掠，研求確供，昶熙隨帶之司員、國藩奏派之道員，均令入局審訊，未肯片刻放鬆。」〔註67〕林乾指出丁日昌制定的發審局辦事規程，後為曾國藩借鑒和發展，並由此推行全國。〔註68〕丁日昌先在江蘇清理了大量積案，光緒二年，當他在福建任上時，亦通過設立清理詞訟局等措施清理積案。

筆者認為可以將嘉道時期制定的清理積案的章程與曾國藩於同治八年制定的《直隸清訟事宜十條》進行比較，後者的內容主要有「通省大小衙門公文宜速」、首先整頓保定府發審局、「州縣須躬親六事，不得盡信幕友丁書」「禁止濫傳濫壓」「四種四柱冊按月呈報懸榜」「訟案久懸不結，核明注銷」、懲辦訟棍等。〔註69〕可以說，《直隸清訟事宜十條》基本將前朝審理案件的經驗熔於一爐，加之有能吏張樹聲等人的輔助，曾國藩等人在短短 8 個月內即取得突出的成效，共審結同治七年以前直隸舊案 12,074 起和同治八年新案 28,121 起。之後，從同治八年十二月到同治九年二月，直隸又審結 2,940 起積案。〔註70〕此外，曾國藩制定的《直隸清訟限期功過章程》也具有相當的可操作性和代表性，涉及催解糧租等銀、催解犯證、勒限催辦事件、另委賢員審理案件的審限、保定府讞局分股辦理京控和省控案件、驗屍以及管押人犯、月報冊、命盜案件審限等規定，〔註71〕後於光緒二十五年再次被朝廷頒發各省。其內容也多延續嘉道時期各督撫制定的稽核章程，在當時發揮了較好的作用。同治十二年，奉天、吉林積案紛繁，各廳州縣淹禁人犯不下數千，經御史鄧慶麟奏請而開始清理。

光緒年間，山西省也制定了《清訟功過章程》，規定得相當詳細，與前文所述張師誠在嘉慶年間清理福建積案的辦法、錢臻清理山東積案的辦法等有

〔註67〕趙春晨編：《丁日昌集》（下），上海古籍出版社 2010 年版，第 921 頁。

〔註68〕參見林乾：《丁日昌撫吳期間的司法變革》，載趙曉華主編：《近代法律與社會轉型》，經濟科學出版社 2014 年版，第 157～166 頁。

〔註69〕參見：〔清〕曾國藩：《曾國藩全集·文集》（上），河北人民出版社 2016 年版，第 167～173 頁。

〔註70〕參見曾國藩撰：《曾國藩全集》（修訂版）第 11 冊，嶽麓書社 2011 年版，第 296 頁。

〔註71〕參見：〔清〕曾國藩：《曾國藩全集·文集》（上），河北人民出版社 2016 年版，第 173～176 頁。

很大的繼承性，如逾限不能審結自理詞訟，「每案記過一次，展限二十日；如再不結，再記過一次，展限二十日；如再不結，再記過一次。如遲至兩月不結，每案記大過兩次。按月詳報臬司查核。」「其有聽斷敏速者酌請記功」。〔註72〕這在當時也收到了一定的效果。

總的來說，同治年間的清訟實踐沿襲的仍是嘉道時期的經驗，晚清時期各地制定乃至推行全國的清理積案章程，在很大程度上是對嘉道時期章程的複製，無外乎勒限清理、注重稽查以及嚴格獎懲、懲辦訟師等，基本上都是根治地方官員的怠惰拖延問題和訟師唆訟問題。換句話說，嘉道時期清理積案的實踐對於歷史的發展具有一定的啟發和借鑒作用，但因為時代局限性，積案問題始終無法得到根治。但晚清時期新式報刊林立，隨著新聞媒介的推廣，很多地方大案的審判過程暴露於公眾視野之下，給朝廷帶來了莫大的壓力，是嘉道時期不曾面對的壓力。

值得強調的是，晚清基本將發審局固定為清理積案或審辦上控、京控案件的機構，走向了專門化的路徑。清訟章程往往是伴隨發審局的存在而制定的。隨著晚清積案叢積，同治二年山東再次設立發審局，處理一切發回本省的奏咨案件。同治三年，安徽省在首府安慶府署設立發審局，對於職掌、經費、審限和課功等事宜都進行了詳細的規定。〔註73〕光緒八年，山東再次因京控繁多奏請酌量變通審辦案件章程。〔註74〕及至光緒朝，連奉天都設置了發審局，讞局遍布各大省會城市。光緒四年，惠州知府張聯桂為惠州府署讞局題聯「連歲構凶荒，憫邊地失業小民，又添出幾重公案；諸君持法律，體上天好生大德，須各盡一片苦心」。聯跋載：「惠郡兵燹後，歲饑民貧，所在多盜。大府奏以方軍門剿捕之，余守高涼未十月，權移此篆，創立讞局。凡獲盜，與張、沈、鄭、丁諸君，聽夕分鞫，以定爰書。民命死生，毫釐千里，因題此聯以共勉。」〔註75〕這說明非首府城市在晚清亦設置了發審局。光緒十年，湖南亦設局清理積案，各地發審局基本成為常設組織。

〔註72〕〔清〕剛毅修；〔清〕安頤纂：《晉政輯要》卷34，載《續修四庫全書》編纂委員會編：《續修四庫全書》第884冊，上海古籍出版社1996年版，第716頁。

〔註73〕參見〔清〕馮煦主修；〔清〕陳師禮纂：《皖政輯要》，黃山書社2005年版，第748～754頁。

〔註74〕山東巡撫任道鎔：《奏為山東省京控繁多請旨酌量變通審辦案件章程事》，光緒八年九月二十五日，錄副奏摺，檔號：03-7410-076。

〔註75〕陳訓廷主編：《惠州楹聯集錦》，廣東人民出版社2016年版，第106頁。

　　積案問題與晚清統治危機有莫大的關聯，光緒八年，朝廷指出「內外各衙門案件，往往藉詞延閣，任意遲逾，以致積案累累，無憑稽核，竟視例定限期為具文，殊失朝廷勤求治理之意。」〔註76〕但直到清朝滅亡，積案問題仍沒被解決。

二、影響晚清的歷史走向

　　積案問題無法從根本上杜絕，頻繁的修律，尤其是給官員層層加碼，只會使得他們基於利益合謀、尋求規避處分的有效機制，聯通一氣，牢不可破。這種做法對積案的清理不利，造成了民眾對官員普遍的不信任，只會使得案件更多地湧向上級乃至京城，給晚期衰頹埋下了巨大的隱患。積案問題是社會問題的一種，使得官民皆困。於民眾而言，耗時拖累、蕩產析業，乃至激化為群體性事件，給社會造成動盪和混亂；對於官員來說，影響他們的考成和升遷，也給國家的統治造成了不必要的麻煩。

　　「人類社會的演進是一個組織化進程，它經歷了一個從簡單到複雜的過程。」〔註77〕嘉道時期，隨著社會環境的整體變遷，中國的社會結構、社會矛盾、社會心態等都發生了較大的變化。徐忠明主張「『好訟』局面的遍地開花，成燎原之勢，根本原因在於社會經濟的迅猛發展，與此同時的儒家經濟倫理的某種變遷——比如，儒家倫理的功利主義的轉向。」〔註78〕而這些，其實都是嘉道時期所面臨的社會背景。我們並不能簡單地將積案歸結於吏治衰頹、官員怠惰，更因在根源上尋求民眾不斷訴訟的深層次原因。自乾隆時期，土地兼併現象已十分嚴重，大量的無地之人淪為雇工人或成為流民四處遷徙。同時，商業化程度加深，意味著更多的民眾捨本逐末。這些轉變使得民眾對於財物的爭奪更為激烈。加之人口逐漸增長，倍勝於前，達到傳統社會的峰值，人均資源佔有量逐漸減少。這些都成為瓦解社會秩序的重要因素。即更多的民眾不再附著於土地之上，商品化程度加深，權利意識更為濃厚，帶來了訴訟量的絕對增加。「當社會力量的發展足以使物質生活能夠與禮法抗衡，甚至超過它的時候，社會生活就會掙脫禮法的束縛，以全新的面貌獨立

〔註76〕《清德宗實錄》卷156，光緒八年十二月乙丑，中華書局1987年版，第3冊第200～201頁。

〔註77〕唐賢興：《大國治理與公共政策變遷》，復旦大學出版社2019年版，第32頁。

〔註78〕徐忠明：《明清訴訟：官方的態度與民間的策略》，載《社會科學論壇》2004年第10期。

出現。」〔註79〕此外，這些轉變也促使了傳統倫理的鬆綁，宗族社會在演進過程中，丁口越來越多，同姓團體逐漸壯大。社會解構過程中，傳統宗法、血緣為紐帶的集體主義的家族逐漸向個人化、同姓團體轉變。加之天災人禍頻仍，單純依靠國家的救災體系是遠遠不夠的，民間公益組織所發揮的作用也很重要，地方士紳的力量逐漸增加，國家的控制力也日趨衰弱。嘉道咸時期中央和地方逐漸呈現分離趨勢，統治機制和制度存在紊亂的情形。隨著清後期「人口增殖與流動加劇、經濟糾紛等基層司法冗雜化，基於血緣關係所建立的仲裁權威與互保機制逐漸式微，個體權利衝突訴求外部的司法權力予以客觀裁斷。」〔註80〕積案問題即反映了這種社會內部結構變化所造成的矛盾，即民眾訴求與官方司法資源之間存在的衝突。生活在嘉道時期的群體不止一次提到風俗浮薄的問題，這是社會轉型的表徵之一，也給治理帶來了諸多困境。嘉道時期的官方雖對制度進行了部分革新，依賴的仍是傳統路徑，在既有框架下小修小補，各地章程也多為彌縫之法，官吏以尸位保職為重，沒有為民眾日益增長的訴訟需求提供疏導和解決的條件，反倒加大力度打擊訟棍、誣告和越訴。即便海舶東來打碎了天朝上國的迷夢，亦有經世學派呼籲因時革新，而統治者並未及時抓住機會，也注定了訴訟實態依舊不堪，並深深地影響了晚清局勢的發展。

　　道光末期為了應對東南沿海的外來勢力，已將國家注意力部分轉移，加之咸同兩朝太平軍興，道路梗阻，政令不通，囹圄爆滿。以前獄訟簡單的地區甚至出現了嚴重的積案問題，如咸豐元年，鄒鳴鶴密陳廣西積弊已深，積案達580多起，已然超出以往任何時期。咸豐十一年，大興一縣積案就有二三千件之多，另有40多起命盜重案積壓。同治五年御史書文奏稱「近來各直省官吏積習相沿，現視民生而不顧，每遇特交案件，非迴護初審之州縣，即受惑於現派之委員，以官吏為重而民命反為輕，種種陋習，幾於牢不可破，往往一案至拖延十餘年之久，懸案不結，迨經人遞催控，該承審官亦挾復控之嫌，反更鍛鍊，仍照初審情形。即使部中照例咨催，該省反捏飾斷難到案之人妄為要證，至兩造待質人等淹滯十數年之久，尚無訊斷之日。貧民凍餒

〔註79〕張仁善：《禮·法·社會：清代法律轉型與社會變遷》（修訂版），商務印書館2013年版，第163頁。

〔註80〕王晨光：《治權視域下禮法的結構性危機》，載《華中科技大學學報（社會科學版）》2019年第4期。

飢寒，曠時失業，含冤負屈控告無從。其由此監斃者殊難枚舉，其從中有不法之民斂群聚眾釀成事端因此而起。」〔註81〕各地拖延、淹滯獄訟情形十分嚴重，無疑激化了官民矛盾，這也是晚清局勢更加紛繁的重要原因。

小結

經過前文敘述可以看到，嘉慶朝的積案集中整頓成效比較顯著，而後各地奏報積案情形時更多地轉向上控甚至京控的大案，道光朝的積案呈現出越來越複雜的趨勢，探索其深層次的制度原因有很多，譬如：第一，審判遵循既定的程序和期限；第二，行政兼理司法體制本身存在著諸多的弊端，官員的法律素質與辦案的效率及其結果之間有一定的關係；因政務繁多，官員的時間和精力都無法得到有效的保障，容易造成案懸不審抑或久拖不結；第三，吏治趨於腐敗，官員怠惰拖延，審判效率和質量低下；第四，法律不斷地制定和修改，也意味著朝令夕改，法律的權威性下降，並且法條之間的衝突和競合也愈發嚴重，司法呈現諸多亂象。

基於以上種種問題，本章對嘉道時期清理積案的舉措進行了辯證地評價，一方面，清理積案是中國傳統政體追求無訟理想所必經的途徑，有應為和當為的制度基礎，但也正是這種制度注定了嘉道時期採取的清理積案舉措多為臨時的彌縫之術，多數因時而定的制度隨著問題的解決即廢弛。清廷為了秩序的和諧和社會的穩定，會對小民的訴訟設置重重障礙，如將訟師污名化，嚴厲打擊越訴和誣告行為，這些都是不可超越的歷史局限性。同樣地，傳統中國也有悠久的「人存政舉」的傳統，很多方案的施行和推動，都需要一定的人才來落實，如晚清清訟章程的定立和發審局的設置，都由能臣推動。而這些積案清理舉措，無論是對前朝經驗的借鑒，抑或對之進行革新的辦法，歸根結底還是補偏救弊之策，反映了專制政體的因循保守，這也注定了晚清的司法局勢更為錯綜複雜，而積案問題伴隨清王朝行將就木亦未被妥當解決。

〔註81〕京畿道監察御史書文：《奏為各省特交案件請嚴定章程迅速審斷事》，〔同治五年六月初二日〕，錄副奏摺，檔號：03-5019-035。

結　論

　　嘉道時期思想家龔自珍以「四海變秋氣」來形容嘉道時期的時局和世相，
積案問題的集中爆發與無法徹底解決也印證了這一問題。地方官吏怠職惰政、
奔走攀援、借案婪索等種種弊病，加之基層社會的捐納官員占比逐漸增多，官
僚素質下降，為清代轉向衰世埋下了隱患。

　　積案是一種常見的司法現象，伴隨著獄訟的存在而不可避免。從話語體
系構建來看，積案重在強調案件的積滯遲延，因而「滯案」「滯獄」「留獄」
「冤滯」等詞彙即表達了這樣的一種狀態，在清代以前，已生發出一套較成
體系的案件審理程限的規定以約束官吏，並打擊誣告和越訴等行為來抑制民
間訴訟，從而減輕、緩解或規避司法領域的案件積壓遲滯問題。傳統中國歷
代統治者採用的錄囚、里老理訟、巡按制度等，都為解決積案問題產生了一
定的積極影響。明代中後期廢除里老制度，使得大量的細故湧入公門，直接
改變了清代的訴訟模式，即衙門的自理詞訟積壓問題逐漸顯著，佔用大量的
司法資源，給「行政兼理司法」的制度造成了一定的困擾。

　　自清初以來，「積案」一詞逐漸指代司法領域的案件遲滯問題，這和漢語
語義的發展和完善有直接的關聯。相較而言，清代建立起了更完善的審限規
定，不僅對於自理詞訟立定審理期限，還使用循環月報制度加強稽核，對命
盜雜案等都有相應的限期規定，尤其是隨著六部則例等部門法的完善，給各
項事務設立規範，開啟了「委重律令」的「人法並治」時代，筆者將之歸納
為「承審有限、展扣有規、逾限有責」，這是前朝未曾達到的法制高度。承審
限期最為完備，其中嘉道時期所制定的有關「斷獄」的處分則例多達幾十條，

這是值得重視的問題。

但正因為層層科條而給官吏帶來了重重約束，除施行朝廷法令外，規避責任的現象也隨之而來。雖然清代的審限規定在實行過程中未必一以貫之，但也起到了一定的督促作用。地方官若對案件處置不當，會引發民眾的不滿，出現「官逼民反」的後果，這已不再是單純的法律問題，而成為關乎統治全局的政治問題。

嘉道時期的積案呈現類型多樣、時空分布不均的典型特徵。嘉道時期的積案其來有自，首先是案件「量」上的增多，一方面是乾嘉轉型時期人口增加及世風日下，資源爭奪加劇，訴訟數量增加；另一方面是客觀司法環境鼓勵人們的訴訟行為，包括清廷開放言路，鼓勵京控、生監群體代作呈詞以及訟師教唆詞訟等行為。嘉道時期的人口達到傳統中國的峰值，社會情勢發生了巨大的變遷，訴訟量呈現一定的增長，新問題、新矛盾接踵而來。因此，嘉道時期的積案除傳統的細事與重情兩大分類外，亦衍生出一些特殊類型，如械鬥、糧船水手、呈控官吏等，第二章中已詳細分析了詹葉兩姓械鬥案、汪從信控告職官索贓案等，這些案件都鑲嵌於這一特殊時代背景之下，這也注定了清廷為應對這些問題因時制宜地制定了特別法。

制度原因是造成積案問題的重要原因，分為政治原因和法律原因兩大層面。在傳統的制度設計和政務運行中，乾隆晚期以來的政治壅蔽、吏治衰頹成為積案爆發的重要原因。正所謂因循疲玩，積習難改。嘉慶帝力圖革新，整飭吏治。嘉慶十一年，當皇帝信賴的張師誠奏報江西巡撫衙門積案已多達600餘件時，無疑讓朝野大為震驚，皇帝所提倡的「以實心行實政」在地方官員眼中不過是一句口號。隨著江西巡撫的調任，能吏金光悌於嘉慶十二年正月正式奏報江西省城積案共有 1,600 多件時，皇帝不禁聯想該省上下各屬的積案應在萬件以上，從而正式通諭各省集中清理積案、進行整頓，並規定嗣後督撫蒞任伊始，須將該省積案情形進行奏報。這一輪集中清理積案的行動，大致延續至嘉慶十五年，其中以江西、湖南、福建和廣東四省的積案最為嚴重，朝廷並在議處湖南巡撫和臬司過程中，適時地制定了新例，也算是這一時期的創舉。嘉慶十二年，江西、湖南和福建三省都對未完積案的歷任巡撫或按察使等官員進行了問責，對於不職的府縣官員亦予以處分。嘉慶十四年朝廷對積案累累的廣東省的清理情況進行關注，現存兩份清單可資證明。但是這種清理效果究竟如何呢？張師誠在個人年譜記述嘉慶十二年福建

的積案情形時指出,「地方事件,州縣因循積壓,命盜案件任意遲延。余到任後,已將詳報遲至半年以上、積至八案、犯無一獲之南靖令,及監候待質人犯久未詳咨之寧德、崇安、福清正署各縣揭參。茲又查出本衙門十餘年未結詞訟二千九百七十七件,設法勒限清釐具奏。」〔註1〕然而過了幾年,福建的積案情形似乎沒有太大的改善,他在個人年譜中記載了一則稽核辦法,即嘉慶十八年十一月,張師誠立限勒催州縣積案,札云:「州縣聽斷勤明則訟獄衰息!胥役無以為奸,生民各安生業,吏治民風自有起色。閩省書疲役玩,牧令因循,經本部院三令五申,形同聾瞶,實堪痛恨!自今以後,凡一事行催至三次不詳結者,記大過一次;又三催不詳結者,記大過二次;又催仍不詳結者,記大過三次,一面揭參,再催三次。連前共十二次而仍不詳結者,即行參奏。又將各屬應辦事件設記過簿,按五日一查,飭兩司道府廳州縣一體凜遵。」〔註2〕大員的個中無奈躍然紙上。

具體來說,吏治衰頹,司法官員主觀上懶惰怠慢,刑名業務能力有限嚴重制約了訴訟的審判。以巴縣為例,就僅現存的檔案統計來看,乾隆朝年度案件數最多為 179 件,而自嘉慶十年開始直接突破 300,嘉慶十四年突破了 500,雖間有回落,但相較以往而言,案件倍增,道光時期案件總量為 21,853 件,年均 700 多件,其中僅以能吏劉衡在任的道光六年 452 件為最少。〔註3〕傳統社會盛行「有治人無治法」在這裡得到了較好的體現,「一個知縣為了追求無訟理念所做的努力幾乎是無濟於事的,這位有『良心』的官員的所作所為,完全是一種毫無意義的徒勞的努力。」〔註4〕也是因為這個原因,劉衡的《理訟十條》作為模型得以推廣,這也印證了大部分基層官員的怠惰偷安。

同樣,行政兼理司法的背景下,既有的司法資源和法律規範未能有效應對難題和挑戰,嘉道時期的訴訟量對既有的司法資源帶來了一定的衝擊。而衙役、書吏、幕友等舞奸弄弊,造成了司法腐敗;濫用刑訊逼供帶來了冤難;

〔註1〕 〔清〕張師誠:《一西自記年譜》,載北京圖書館編:《北京圖書館藏珍本年譜叢刊》第 126 冊,北京圖書館出版社 1999 年版,第 75 頁。

〔註2〕 〔清〕張師誠:《一西自記年譜》,載北京圖書館編:《北京圖書館藏珍本年譜叢刊》第 126 冊,北京圖書館出版社 1999 年版,第 151~152 頁。

〔註3〕 參見〔日〕夫馬進:《中國訴訟社會史概論》,范愉譯,載夫馬進編:《中國訴訟社會史研究》,范愉、趙晶等譯,浙江大學出版社 2019 年版,第 24~25 頁。

〔註4〕 〔日〕夫馬進:《中國訴訟社會史概論》,范愉譯,載夫馬進編:《中國訴訟社會史研究》,范愉、趙晶等譯,浙江大學出版社 2019 年版,第 30 頁。

逐級審轉覆核制度的弊端，使得地方官員處在同一鏈條中，造成了官員之間的包庇與迴護，因此案件難以查實或平反等。總的來說，許多案件在產生之初未能得到妥善解決和處理，從而由民間細故釀成延擱多年的大案，當事人不斷上訴乃至京控，原告、被告、中人、證人、訟師、衙役、書吏、幕友、官員等多方力量從中角逐，使得案件久拖難決。以莊午可案為例，該案前後延宕多年，總督陶澍等人斥責莊午可唆訟抗官，但目睹此事的學政辛從益卻對莊午可和村民抱持極大的同情，甚至認為所謂的「聚眾抗官」實則是官府逼迫所致──「迨午可被革，畏刑逃避。其人故豪士，所至，人爭匿之。而當事者追捕如大盜，帶兵燒毀村莊，以致村民情急釀成巨案。梟使所詳『遠望村莊無故火起』者，然乎？否也！」〔註 5〕但朝廷並不知悉這些細節，可見，地方官所謂的「刁民」「訟棍」或許還有另一層面相。

就法律層面而言，積案的大規模爆發既由於司法體制存在固有的缺陷和漏洞，也由於既有規定廢弛、失靈抑或規定的並不合理，法條在實際操作層面存在層層障礙，如施行嚴格的逐級審轉，在乾嘉道時期疆域穩定後，很快就暴露出問題，道路遙遙險阻，解費無從支付，這些都是現實困境，因而各地開啟了變通審轉制度的風潮。可見理論來源於實踐，對問題的發現、分析和解決，同樣也是填補法律漏洞，創造新的規範，改造不合理制度的有效推動力。就清代的「例」而言，其中不乏因言生例的抽象概括條款，而更多的則是根源於社會現實的因案生例，而後者在清朝中後期佔據主要地位。

縱觀嘉慶十二年清釐積案始末，其發起並非無因，嘉慶在此之前已針對此項問題發布多則上諭。但持續累積的積案在這一年集中奏報，呈現井噴式狀態，實乃多年痼習積累所致。朝廷對相關人員進行追責，並完善立法，但其處置措施卻是嚴中寓寬。「在傳統中國的法律關係中，權力──責任關係是一項優先的法律關係。」這意味著官員的一切政務活動的落腳點在於對朝廷政令的貫徹和落實。「從中央到地方州縣，從皇帝到基層官吏，有關他們職權的法律規定，基本上都可以歸入這一類法律關係。」〔註 6〕就積案的發現機制而言，若非督撫蒞任交接時的奏報，那麼地方積弊和相關責任人員的不職在短期內都不會被發現，政治制度設計中的對上負責以及上下級之間承擔連帶

〔註 5〕〔清〕辛從益：《辛筠谷年譜》，載《清代詩文集彙編》第 455 冊，上海古籍出版社 2010 年版，第 757 頁。

〔註 6〕張中秋：《傳統中國法理觀》，法律出版社 2019 年版，第 73 頁。

責任限制了中央對地方實情的瞭解，督撫能否實心辦事成為重要的衡量因素。督撫對所屬官吏具有直接的監管責任，但制度架構中缺乏對督撫的有效監督機制，這與督撫成為地方固定的大員以及與巡按御史的廢除有莫大的關聯。當然，我們也該認識到，積案問題的集中爆發，也更能加強統治者對司法問題和社會問題的解決和防範的重視程度，因此，嘉慶皇帝在之後一直嘗試建立有效的機制以預防和解決積案問題，除採用對相關責任人員追責外，也注重對清釐積案功勳卓著之人進行獎勵，以激發地方的政治活力、選拔卓異的官員充實政治隊伍。但嘉慶朝處於整個清代社會由盛轉衰的關節點，一切解決方案都躲避不了歷史洪流的衝擊，因此，各項法規的實效有限，各地對政策與法規的落實情況也不同。道光朝仍在持續努力制定法規、出臺政策清理積案，結果仍不樂觀。「每讞一獄判一案，矜衡情法之平，一洗擾累株連羈候私押諸弊。所到之處，清釐積訟塵案為空。」〔註7〕這是後人對張師誠的評價，肯定了他清理積案的功績。儘管嘉道時期的一些督撫很勤能，畢竟為數不多，對改善局勢所能發揮的作用有限。

　　需要指出的是，因嘉慶帝開放言路，一些特殊的積案轉化為京控，嘉道時期京控案件激增，影響政治生態，是故，京控案件成為考察積案問題的有效進路。嘉慶十五年末制定的各督撫每屆半年彙奏該省京控奏咨案件已未審結制度，給各督撫奏報積案情形找到了一個有效的轉移形式，即將外結案件儘量壓制不報，只對朝廷按期稽核的內結案件進行奏報，這也是筆者根據檔案統計積案數據過程中感受到的明顯變化——各督撫蒞任後，很少再奏明該省省城的案件積壓情況，而是對於京控案件的審結情況進行奏報。或許，也是因經過嘉慶十二年到十五年的集中整頓，各省省城的案件積壓情況得以緩解。但筆者更主張是督撫有意諱飾以規避處分，如嘉慶末期的山東積案問題，巡撫開始只向朝廷奏報京控案件審結情形，因山東虧空嚴重，又出現了嚴重的盜賊問題，經欽差奏明山東吏治廢弛而更換督撫和兩司，才知道山東省城一撫兩司衙門的積案已近萬件。山東巡撫衙門發審局也應運而生，它並非只是處理京控案件的機構，對清理其他類型的積案也發揮了重要的作用。嘉道兩朝，山東積案延續時間最長，朝廷和地方都傾注了大力的精力去清理和整頓。為後世留下了一定的經驗和教訓。另外，包世臣也指出當時「江浙

<hr>

〔註7〕〔清〕張師誠：《一西自記年譜》，載北京圖書館編：《北京圖書館藏珍本年譜叢刊》第126冊，北京圖書館出版社1999年版，第227頁。

各州縣，均有積案千數」〔註8〕，按照這個數字估計，考慮到各地政務的繁簡和人口的疏密，全國一千多個州縣的積案當有幾十萬件，但是各督撫彙報給朝廷的數目遠比這些數值小。

清代的積案問題是由多方面因素導致的司法難題和社會問題，因此也需綜合使用法律、行政和教化等多種手段進行配套的清理和整治。整體來說，嘉道時期積案問題雖顯著，而其時國家權力依然集中於中央，皇帝對積案問題較為重視，政務運作較為順暢，在積案治理方面取得了一定的成效，如清人評價道光帝「清積案者敘從優，而稽延必究」，〔註9〕肯定了道光在應對積案問題時獎懲有差，第四章中梳理出來的道光時期制定的新的處分則例即為明證。

清代是距今最近的封建大一統王朝，為今日的國家治理和社會治理留下了大量的經驗和教訓，我們應一分為二地評價清朝應對積案問題的舉措。嘉道時期應對積案問題的舉措為後世留下了較多可資借鑒的經驗，其推行的循環月報冊、督撫蒞任伊始循例奏報積案情形、勒限清理積案、按照積案數量懲處官吏等制度，以及適時制定和修改法律、重視官民教化等措施，都為當時的積案問題的解決貢獻了力量，在一定程度上緩和了社會矛盾。如晚清各省制定的清訟章程、設置發審局等積案清理辦法多沿襲嘉道舉措，在同光年間發揮了一定的作用。

需要指出的是，嘉道時期積案清理舉措的歷史局限性也不容忽視，在傳統政治體制下的革新並不能突破制度束縛，因此很多舉措只短暫地發揮了作用。清代統治者為了維護無訟理想，嚴重遏制民眾的權利，甚至加大力度打擊唆訟、誣告、越訴等行為。及至太平軍興，外患侵襲，國家動亂，疆臣坐大，捐納盛行而嚴重拉低了官吏的整體素質，晚清面對的積案問題更加棘手，清廷應對失當，因而冤案增多，大案頻發。

習近平總書記強調：「歷史是一面鏡子，鑒古知今，學史明智」〔註10〕，通過對清代嘉道時期積案問題的成因以及應對舉措進行梳理，可以對當代法治建設和社會治理提供一定的經驗和教訓。

〔註8〕〔清〕包世臣撰：《包世臣全集》第3冊，李星點校，黃山書社1997年版，第375頁。

〔註9〕《清宣宗實錄》卷476，道光三十年正月，中華書局1986年版，第7冊第999頁。

〔註10〕習近平：《致中國社會科學院中國歷史研究院成立的賀信》，2019年1月3日。

參考文獻

一、檔案、簡牘及碑刻資料類

1. 中國第一歷史檔案館藏：《宮中全宗·朱批奏摺》《軍機處全宗·錄副奏摺》《內閣全宗·題本》。

2. 臺灣故宮博物院館藏清代檔案。

3. 中國第一歷史檔案館編：《嘉慶道光兩朝上諭檔》，廣西師範大學出版社 2000 年版。

4. 杜家驥：《清嘉慶朝刑科題本社會史料輯刊》，天津古籍出版社 2008 年版。

5. 張偉仁主編：《明清檔案》，臺灣中央研究院歷史語言研究所 1986～1995 年版。

6. 張晉藩主編：《清代冕寧司法檔案全編》第 33 冊，法律出版社 2019 年版。

7. 秦國經主編：《清代官員履歷檔案全編》，華東師範大學出版社 1997 年版。

8. 四川省檔案館、四川大學歷史系主編：《清代乾嘉道巴縣檔案選編》（下），四川大學出版社 1996 年版。

9. 四川省檔案館編：《清代巴縣檔案整理初編·司法卷·嘉慶朝》，西南交通大學出版社 2018 年版。

10. 四川省檔案館編：《清代巴縣檔案整理初編·司法卷·道光朝》，西南交通大學出版社 2018 年版。

11. 中國第一歷史檔案館編：《鴉片戰爭檔案史料》第 1 冊，上海人民出版社 1987 年版。

12. 〔清〕鄂爾泰等編：《雍正朱批諭旨》第 1 冊，北京圖書館出版社 2008 年影印版。

13. 陳松長主編：《嶽麓書院藏秦簡》（伍），上海辭書出版社 2017 年版。

14. 上海博物館圖書資料室編：《上海碑刻資料選輯》，上海人民出版社 1980 年版。

15. 臺灣銀行經濟研究室編印：《臺灣南部碑文集成》，載林榮華校編：《石刻史料新編》第三輯第 18 冊，新文豐出版公司印行 1986 年版。

16. 范天平編注：《豫西水碑鈞沉》，陝西人民出版社 2001 年版。

二、古籍文獻類（影印、點校和彙編）

1. 程俊英撰：《詩經譯注》，上海古籍出版社 2004 年版。

2. 楊天宇撰：《周禮譯注》，上海古籍出版社 2004 年版。

3. 楊天宇撰：《禮記譯注》，上海古籍出版社 2004 年版。

4. 楊伯峻譯注：《論語譯注》，中華書局 1958 年版。

5. 〔漢〕司馬遷撰：《史記》，中華書局 1959 年版。

6. 〔宋〕林虙、〔宋〕樓昉：《兩漢詔令》，載〔清〕紀昀等編：《景印文淵閣四庫全書》第 426 冊，臺灣商務印書館 1983 年版。

7. 〔北齊〕魏收撰：《魏書》，中華書局 1974 年版。

8. 〔唐〕姚思廉撰：《梁書》，中華書局 1973 年版。

9. 〔唐〕魏徵等撰：《隋書》，中華書局 1973 年版。

10. 〔後晉〕劉昀等撰：《舊唐書》，中華書局 1975 年版。

11. 李希泌主編：《唐大詔令集補編》，上海古籍出版社 2003 年版。

12. 徐紅整理：《南宋詔令輯校》（下），湘潭大學出版社 2015 年版。

13. 〔元〕脫脫等撰：《宋史》，中華書局 1977 年版。

14. 〔明〕宋濂等撰：《元史》，中華書局 1976 年版。

15. 柯劭忞：《新元史》，吉林人民出版社 1995 年版。

16. 中央研究院歷史語言研究所編：《明神宗實錄》，中央研究院歷史語言研究所 1966 年版。

17. 中研院史語所藏鈔本《崇禎長編》，中央研究院歷史語言研究所 1967 年校印本。

18. 《清實錄》，中華書局 1985～1987 年影印版。

19. 中國第一歷史檔案館編：《嘉慶帝起居注》，廣西師範大學出版社 2006 年版。

20. 趙爾巽等撰：《清史稿》，中華書局 1977 年版。

21. 〔清〕永瑢等修纂：《歷代職官表》，商務印書館 1937 年版。

22. 〔清〕陳夢雷等著：《古今圖書集成·經濟彙編·祥刑典》，中華書局 1934 年影印版。

23. 〔清〕朱壽朋編：《光緒朝東華錄》，中華書局 1958 年版。

24. 〔清〕張廷玉等撰：《清朝文獻通考》，浙江古籍出版社 1988 年影印版。

25. 劉錦藻撰：《清朝續文獻通考》，上海古籍出版社 1996 年版。

26. 王鍾翰點校：《清史列傳》，中華書局 2016 年版。

27. 中國社會科學院歷史研究所清史室、資料室：《清中期五省白蓮教起義資料》第 1 冊，江蘇人民出版社 1981 年版。

28. 楚雄彝族文化研究所編：《清代武定彝族那氏土司檔案史料校編》，中央民族學院出版社 1993 年版。

29. 張政烺、日知編：《雲夢竹簡》第 2 冊《秦律十八種》，吉林文史出版社 1990 年版。

30. 彭浩、陳偉、〔日〕工藤元男主編：《〈二年律令〉與〈奏讞書〉》，上海古籍出版社 2007 年版。

31. 〔唐〕李林甫等撰：《唐六典》，陳仲夫點校，中華書局 2014 年版。

32. 劉俊文箋解：《唐律疏議箋解》（上冊），中華書局 1996 年版。

33. 〔明〕朱元璋：《教民榜文》，載一凡藏書館文獻編委會編：《古代鄉約及鄉治法律文獻十種》第 1 冊，黑龍江人民出版社 2005 年版。

34. 〔明〕高舉纂：《大明律集解附例》，萬曆三十八年重刊本，光緒戊申（1908 年）修訂法律館重刊。

35. 《大明律》，懷效鋒點校，法律出版社 1999 年版。

36. 〔明〕申時行等修；趙用賢等纂：《大明會典》，載《續修四庫全書》第 790 冊，上海古籍出版社 1996 年版。

37. 田濤、鄭秦點校：《大清律例》，法律出版社 1999 年版。

38. 〔清〕徐本、三泰、劉統勳：《大清律例》，載《景印文淵閣四庫全書》第 672～673 冊，臺灣商務印書館股份有限公司 1986 年版。

39. 〔清〕阿桂等纂：《大清律例》，中華書局 2015 年影印版。

40. 張榮錚、劉勇強、金懋初點校:《大清律例》,天津古籍出版社 1993 年版。

41. 〔清〕允祹等纂修:《欽定大清會典則例》,臺灣商務印書館 1986 年版。

42. 〔清〕托津等纂:《嘉慶會典事例》,載《近代中國史料叢刊三編》第 65 輯《欽定大清會典事例(嘉慶朝)》,文海出版社 1991 年版。

43. 〔清〕昆岡等修:《大清會典》,載《續修四庫全書》第 794 冊,上海古籍出版社 1996 年版。

44. 〔清〕昆岡等修:《欽定大清會典事例》,載《續修四庫全書》第 810 冊,上海古籍出版社 1996 年版。

45. 〔清〕文孚等修:《欽定吏部處分則例》,〔清〕沈賢書、孫爾耆校勘,光緒二年(1876)三善堂重刻本。

46. 〔清〕文孚纂修:《欽定六部處分則例》,沈雲龍主編:《近代中國史料叢刊》第 34 輯 332,文海出版社 1969 年影印版。

47. 馬建石、楊育棠主編:《大清律例通考校注》,中國政法大學出版社 1992 年版。

48. 〔清〕姚雨薌原纂;胡仰山增輯:《大清律例會通新纂》,同治十二年(1873)版,文海出版社 1987 年影印。

49. 〔清〕吳坤修等編撰;郭成偉主編:《大清律例根原》,上海辭書出版社 2012 年版。

50. 〔清〕馬慶益等:《大清律例按語》,潘氏海山仙館道光年間版本。

51. 〔清〕薛允升:《讀例存疑》,光緒乙巳(1905)翰茂齋刊本。

52. 〔清〕《福建省例》,載臺灣銀行經濟研究室編:《臺灣文獻叢刊》第 199 種,臺灣銀行經濟研究室編印 1964 年版。

53. 〔清〕不著撰者:《湖南省例成案》,載楊一凡、劉篤才編:《中國古代地方法律文獻》丙編第 4 冊,社會科學文獻出版社 2012 年版。

54. 〔清〕不著撰者:《治浙成規》,載楊一凡、劉篤才編:《中國古代地方法律文獻》丙編第 8 冊,社會科學文獻出版社 2012 年版。

55. 〔清〕馮煦主修;〔清〕陳師禮纂:《皖政輯要》,黃山書社 2005 年版。

56. 〔清〕黃恩彤修;寧立悌等纂:《粵東省例新纂》,道光丙午(1846)冬鐫(藩署藏板)。

57. 〔清〕凌燽:《西江視臬紀事》,載《續修四庫全書》第 882 冊,上海古籍出版社 1993 年版。

58. 〔清〕鍾慶熙輯：《四川通飭章程》，載沈雲龍主編：《近代中國史料叢刊續輯》第 480 種，文海出版社 1977 年影印版。

59. 〔清〕剛毅修；〔清〕安頤纂：《晉政輯要》，載《續修四庫全書》第 884 冊，上海古籍出版社 1996 年版。

60. 〔清〕薛允升著；胡星橋、鄧又天主編：《讀例存疑點注》，中國人民公安大學出版社 1994 年版。

61. 〔清〕全士潮、張道源等纂輯：《駁案彙編》，何勤華等點校，法律出版社 2009 年版。

62. 〔清〕祝慶祺等編：《刑案匯覽三編》，北京古籍出版社 2004 年版。

63. 〔清〕許槤、熊莪纂輯：《刑部比照加減成案》，何勤華、沈天水等校，法律出版社 2009 年版。

64. 〔清〕盛康輯：《皇朝經世文續編·刑政》，載沈雲龍主編：《近代中國史料叢刊》第 85 輯 847，文海出版社 1972 年版。

65. 楊一凡、劉篤才主編：《中國古代地方法律文獻》甲編，世界圖書出版公司北京公司 2006 年版。

66. 楊一凡、徐立誌主編：《歷代判例判牘》，中國社會科學出版社 2005 年版。

67. 楊一凡編：《清代成案選編·甲編》，社會科學文獻出版社 2014 年版。

68. 楊一凡、陳靈海編：《清代成案選編·乙編》，社會科學文獻出版社 2016 年版。

69. 〔清〕佚名：《江西萬載訟師秘本三種·甲本》，孫家紅、龔汝富整理，載楊一凡主編：《歷代珍稀司法文獻》第 12 冊，社會科學文獻出版社 2012 年版。

70. 〔西晉〕陸機、陸雲：《陸機文集》，上海社會科學院出版社 2000 年版。

71. 周紹良主編：《全唐文新編》，吉林文史出版社 2000 年版。

72. 曾棗莊、劉琳主編：《全宋文》第 286 冊，上海辭書出版社、安徽教育出版社 2006 年版。

73. 〔宋〕蘇舜欽：《蘇舜欽集》，沈文倬校點，上海古籍出版社 1981 年版。

74. 〔明〕丘濬撰：《大學衍義補》（下），上海書店出版社 2012 年版。

75. 〔清〕黃宗羲編：《明文海》，載《景印文淵閣四庫全書》第 1458 冊，臺灣商務印書館 1983 年版。

76. 〔清〕顧炎武撰:《日知錄》,嚴文儒、戴揚本校點,上海古籍出版社 2012 年版。

77. 〔清〕黃六鴻:《福惠全書》,周保明點校,廣陵書社 2018 年版。

78. 〔清〕陳宏謀:《培遠堂偶存稿》,載《清代詩文集彙編》第 280、281 冊,上海古籍出版社 2010 年版。

79. 〔清〕陳宏謀撰:《五種遺規·訓俗遺規》,載《續修四庫全書》第 951 冊,上海古籍出版社 2002 年影印版。

80. 〔清〕崔述:《無聞集》,載《清代詩文集彙編》第 399 冊,上海古籍出版社 2010 年版。

81. 〔清〕孫玉庭:《延釐堂集》,載《清代詩文集彙編》第 438 冊,上海古籍出版社 2010 年版。

82. 〔清〕包世臣撰:《包世臣全集》第 3 冊,李星點校,黃山書社 1997 年版。

83. 〔清〕馮桂芬:《顯志堂稿》,朝華出版社 2018 年版。

84. 〔清〕馮桂芬:《校邠廬抗議》,朝華出版社 2017 年版。

85. 〔清〕龔自珍:《龔自珍全集》,中華書局 1959 年版。

86. 〔清〕那彥成:《那文毅公奏議》,載《續修四庫全書》第 497 冊,上海古籍出版社 2002 年影印版。

87. 〔清〕陶澍:《陶澍全集》,嶽麓書社 2010 年版。

88. 〔清〕童槐:《今白華堂文集》,載《續修四庫全書》第 1498 冊,上海古籍出版社 2002 年版。

89. 〔清〕洪亮吉撰:《洪亮吉集》第 1 冊,劉德權點校,中華書局 2001 年版。

90. 林則徐全集編輯委員會編:《林則徐全集》第 1 冊,海峽文藝出版社 2002 年版。

91. 〔清〕李星沅撰:《李星沅集》第 1 冊,王繼平校點,嶽麓書社 2013 年版。

92. 〔清〕梅曾亮:《柏梘山房文集》,載《續修四庫全書》第 1513 冊,上海古籍出版社 1993 年版。

93. 〔清〕黃貽楫編:《李石渠先生治閩政略》,光緒六年(1880)晉江黃謀烈梅石山房木活字印本。

94. 〔清〕賀長齡、魏源等編:《清經世文編》,中華書局 1992 年版。

95. 〔清〕丁日健:《治臺必告錄》,載沈雲龍主編:《近代中國史料叢刊續輯》758,文海出版社 1985 年版。

96. 〔清〕陳盛韶:《問俗錄》,載《四庫未收書輯刊》第十輯第 3 冊,北京出版社 1997 年版。

97. 〔清〕龔自珍:《龔自珍全集》,上海人民出版社 1975 年版。

98. 〔清〕曾國藩撰:《曾國藩全集》(修訂版)第 11 冊,嶽麓書社 2011 年版。

99. 趙春晨編:《丁日昌集》,上海古籍出版社 2010 年版。

100. 吉同鈞:《樂素堂文集》,閆曉君整理,法律出版社 2014 年版。

101. 《明清公牘秘本五種》,郭成偉、田濤點校整理,中國政法大學出版社 1999 年版。

102. 〔宋〕洪邁:《容齋隨筆》,上海古籍出版社 2015 年版。

103. 〔清〕昭槤撰:《嘯亭雜錄》,中華書局 1980 年版。

104. 〔清〕樂鈞、許仲元:《三異筆談》,重慶出版社 1996 年版。

105. 〔清〕陳康祺:《郎潛紀聞四筆》,中華書局 1990 年版。

106. 〔清〕張集馨撰:《道咸宦海見聞錄》,杜春和、張秀清整理,中華書局 1981 年版。

107. 〔清〕歐陽兆熊、〔清〕金安清撰:《水窗春囈》,謝興堯點校,中華書局 1984 年版。

108. 〔清〕孫靜庵、李岳瑞:《棲霞閣野乘》,張明芳點校,山西古籍出版社 1997 年版。

109. 〔清〕方濬師:《蕉軒隨錄》,沈雲龍主編:《近代中國史料叢刊》第 38 輯 375,文海出版社 1973 年版。

110. 徐珂編撰:《清稗類鈔》,中華書局 2010 年版。

111. 〔清〕段光清:《鏡湖自撰年譜》,載《近代中國史料叢刊》784,文海出版社 1973 年版。

112. 〔清〕張師誠:《一西自記年譜》,載北京圖書館編:《北京圖書館藏珍本年譜叢刊》第 126 冊,北京圖書館出版社 1999 年版。

113. 〔清〕英和:《恩福堂年譜》,載北京圖書館編:《北京圖書館藏珍本年譜叢刊》第 133 冊,北京圖書館出版社 1999 年版。

114. 〔清〕盧端黼:《厚山府君年譜》,載北京圖書館編:《北京圖書館藏珍本年譜叢刊》第 133 冊,北京圖書館出版社 1999 年版。

115. 〔清〕孫玉庭:《寄輔老人自記年譜》,載北京圖書館編:《北京圖書館藏珍本年譜叢刊》第 119 冊,北京圖書館出版社 1999 年版。

116. 〔清〕辛從益:《辛筠谷年譜》,載《清代詩文集彙編》第 455 冊,上海古籍出版社 2010 年版。

117. 官箴書集成編纂委員會編:《官箴書集成》,黃山書社 1997 年版。

118. 鳳凰出版社編:《中國地方志集成·江蘇府縣志輯》第 50 冊,鳳凰出版社 2008 年版。

119. 鳳凰出版社編:《中國地方志集成·山東府縣志輯》第 83 冊,鳳凰出版社 2004 年版。

120. 中國地方志集成編委會編:《中國地方志集成·重慶府縣志輯》第 19 冊,巴蜀書社 2017 年版。

121. 江蘇古籍出版社編:《中國地方志集成·安徽府縣志輯》(全 63 冊),江蘇古籍出版社 1998 年版。

122. 菱湖鎮志編纂委員會編:《湖州市志叢書·菱湖鎮志(下)》,崑崙出版社 2009 年版。

123. 〔明〕張自烈撰;〔清〕廖文英續:《正字通》,中國工人出版社 1996 年版。

124. 〔清〕張玉書等編:《康熙字典》,上海書店出版社 1985 年版。

三、今人著作及譯作類

1. 白鋼主編:《中國政治制度通史》(第十卷),人民出版社 1996 年版。

2. 白壽彝總主編:《中國通史》第 10 卷《中古時代·清時期(上)》(第 2 版),上海人民出版社 2013 年版。

3. 曹樹基:《中國移民史》第 6 卷,福建人民出版社 1997 年版。

4. 陳抱成:《白話類編二十五史:緝捕推勘術》,遼寧古籍出版社 1996 年版。

5. 陳乃宣編著:《乾隆名相　盛世重臣——陳宏謀紀實》,武漢大學出版社 2013 年版。

6. 陳文嘉:《盛世的黃昏——乾隆(1736~1757)》,廣西師範大學出版社 2018 年版。

7. 陳旭麓:《近代中國社會的新陳代謝》(插圖本),中國人民大學出版社 2012 年版。

8. 陳訓廷主編:《惠州楹聯集錦》,廣東人民出版社 2016 年版,第 106 頁。

9. 崔岷:《洗冤與治吏:嘉慶皇帝與山東京控》,中央民族大學出版社 2012 年版。

10. 馮爾康:《18 世紀以來中國家族的現代轉向》,上海人民出版社 2005 年版。

11. 付春楊:《權利之救濟:清代民事訴訟程序探微》,武漢大學出版社 2012 年版。

12. 高道蘊等編:《美國學者論中國法律傳統》,中國政法大學出版社 1996 年版。

13. 高浣月:《清代刑名幕友研究》,中國政法大學出版社 2000 年版。

14. 龔汝富:《明清訟學研究》,商務印書館 2008 年版。

15. 苟德儀:《川東道臺與地方政治》,中華書局 2011 年版。

16. 顧元:《服制命案、干分嫁娶與清代衡平司法》,法律出版社 2018 年版。

17. 顧元:《衡平司法與中國傳統法律秩序——兼與英國衡平法相比較》,中國政法大學出版社 2005 年版。

18. 關文發:《嘉慶帝》,吉林文史出版社 1993 年版。

19. 郭成偉主編:《官箴書點評與官箴文化研究》,中國法制出版社 2000 年。

20. 胡旭晟主編:《獄與訟:中國傳統訴訟文化研究》,中國人民大學出版社 2012 年版。

21. 黃宗智:《清代的法律、社會與文化:民法的表達與實踐》,上海書店出版社 2007 年版。

22. 來新夏編著:《林則徐年譜長編》,上海交通大學出版社 2011 年版。

23. 李典蓉:《清朝京控制度研究》,上海古籍出版社 2011 年版。

24. 李峰:《蘇州通史·人物卷中·明清時期》,蘇州大學出版社 2019 年版。

25. 李文治、江太新:《清代漕運》,中華書局 1995 年版。

26. 李懷印:《現代中國的形成:1600～1949》,廣西師範大學出版社 2022 年版。

27. 李雪梅:《中國古代石刻法律文獻敘錄》,上海古籍出版社 2020 年版。

28. 里贊:《晚清州縣訴訟中的審斷問題——側重四川南部縣的實踐》,法律出版社 2010 年版。

29. 林乾：《傳統中國的權與法》，法律出版社 2013 年版。

30. 林乾：《治官與治民：清代律例法研究》，中國政法大學出版社 2019 年版。

31. 馬嘯原：《近代西方政治思想》，雲南大學出版社 2014 年版。

32. 馬子木：《清代大學士傳稿（1636～1795）》，山東教育出版社 2013 年版。

33. 那思陸：《清代中央司法審判制度》，北京大學出版社 2004 年版。

34. 那思陸：《清代州縣衙門審判制度》，中國政法大學出版社 2006 年版。

35. 倪玉平：《清朝嘉道財政與社會》，商務印書館 2013 年版。

36. 錢大群撰：《唐律疏義新注》，南京師範大學出版社 2007 年版。

37. 錢穆：《國史大綱》（修訂本），商務印書館 1996 年版。

38. 邱澎生、陳熙遠主編：《明清法律運作中的權力與文化》，廣西師範大學出版社 2017 年版。

39. 曲進賢主編；周郢等編撰：《泰山通鑒》，齊魯書社 2005 年版。

40. 瞿同祖：《清代地方政府》（第 3 版），范忠信、晏鋒譯，新星出版社 2022 年版。

41. 尚小明：《學人遊幕與清代學術》（增訂本），東方出版社 2018 年版。

42. 沈家本：《寄簃文存》，商務印書館 2015 年版。

43. 孫家紅：《散佚與重現：從薛允升遺稿看晚清律學》，社會科學文獻出版社 2020 年版。

44. 孫文範、馮士缽等著：《道光帝》，吉林文史出版社 1993 年版。

45. 唐賢興：《大國治理與公共政策變遷》，復旦大學出版社 2019 年版。

46. 陶道強：《明代監察御史巡按職責研究》，中國社會科學出版社 2017 年版。

47. 陶用舒：《陶澍師友錄》，嶽麓書社 2018 年版。

48. 王廣林編著：《秦安歷代縣令》，三秦出版社 2014 年版。

49. 王小紅：《巴蜀歷代文化名人辭典·古代卷》，四川人民出版社 2018 年版。

50. 王志強：《清代國家法：多元差異與集權統一》，社會科學文獻出版社 2017 年版。

51. 威海市地方史志編纂委員會編：《威海市志》第 4 卷，方志出版社 2017 年版。

52. 魏光奇：《有法與無法：清代的州縣制度及其運作》，商務印書館 2010 年版。

53. 吳吉遠：《清代地方政府司法職能研究》，故宮出版社 2014 年版。

54. 吳士余：《吳士余自選集》，復旦大學出版社 2012 年版。

55. 蕭公權：《中國鄉村：19 世紀的帝國控制》，張皓、張昇譯，九州出版社 2017 年版。

56. 小橫香室主人撰：《清朝野史大觀》第 3 冊，中央編譯出版社 2009 年版。

57. 肖麗紅：《文本、訟爭與區域司法實踐》，廈門大學出版社 2020 年版。

58. 徐朝陽：《中國訴訟法溯源》，商務印書館 1933 年版，第 66 頁。

59. 徐忠明：《眾聲喧嘩：明清法律文化的複調敘事》，商務印書館 2021 年版。

60. 楊端六編著：《清代貨幣金融史稿》，武漢大學出版社 2007 年版。

61. 楊杭軍：《走向近代化：清嘉道咸時期中國社會走向》，中州古籍出版社 2001 年版。

62. 楊茂林、張文廣：《山西古代廉吏》，山西人民出版社 2015 年版。

63. 殷嘯虎：《公堂內外：明清訟師與州縣衙門》，上海交通大學出版社 2019 年版。

64. 尤陳俊：《聚訟紛紜：清代的「健訟之風」話語及其表達性現實》，北京大學出版社 2022 年版。

65. 張國驥：《清嘉慶道光時期政治危機研究》，嶽麓書社 2012 年版。

66. 張晉藩：《中國法制文明的演進》，中國政法大學出版社 1999 年版。

67. 張晉藩主編：《清朝法制史》，法律出版社 1994 年版。

68. 張晉藩主編：《中國古代司法文明史》，人民出版社 2019 年版。

69. 張明林編著：《內憂外患：清宣宗道光》，西苑出版社 2011 年版。

70. 張仁善：《禮·法·社會：清代法律轉型與社會變遷》（修訂版），商務印書館 2013 年版。

71. 張世明：《法律、資源與時空建構：1644～1945 年的中國》第 4 卷《司法場域》，廣東人民出版社 2012 年版。

72. 張維驤編纂：《清代毗陵名人小傳》，常州旅滬同鄉會 1944 年版。

73. 張偉仁輯著：《清代法制研究》，中央研究院歷史語言研究所 1983 年版。

74. 張小也：《官、民與法：明清國家與基層社會》，中華書局 2007 年版。

75. 張豔麗：《嘉道時期的災荒與社會》，人民出版社 2008 年版。

76. 張中秋：《傳統中國法理觀》，法律出版社 2019 年版。

77. 章開沅、馬敏、朱英主編：《辛亥革命百年紀念文庫·辛亥革命前後的官紳商學》，華中師範大學出版社 2011 年版。

78. 趙應鐸主編：《漢語典故大辭典》，上海辭書出版社 2007 年版。

79. 鄭秦：《清代法律制度研究》，中國政法大學出版社 2000 年版。

80. 鄭秦：《清代司法審判制度研究》，湖南教育出版社 1988 年版。

81. 鄭小悠：《清代的案與刑》，山西人民出版社 2019 年版。

82. 鄭小悠：《人命關天：清代刑部的政務與官員（1644～1906）》，上海人民出版社 2022 年版。

83. 中國社會科學院語言研究所詞典編輯室編：《現代漢語詞典》（第 5 版），商務印書館 2005 年。

84. 中國政法大學法律史學研究院：《日本學者中國法論著選譯》，中國政法大學出版社 2012 年版。

85. 周保明：《清代地方吏役制度研究》，上海書店出版社 2009 年版。

86. 周蓓：《清代基層社會聚眾案件研究》，大象出版社 2013 年版。

87. Melissa Macauley, *Social power and legal culture: litigation masters in late imperial China*, Stanford University Press, 1998.

88. Ting Zhang, *Circulating the Code: Print Media and Legal Knowledge in Qing China*, University of Washington Press, 2020.

89. 〔德〕於爾根・奧斯特哈默：《中國與世界社會：從 18 世紀到 1949》，強朝暉譯，社會科學文獻出版社 2019 年版。

90. 〔法〕勒内・達維德：《當代主要法律體系》，漆竹生譯，上海譯文出版社 1984 年版。

91. 〔加〕卜正民：《明代的社會與國家》，陳時龍譯，黃山書社 2009 年版。

92. 〔美〕白彬菊：《君主與大臣：清中期的軍機處（1723～1820）》，董建中譯，中國人民大學出版社 2017 年版。

93. 〔美〕白德瑞：《爪牙：清代縣衙的書吏與差役》，尤陳俊、賴駿楠譯，廣西師範大學出版社 2021 年版。

94. 〔美〕費正清、賴肖爾：《中國：傳統與變革》，陳仲丹等譯，江蘇人民出版社 1992 年版。

95. 〔美〕李懷印：《華北村治》，歲有生、王士皓譯，中華書局 2008 年版。

96. 〔美〕梅利莎・麥柯麗：《社會權力與法律文化：中華帝國晚期的訟師》，明輝譯，北京大學出版社 2012 年版。

97. 〔美〕明恩溥：《中國鄉村生活》，陳午晴、唐軍譯，中華書局 2006 年版。

98. 〔日〕夫馬進編:《中國訴訟社會史研究》,范愉、趙晶等譯,浙江大學出版社 2019 年版。

99. 〔日〕仁井田陞:《唐令拾遺》,栗勁等編譯,長春出版社 1989 年版。

100. 〔日〕寺田浩明:《權利與冤抑——寺田浩明中國法史論集》,王亞新等譯,清華大學出版社 2012 年版。

101. 滋賀秀三:《清代中國的法與審判》,熊遠報譯,江蘇人民出版社 2023 年版。

102. 〔日〕織田萬撰:《清國行政法》,李秀清、王沛點校,中國政法大學出版社 2003 年版。

四、論文類

(一) 期刊、集刊、論文集析出文獻類

1. 阿風:《清朝的京控——以嘉慶朝為中心》,載《中國社會歷史評論》2014 年。

2. 曹培:《清代州縣民事訴訟初探》,載《中國法學》1984 年第 2 期。

3. 崔岷:《求民隱於京控的中挫:「廣興案」與嘉慶帝的吏治重估》,載《學術研究》2020 年第 9 期。

4. 崔岷:《山東京控「繁興」與嘉慶帝的應對策略》,載《史學月刊》2008 年第 1 期。

5. 戴建國:《宋〈天聖令〉「因其舊文,參以新制定之」再探》,載包偉民、曹家齊主編:《宋史研究論文集 2016》,中山大學出版社 2018 年版。

6. 鄧建鵬:《詞訟與案件:清代的訴訟分類及其實踐》,載《法學家》2012 年第 5 期。

7. 鄧建鵬:《清朝〈狀式條例〉研究》,載《清史研究》2010 年第 3 期。

8. 鄧建鵬:《清代「依法裁決」問題的再研究》,載《四川大學學報(哲學社會科學版)》2021 年第 2 期。

9. 鄧建鵬:《清代健訟社會與民事證據規則》,載《中外法學》2006 年第 5 期。

10. 鄧建鵬:《清代訟師的官方規制》,載《法商研究》2005 年第 3 期。

11. 鄧建鵬:《清代州縣詞訟積案與上級的監督》,載《法學研究》2019 年第 5 期。

12. 鄧建鵬:《清代州縣訟案的裁判方式研究——以「黃巖訴訟檔案」為考查對象》,載《江蘇社會科學》2007 年第 3 期。

13. 鄧建鵬:《清代州縣訟案和基層的司法運作——以黃巖訴訟檔案為研究中心》,載《法治研究》2007 年第 5 期。

14. 鄧建鵬:《清代循吏司法與地方司法實踐的常態》,載《文史》2022 年第 3 期。

15. 董康:《前清法制概要:在本校第七屆畢業典禮之演說詞》,載《法學季刊》1924 年第 2 卷第 2 期。

16. 范愉:《訴訟社會與無訟社會的辨析和啟示——糾紛解決機制中的國家與社會》,載《法學家》2013 年第 1 期。

17. 馮永明、常冰霞:《制度、資源與法律——嘉慶年間的控案繁多與應對之道》,載《聊城大學學報(社會科學版)》2011 年第 6 期。

18. 鞏富文:《中國古代法官淹禁不決的責任制度》,載《西北大學學報(哲學社會科學版)》1992 年第 1 期。

19. 谷佳慧:《「限期斷獄」的中國命運:清代以來審限制度的變革與重述》,載《河北法學》2020 年第 5 期。

20. 顧元、李元:《無訟的價值理想與和諧的現實追求——中國傳統司法基本特質的再認識》,載《中國人民公安大學學報(社會科學版)》2008 年第 1 期。

21. 顧元:《名分攸關與夾簽聲請——清代服制命案中的嚴格責任與衡平裁斷》,載《法制史研究》2019 年第 31 期。

22. 海丹:《「纏訟」與「清訟」——清代後期地方官的上控審判與承審考核(上)》,載《法律史評論》2018 年第 11 卷。

23. 韓秀桃:《〈教民榜文〉所見明初基層里老人理訟制度》,載《法學研究》2000 年第 3 期。

24. 侯欣一:《清代江南地區民間的健訟問題——以地方志為中心的考察》,載《法學研究》2006 年第 4 期。

25. 胡謙:《「抑訟」觀念與清代州縣民事訴訟規則》,載《求索》2008 年第 4 期。

26. 李德楠:《水患與良田:嘉道間系列盜決黃河堤防案的考察》,載《蘇州大學學報(哲學社會科學版)》2020 年第 2 期。

27. 李典蓉:《編戶下的回民:以清朝杜文秀京控案為例》,載《清史研究》2007 年第 2 期。

28. 李棟:《超越「依法裁判」的清代司法》,載《中國法學》2021 年第 4 期。

29. 李棟:《訟師在明清時期的評價及解析》,載《中國法學》2013 年第 2 期。

30. 李貴連、胡震:《清代發審局研究》,載《比較法研究》2006 年第 4 期。

31. 李文海:《清代積案之弊》,載《中國黨政幹部論壇》2009 年第 8 期。

32. 李自然:《中國厭訟傳統再認識》,載《廣西大學學報(哲學社會科學版)》2015 年第 4 期。

33. 林乾、陳麗:《法律視域下的清代疫災奏報與防治》,載《西南大學學報(社會科學版)》2020 年第 3 期。

34. 林乾:《從葉塘包訟案看訟師的活動方式及特點》,載《北大法律評論》2009 年第 1 期。

35. 林乾:《丁日昌撫吳期間的司法變革》,載趙曉華主編:《近代法律與社會轉型》,經濟科學出版社 2014 年版。

36. 林乾:《清朝法律的重構與國家治理效能的強化》,載《政法論壇》2022 年第 2 期。

37. 林乾:《清代聚眾行為的法律控制——以訟師莊午可聚眾抗法案為核心》,載《法制史研究》2007 年第 12 期。

38. 林乾:《清代乾隆時期群體性事件的法律控制及其效果考察》,載《國家行政學院學報》2018 年第 6 期。

39. 林乾:《訟師對法秩序的衝擊與清朝嚴治訟師立法》,載《清史研究》2005 年第 3 期。

40. 林乾:《新喻漕案與包世臣罷官——探究文獻背後的真相》,載徐世虹主編:《中國古代法律文獻研究》第九輯,社會科學出版社 2015 年版。

41. 林乾:《刑部郎中成「訟棍」——嘉、道嚴懲「訟師」的擴張解釋》,載《南京大學法律評論》2015 年第 2 期。

42. 林乾:《一個訟師家庭的兩代上訴史》,載徐世虹主編:《中國古代法律文獻研究》第八輯,社會科學文獻出版社 2014 年版。

43. 劉鳳雲:《養廉銀無以養廉——以乾嘉時期攤捐官員養廉銀為中心的考察》,載《史學月刊》2020 年第 11 期。

44. 劉太祥：《簡牘所見秦漢行政法的基本特點》，載《南都論壇》2016 年第 4 期。

45. 劉占青：《一場搶劫引發的清代冤案》，載《文史天地》2016 年第 9 期。

46. 劉之楊：《公正效率兩相衡：清代眾證規則的演變及其動因》，載《北京化工大學學報（社會科學版）》2020 年第 3 期。

47. 馬俊亞：《被妖魔化的群體——清中期江南基層社會中的「刁生劣監」》，載《清華大學學報（哲學社會科學版）》2013 年第 6 期。

48. 孟燁：《清代前期刑事政策轉變之探析——以侵犯財產罪為中心》，載《學術探索》2021 年第 4 期。

49. 邱澎生：《十八世紀清政府修訂〈教唆詞訟〉律例下的查拿訟師事件》，載《中央研究院歷史語言研究所集刊》2008 年第 4 期。

50. 全漢昇、王業鍵：《清代的人口變動》，載《中研院歷史語言研究所集刊論文類編》（歷史編·明清卷二），中華書局 2009 年版。

51. 沈勝群：《嘉道時期漕運旗丁呈控案述論》，載《歷史檔案》2018 年第 4 期。

52. 石怡、羅東陽：《昂貴的京控：嘉慶朝徐姓自戕案分析》，載《西南大學學報（社會科學版）》2015 年第 4 期。

53. 蘇亦工：《公正及公益的動力——從〈未能信錄〉看儒家思想對清代地方官行使公共職能的影響》，載《法制史研究》2006 年第 10 期。

54. 汪雄濤：《清代司法的中層影像：一個官員的知府與臬司經歷》，載《政法論壇》2014 年第 6 期。

55. 王晨光：《治權視域下禮法的結構性危機》，載《華中科技大學學報（社會科學版）》2019 年第 4 期。

56. 王川、嚴丹：《清代檔案史料的「虛構」問題研究——以〈巴縣檔案〉命案為中心》，載《史學集刊》2021 年第 6 期。

57. 王捷：《舊題新證：先秦「獄」「訟」的法律語用演變——以出土法律文獻為視角》，載《北方法學》2013 年第 4 期。

58. 王日根、徐婧宜：《晚清政權強化公權力進程中的清障努力——對文獻中「惡劣紳衿」三種表達類型的考釋》，載《江西社會科學》2017 年第 3 期。

59. 王志強：《論清代條例中的地區性特別法》，載《復旦學報（社會科學版）》2000 年第 2 期。

60. 魏淑民:《清代地方審級劃分的再思考——乾隆朝行政實踐下的動態變通性和相對穩定性》,載《清史研究》2009 年第 4 期。

61. 魏淑民:《清代司法實踐中督撫和按察使的差異化行為特徵》,載《中州學刊》2015 年第 6 期。

62. 吳煥良:《嘉慶朝山東泰安徐文誥宅劫案檔案》,載《歷史檔案》2017 年第 2 期。

63. 吳善中:《清初移民四川與啯嚕的產生和蔓延》,載《清史研究》2011 年第 1 期。

64. 肖麗紅:《清中後期福建訴訟處理的困境及其成因》,載《閩臺文化研究》2020 年第 1 期。

65. 謝紅星:《「典例法律體系」形成之前夜:元代「棄律用格例」及其法律史地位》,載《江西社會科學》2020 第 3 期。

66. 徐世虹:《漢代民事訴訟程序考述》,載《政法論壇》2001 年第 6 期。

67. 徐忠明、杜金:《清代司法官員知識結構的考察》,載《華東政法學院學報》2006 年第 5 期。

68. 徐忠明、杜金:《清代訴訟風氣的實證分析與文化解釋——以地方志為中心的考察》,載《清華法學》2007 年第 1 期。

69. 徐忠明:《傳統中國民眾的伸冤意識:人物與途徑》,載《學術研究》2004 年第 12 期。

70. 徐忠明:《從〈詩經·甘棠〉事志考釋到送法下鄉》,載《政法論壇》2011 年第 3 期。

71. 徐忠明:《明清訴訟:官方的態度與民間的策略》,載《社會科學論壇》2004 年第 10 期。

72. 徐忠明:《內結與外結:清代司法場域的權力遊戲》,載《政法論壇》2014 年第 1 期。

73. 徐忠明:《清代司法的理念、制度與冤獄成因》,載《中國法律評論》2015 年第 2 期。

74. 徐忠明:《中國法律史研究的可能前景:超越西方,回歸本土?》,載《政法論壇》2006 年第 1 期。

75. 晏愛紅:《「歸安悍氣」:以陸名揚案為中心的解讀》,載《中國高校社會科學》2016 年第 3 期。

76. 晏愛紅：《肅吏治而恤民生——清嘉慶道光年間平反冤案述論》，載《學習與探索》2021 年第 4 期。

77. 閆曉君：《秦漢行書律與帝國行政運作》，載《四川大學學報（哲學社會科學版）》2022 年第 2 期。

78. 姚志偉：《十告九誣：清代誣告盛行之原因剖析》，載《北方法學》2014 年第 1 期。

79. 尤陳俊：《「案多人少」的應對之道：清代、民國與當代的比較研究》，載《法商研究》2013 年第 3 期。

80. 尤陳俊：《「訟師惡報」話語模式的力量及其複合功能》，載《學術月刊》2019 年第 3 期。

81. 尤陳俊：《「厭訟」幻象之下的「健訟」實相？重思明清中國的訴訟與社會》，載《中外法學》2012 年第 4 期。

82. 尤陳俊：《清代簡約型司法體制下的「健訟」問題研究——從財政制約的角度切入》，載《法商研究》2012 年第 2 期。

83. 尤陳俊：《清代訟師貪利形象的多重建構》，載《法學研究》2015 年第 5 期。

84. 尤韶華：《淹禁考》，載楊一凡主編《中國法制史考證》甲編第 6 冊《明代法制考》，中國社會科學出版社 2002 年版，第 284～291 頁。

85. 俞江：《明清州縣細故案件審理的法律史重構》，載《歷史研究》2014 年第 2 期。

86. 張晟欽：《清代狀詞文書格式要素及其成因分析——以清代官箴書為中心》，載《檔案學通訊》2019 年第 3 期。

87. 張國驥：《清嘉道時期的吏治危機》，載《湖南師範大學社會科學學報》2004 年第 2 期。

88. 張世明、馮永明：《「包世臣正義」的成本：晚清發審局的法律經濟學考察》，載《清史研究》2009 年第 4 期。

89. 張世明：《清代班房考釋》，載《清史研究》2006 年第 3 期。

90. 張筱梅：《嘉道時期國家權力與社會秩序的重整——以道光七年南匯京控案為主》，載《史匯》2019 年第 22 期。

91. 趙克生：《明代「淹禁」述論》，載《中國史研究》2013 年第 2 期。

92. 趙思淵：《從「包漕」到「告漕」——道光初年「漕弊」整頓進程中蘇松士紳力量的演化》，載《清史研究》2011 年第 3 期。

93. 趙曉耕、沈瑋瑋：《健訟與懼訟：清代州縣司法的一個悖論解釋》，載《江蘇大學學報（社會科學版）》2011 年第 6 期。

94. 趙曉華、周韜：《京控與晚清政治危機》，載《北京電子科技學院學報》2004 年第 1 期。

95. 趙曉華：《清代的因災恤刑制度》，載《學術研究》2006 年第 10 期。

96. 趙曉華：《晚清的積案問題》，載《清史研究》2000 年第 1 期。

97. 鄭鵬：《「輕罪過」與「重罪過」：元代的訴訟分類與司法秩序》，載《江西社會科學》2019 年第 1 期。

98. 鄭秦：《皇權與清代司法》，載《中國法學》1988 年第 4 期。

99. 鄭秦：《清代地方司法管轄制度考析》，載《法律科學（西北政法學院學報）》1987 年第 1 期。

100. 鄭小悠：《同級集權與縱向監督：清代法制體系的設計、權變與評價》，載《天府新論》2015 年第 1 期。

101. 鄭振滿：《清代福建地方財政與政府職能的演變——〈福建省例〉研究》，載《清史研究》2002 年第 2 期。

102. 周蓓：《清代社會控制機制的立法考察——以基層社會聚眾案件為中心》，載《中州學刊》2013 年第 8 期。

103. 朱誠如、張力：《嘉慶朝整頓錢糧虧空述論》，載朱誠如、王天有主編：《明清論叢》第 2 輯，紫禁城出版社 2001 年版。

104. 朱滸、黃興濤：《清嘉道時期的環境惡化及其影響》，載《中國高校社會科學》2016 年第 5 期。

105. 朱騰：《「律令法」說之再思：以秦漢律令為視點》，載《法律科學（西北政法大學學報）》2022 年第 3 期。

106. 〔韓〕한승현.청대 건륭-가경연간 미결 소송 적체 현상과 그 대책.한국학 (구 정신문화연구)，37 (1).

107. 〔美〕羅威廉：《乾嘉變革在清史上的重要性》，師江然譯，載《清史研究》2012 年第 3 期。

108. 〔美〕歐中坦：《千方百計上京城：清朝的京控》，謝鵬程譯，載高道蘊等編：《美國學者論中國法律傳統》，中國政法大學出版社 1994 年版。

109. 〔美〕蘇成捷：《清代縣衙的賣妻案件審判：以 272 件巴縣、南部與寶坻縣案子為例證》，載邱澎生、陳熙遠主編：《明清法律運作中的權力與文

化》，廣西師範大學出版社 2017 年版。

110. 〔日〕夫馬進：《訟師秘本〈珥筆肯綮〉所見的訟師實像》，載邱澎生、陳熙遠主編：《明清法律運作中的權力與文化》，廣西師範大學出版社 2017 年版。

111. 〔日〕夫馬進：《訟師秘本的世界》，李力譯，載《北大法律評論》2010 年第 1 期。

112. 〔日〕鈴木秀光：《論清代嘉慶、道光時期的盜案裁判》，李冰逆譯，載《法律史評論》2018 年第 11 卷。

113. 〔日〕鈴木秀光：《「獄成」之現場——清代後期刑事審判上的認罪口供和眾證》，載《法制史研究》2009 年第 16 期。

114. 〔日〕鈴木秀光：《書評：太田出著〈「自新所」の誕生——清中期江南デルタの拘禁施設と地域秩序〉》，載《法制史研究》2004 年 53 號。

115. 〔日〕太田出：《「自新所」の誕生——清中期江南デルタの拘禁施設と地域秩序》，載《史學雜誌》2002 年 111 編 4 號。

116. Huiying Chen, *Dangers on the Road: Travelers, Laoguazei, and the State in Eighteenth-Century North China*, Late Imperial China, Volume 40, Number 1, June 2019.

117. Philip A. Kuhn, *Toward the Nineteenth Century,* Late Imperial China, Volume 29, Number 1 Supplement, June 2008.

118. William T. Rowe, *Introductio:The Significance of the Qianlong-Jiaqing Transition in Qing History,* Late Imperial China, Volume32, Number 2 Supplement, December 2011.

119. Zhiwu Chen, Kaixiang Peng, Lijun Zhu, *Social-economic change and its impaction violence:Homicide history of Qing China,* Explorations in Economic History, 2017, 63（JAN.）：8~25.

（二）學位論文類

1. 龔汝富：《明清訟學研究》，華東政法大學 2005 年博士學位論文。

2. 胡謙：《清代民事糾紛的民間調處研究》，中國政法大學 2007 年博士學位論文。

3. 胡震：《晚清京控案件研究——以〈光緒朝朱批奏摺〉為中心》，北京大學 2006 年博士學位論文。

4. 黃丹：《清嘉道時期刑事法律制度的主要變化（1796～1850）》，中國政法大學 2018 年博士論文。

5. 劉琦：《清道光二年械鬥定例研究》，上海師範大學 2020 年碩士學位論文。

6. 劉洋洋：《清代委審研究》，河南大學 2016 年碩士學位論文。

7. 邱濱澤：《宋代司法淹滯的成因與治理》，吉林大學 2022 年博士學位論文。

8. 任瑩：《清代嘉慶時期基層司法實踐探析》，西南政法大學 2014 年碩士學位論文。

9. 石怡：《清代京控中的國家與社會研究》，東北師範大學 2016 年博士學位論文。

10. 王巧敏：《清代訟師的法律作用研究》，安徽大學 2013 年碩士學位論文。

11. 許穎：《清代文官行政處分程序研究》，南開大學 2011 年博士學位論文。

12. 楊春君：《欽差與清代政治變遷（1644～1850）》，南開大學 2014 年博士學位論文。

13. 楊練：《明代基層社會治安治理法制研究》，中國政法大學 2021 年博士學位論文。

14. 於曉青：《清代刑訊制度考辨》，華東政法大學 2008 年博士學位論文。

15. 張可：《清代審級制度研究》，中國政法大學 2011 年博士學位論文。

16. 〔日〕木下慎梧：《清代中國における訴訟係屬手続——地方での事例と官僚の認識を中心として》，京都大學 2021 年博士學位論文。

附錄　清代中央檔案所見嘉道時期積案的地域分布〔註1〕

地　域	奏報時間	奏報內容
直隸（共7份）	嘉慶十二年五月二十七日	查前督臣任內奉旨特交之件，未結者48起。臣本衙門自理詞訟舊案未結者 57 起。又查得藩司衙門自理詞訟未結者294起；臬司衙門自理詞訟未結者231起。
	嘉慶十九年五月二十九日	直省未結內控案32起，今已完結9起，業經咨覆，尚有審轉，因情節未符，駁飭覆審而未詳覆者十餘起。自二月二十四日到任至今，審題命盜案件及奏結控告邪教等案已 113 起。其間擬軍流咨部之案，尚不在內。
	嘉慶十九年七月初十日	竊照直隸省內控案件未結 32 起，五月分審結9起，實計未結23起，六月分催經審結 3 起，實計未結尚有 20 起。
	嘉慶十九年八月初五日	五、六兩月已結 12 起，尚未結 20 起。七月分又結 5 起，實計未結尚有 15 起。六七兩月，審明題奏地方命盜案及教案，共計 75 起，其間擬軍流咨部之案，尚不在內。
	嘉慶十九年九月初七日	直隸省內控未結案件 32 起，五、六、七三個月內已結 17 起，尚未結 15 起，八月分又結 3 起。實計未結僅止 12 起。至本省命盜各案，除問擬軍流咨部不計外，八月內計審題命盜案 32 起。
	嘉慶十九年	於二月二十四日到任接准移交，督同兩司勒限飭催，據前任保定府孫憲緒、署任保定府李蕃共審結 10 起。茲新任保定府盛泰於三月初八日到任後，趕緊審辦，已結內控案件並本省命盜各案共 70 起，不日均可完結。

〔註1〕 本表據中國第一歷史檔案館和臺灣故宮博物院館藏清代奏摺整理，當宮中檔和軍機處檔案重複時，選錄其一，特此說明。

	嘉慶二十三年十一月十二日	直隸省交代未結舊案共 536 案，內除登覆已結者 80 餘案外，尚有臣部駁飭不准免造款冊者 50 餘案。又有該督登覆經臣部駁查者 100 餘案，並有未據登覆者二百數十案，共計未結舊案 400 餘案。
山東（共21份）	嘉慶八年三月十二日	至控告未結之案，多至數千件。
	嘉慶十三年正月二十日	前奉特交應行審奏之案未結共 6 起，又欽奉諭旨敕交審辦 1 起，已審結具奏 6 起。咨交之案又陸續辦結 20 餘起。並飭查各屬奉批及委員分別幫同審理詞訟，據兩司彙報，自上年十月至十二月止，續又審結 700 餘案，而藩臬兩司提審案件又審結 30 起。
	嘉慶十七年六月十五日	自上年五月到任，接收前撫臣吉綸移交京控未結應奏者，共 28 案，奴才本任業交審辦者 20 案，迄今已陸續奏結 22 案。又接收前任並奴才本任奉部駁下以及京控咨交之案共 238 案，現已題咨完結 129 案。而審訊未結應奏者尚有 26 案，應咨者尚有 109 案。
	嘉慶十九年九月十七日	臣自到任以來，已審結共計 7 案，分別奏咨完結。其餘各案並奏咨新案，應循例移交撫臣陳預審辦。
	嘉慶二十二年十一月初一日	此次赴省東一帶校閱營伍，經過各州縣，每處投遞呈詞自一二起至二三十起不等，較之前歲閱伍時已少十分之四。臣察看各府中，如濟南府知府錢俊、曹州府知府吳堦能督率所屬認真清理，按季冊報。青州府知府嵩岫到任未久，審結案件已百數十起。至京控案件，臣於十九年九月抵任，計三年以來已審結京控奏咨新舊案 330 餘起，現在檢查檔冊，又有陸續接准奏交、咨交京控各案 60 餘起。
	嘉慶二十三年七月十四日	濱州未結積案有 110 餘起。
	嘉慶二十三年十二月	再各屬審詳積案現查全數完結者共有 37 州縣。並查歷城縣知縣戴屺掃數完結所有巡撫衙門及藩臬兩司批發積案共 560 餘起。
	嘉慶二十三年四月	臣自二月十五日抵任，迄今未滿兩月，接收呈詞已至 400 餘件，若照現收呈詞核計，一年不下 3000 件；檢查歷任未結之案，尚有 4000 餘起，計其年月，自二三年至七八年不等。積壓之多，尤屬罕見。
	嘉慶二十三年	茲查自奴才於本年五月間奏明勒限清釐積案以來，除積案本屬無多，州縣早經完結不計外。其詞訟最繁之處，已依限審結積案 360 餘起及百數十起不等。詞訟極簡之處亦審結積案三四十起不等，約計奏明定限以內積案可期清理。
	嘉慶二十三年	再山東積案繁多，甲於他省。臣於本年四月內查明具奏已有 4080 起，續又查出積案 2030 餘起。本年以來，臬司衙門積案共訊結 5400 餘起，其未結 600 餘起。

嘉慶二十四年 正月初二日	統計歷前司任內批發各屬審辦，未據詳結之案共有 3,640 起，連前共已結積案 1,976 起，未結尚有 1,664 起。據稱前報積案 3600 餘起，實均係接收歷前司任內移交之案，至該司任內批發新案均未列入此數內。
嘉慶二十四年 四月初二日	臣於上年四月間查明臣衙門積案共有 6100 餘起。計至上年歲，屆已訊結 5400 餘起，本年截至二月二十日，又審結 640 餘起。
嘉慶二十四年 七月二十日	統計未結新舊京控各案共 36 起。今自六月初一日起至月底止，4 案均經審明定擬，尚有未結京控案 32 起。
嘉慶二十四年 九月二十三日	據本年三月間溫承惠奏明前此歷任臬司積案尚剩 76 起，數月來照舊未結。又溫承惠本任內由撫臣分交審訊京控案積存 41 起，各屬招解命盜案積存 165 起，提審及批發案積存 800 起，共計積案 1082 起。
嘉慶二十五年 四月初三日	查東省詞訟煩多，甲於他省，京控案件一月之內輒至數起。臣署篆以來，檢查卷牘，每月巡撫兩司分審京控各案奏咨完結者，不下十數起，而訐告仍未少息。
嘉慶二十五年 四月十一日	查前督臣任內奉旨特交之件，未結者 48 起。臣本衙門自理詞訟舊案未結者 57 起。又查得藩司衙門自理詞訟未結者 294 起；臬司衙門自理詞訟未結者 231 起。
嘉慶二十五年 四月二十七日	伏查奴才衙門續奉分審京控各案，已將本年二月分審結京控案數奏明在案，計尚有未結京控案 28 起。今自三月初一日起至月底止，審結 4 案，尚有未結 24 起。
嘉慶二十五年 八月二十八日	臬司衙門向來積案統計 1082 起，現在辦結 813 起，尚剩 269 起。又歷任撫臣學臣劾參及民人京控奏交撫臣提審各積案，經撫臣錢臻於七月間設局審辦。查此內有州縣虧缺之案，應由藩司核明虧數再行審理外，其餘共計 33 起，現在隨同撫臣審結 25 起，尚剩 8 起。
嘉慶二十五年 九月初七日	伏查奴才衙門續奉分審各案已將本年六月分審結京控案數奏明在案，當下未結京控案 25 起。今自七月初一日起至月底止，又審結 4 案，當有未結 21 起。
嘉慶二十五年 十月十三日	溯查京控各案，自嘉慶五年首府衙門立有發審專局以來，陳陳相因，日積日夥，距今二十餘年，從無清釐之日。計省中新舊京控奏咨等案，開局時尚不下 80 餘起，其中有遷延八九年及五六年未能辦結者，險健愈甚斷結愈難。臣與該臬司等倍加奮勉，一切京控奏案及原發府局難辦之咨案，俱經提局審結，其餘咨案在府局者本已無多。臣與兩司趕緊分提審明，亦各經按月具奏。現在省中京控新舊各案皆掃數清釐，毫無存積。統計開釋無辜約 2000 餘人。
嘉慶二十五年 十月二十七日	再查本年六月間，臣因壽光、濟陽、昌邑三縣審理積案未能依限詳結，將各該縣請旨革去頂戴勒限趕緊清釐以觀後效。茲查壽光縣原有積案 18 起，現已詳結 17 起；濟陽縣原參積案 10 起，已詳結 9 起。

河南（共18份）	嘉慶十三年五月初七日	巡撫衙門未結 2 案，藩司衙門未結 180 案，臬司衙門未結 62 案，鹽道衙門未結 8 案，開歸陳許道衙門未結 4 案，河北道衙門未結 7 案，南汝光道衙門未結 11 案，河陝道衙門未結 4 案。
	嘉慶十四年十月初七日	臣於本年六月到任，查自清安泰於上年閏五月內，截數共有未結 278 起，具奏後，截至本年五月底止，巡撫司道各衙門共有新舊控案 920 起，陸續審詳，至九月底已結過 748 起，未結 172 起。
	嘉慶十六年十一月十九日	查兩司衙門奉批自理案件，自十四年前撫臣恩長具奏至今，藩司共已辦結 390 起，臬司共已辦結 252 起，現在藩司止有未結 29 起，臬司止有未結 31 起，其餘各道冊報未結事件僅止一二起及十餘起不等。前撫臣恩長移交未結都察院、步軍統領衙門暨刑部奏交、咨交案件共 5 起，現有未結 3 起。
	嘉慶十九年二月二十四日	兩司衙門奉批自理案件，自十六年十一月前撫臣長齡具奏至今，藩司有未結 38 起，臬司有未結 33 起，其餘各道冊造自四、五起至十餘起不等。
	嘉慶二十三年十一月二十二日	藩司衙門止有奉批未結 3 案；臬司衙門奉批及自理事件，共止未結 6 案；其餘各道未結詞訟自 4 案至 6 案不等。至巡撫衙門准前署撫臣吳璥移交未結都察院及步軍統領衙門奏交、咨交各件，計共 4 案。
	嘉慶二十四年六月十九日	本年三月二十二日任事，准調任浙江撫臣陳若霖移交未結，都察院、步軍統領衙門奏交、咨交各案，又巡撫衙門暨兩司各道，自理詞訟未結積案 90 起。任內續准都察院、步軍統領衙門奏交、咨交各案 5 起，內惟其中一案已將原告解交湖北撫臣提齊人卷審辦，其他案件均已奏咨完結，並無積壓之件。其准理詞訟亦俱隨時查辦，不任稍滋延累。
	道光元年二月二十八日	臣回省後逐加查核，計自到任至今，共審結京控奏交案 3 起，尚有未結 1 起。又京控都察院、步軍統領衙門咨交控案 16 起，尚有未結 6 起。
	道光三年十二月十二日	臣於上年八月抵任後，查明前任共未結咨案 9 起，計前任現無未結之案。所有臣任內准都察院並步軍統領衙門奏交、咨交各案共 53 起，現尚未結奏案 3 起，未結咨案 17 起。
	道光八年六月二十七日	於上年十月抵任後，查明前撫臣任內共未結咨交案 8 起，遵已陸續訊辦，先後咨結。計前任現無未結之案。所有臣任內奉到都察院衙門奏交 2 案，刑部、都察院、步軍統領等衙門咨交 7 案，計已奏結 2 案，咨結 4 案，下餘未結 3 案。至本省自理詞訟，臣與司道等衙門均易於稽核，節經督飭，隨時清理，尚無積壓。

道光十五年七月十五日	臣於上年十月抵任後，准前護撫臣栗毓美移交未結奏交案 1 起，咨交案 14 起，陸續訊辦，計已結奏交案 1 起，咨交案 13 起，下餘未結 1 起；所有臣任內奉到刑部、都察院、步軍統領等衙門奏交案 2 起，咨交案 16 起，下餘未結奏案 1 起，咨案 7 起。
道光十六年二月初六日	查豫省自道光十五年正月至閏六月底止，已結各案經臣查明具奏，並聲明當有未結舊案王馮氏 1 起，並新案范錫智等 7 起，嗣均已依限審結，內惟范錫智 1 起因奉部駁另行審辦，尚未咨結。茲自十五年七月至十二月底，續奉咨交京控案件 18 起，當有未結 14 起，俱係甫經咨交。道光十五年七月至十二月底，共已結舊案 7 起，新案 4 起，未結舊案 1 起，新案 14 起。
道光十六年七月二十二日	道光十六年正月至六月底止，共已結舊案 11 起，新案 8 起，未結舊案 4 起，新案 13 起。
道光十七年二月十三日	查豫省道光十六年正月至六月底，審結咨交舊案 11 起，新案 8 起，經臣查明具奏，其時尚有未結舊案 4 起，新案 13 起，迨後續准咨交康元等新案 11 起，統計新舊案共 28 起。茲自上年七月至年底止，陸續審結劉占元等舊案 14 起，康元等新案 3 起。所有道光十六年下半年審結案件及未結舊案 3 起，新案 8 起。
道光十八年正月二十八日	查豫省道光十七年正月至六月底止，審結咨交舊案 11 起，新案 3 起，經臣查明具奏。其時尚有未結舊案 13 起，迨後續准咨交王大文等新案 21 起，統計新舊案共 34 起。茲自上年七月至年底止，陸續審結苗宋氏等舊案 11 起，王大文等新案 7 起。所有道光十七年下半年審結案件及未結舊案 2 起，新案 14 起。
道光十八年七月二十九日	所有道光十八年上半年審結案件及未結新案 6 起。
道光十九年正月二十八日	查豫省道光十八年正月至六月底止，審結咨交舊案 16 起，新案 5 起，經臣查明具奏，其時尚有未結舊案 6 起，迨後續准咨交朱敷太等新案 12 起，統計新舊案共 18 起。茲自上年七月至年底止，陸續審結葛興善等舊案 5 起，朱敷太等新案 4 起。所有道光十八年下半年審結案件及未結舊案 1 起，新案 8 起。
道光二十年五月二十二日	臣於上年九月到任，截至十二月底止，前任移交京控奏交案 7 起，咨交案 21 起；本任奉到咨交案 11 起，內已奏結 5 起，咨結 30 起，又題結 1 起，共已結 36 起，尚有未結奏案 2 起，咨案 1 起。又自本年正月起至四月底止，奉到奏交案 3 起，咨交案 11 起。

	道光二十一年八月二十日	查豫省道光二十年七月至年底止，審結咨交舊案 8 起，新案 5 起，經臣查明具奏。其時尚有未結新案 3 起，迨後續准咨交新案 15 起，內王履正、祖繼彭京控 2 案解赴蘇省歸案審辦，應行開除外，統計新舊案 16 起。茲自道光二十一年正月至六月底止，審結李榮章等舊案 3 起，刁光建等新案 8 起，其餘未結 5 案。所有二十一年上半年審結案件及未結新案 5 起。
陝西（共7份）	嘉慶六年八月十八日	陝省漢中、興安兩府屬，自嘉慶元年起，截至五年十月底止，共有未經審轉命盜各案 150 餘起。
	嘉慶十五年七月二十五日	巡撫衙門批發詞訟案件未結者尚有 3 案；查明藩司衙門未結詞訟 11 案；臬司衙門未結詞訟 27 案。臣查陝省民風淳樸，上控之案較之四川、湖北、安徽等省不及十之二三，但查其具控月日今年亦係節次加多。
	道光十三年六月二十五日	陝省自本年正月以來並無京控咨交之案件事。
	道光十三年十二月十二日	陝省自本年七月以來，接准刑部及步軍統領各衙門咨交京控 2 案，業已審結。
	道光十六年七月初六日	茲查陝西省自本年正月以來，接准刑部、都察院、步軍統領各衙門咨交京控一切案件，均經審結，按限咨奏，只有大荔縣民王士元遣侄王鵬翼赴步軍統領衙門具控差役捏牽抗糧毆差等情一案，於二月接准咨交，當即提省委審，亦已訊結，現在詳辦，此外再無逾限未結及續准咨交之案。
	道光二十七年六月二十四日	查明本年一至六月止，並無逾限未結及續准咨交之案，各衙門咨交一切京控案件均經查明。
	道光朝	臣查陝省自本年正月以來，有鳳翔縣民王泳灘在都察院衙門具控鋪夥郭浩等串證奪業一案，又頜陽縣民吳喜同在步軍統領衙門具控吳世章毆斃伊堂兄吳喜法棄屍一案，又該縣民張文耿以劫財害命等情赴都察院具控一案，均於五月內甫經接准咨交到陝，現在分別提省審辦，並無逾限情事。又平利縣民張遠聲京控一案於六月間准到都察院知照原告尚未遞解前來。
山西（共2份）	嘉慶十二年十月二十日	自嘉慶元年起至上年十月止，各前撫臣任內批提審訊共 83 案，尚有未結 28 案。臣本任內自上年十月底起至今共批審批提 89 案，尚有未結 24 案。其藩臬兩司衙門自理案件，截至現在止，除已結外，計藩司未結 39 案；臬司未結 33 案；又附省之冀寧道歷任未結自理詞訟尚有 29 案；此外各道府直隸州准理詞訟未結者，計自四十餘案以至一二十案及數案不等，並有全數審辦完結，已無未結之件者。
	道光十五年十一月二十四日	臣到任以來，未及一月，而細察各處辦理事件，無不極形疲緩。各項批發案件，多半遷延日久，檢查舊卷竟有官歷數任，案經數年，尚未詳結。

西寧辦事大臣（1份）	嘉慶十二年十一月二十日	自八年起，現在所有監禁番蒙人犯6起。
福建（4份）	嘉慶十一年六月二十九日	福建省漳州、泉州二府未結積案頗多，及收閩民人呈詞竟有命盜案內人犯禁押十餘年或六七年未經審結者。
	嘉慶十二年五月十八日	巡撫衙門自嘉慶元年起至上年十二月止，未結詞訟積案2977件。數月以來，臣接收呈詞已有200餘件。
	嘉慶十五年正月初六日	前因清釐積案檢查各屬應開承緝疏防職名，多年尚未開參。嗣又陸續題咨數十案，經部核覆在案。茲經臣節次嚴催，據臬司廣玉查明趕辦，又已題咨200餘案，所餘只有數十案，不日可以辦竣。
	道光元年五月十三日	查閩省民情刁健，獄訟繁難，現在未經審轉積案正復不少。
浙江（1份）	嘉慶十三年閏五月十八日	計自嘉慶元年大赦之後起至上年歲底，於清安泰任內查有批發未結詞訟322案，已提審催結157案外，尚有未結165案。又藩司衙門批准未結86案；臬司衙門批准未結185案。
廣西（1份）	嘉慶十二年十二月十九日日	201起積案。〔註2〕
兩江總督衙門（共5份）	嘉慶十六年七月二十九日	到任後檢查前任督臣勒保任內准咨交審事件共計28案，先後據情咨部展限者，計有10案，核審咨結者4案，尚未逾例限者14案。
	嘉慶十七年六月二十九日	歷任督臣批發三省各屬未結積案計有1000餘件，履任後批發詞訟又有100餘件。現據各屬陸續詳結者已有150餘案，此外未結歷年積案1200餘件。
	嘉慶十八年七月十六日	先後接准咨案截至十八年五月底，統計未結8案。
	嘉慶二十五年八月初二日	江蘇、安徽藩臬各司先後查明開報前來，臣查陸續接准咨案，上次奏報截至嘉慶二十四年十二月底止，共未結17起，現經分別咨結者11起，截至二十五年六月底止，尚未結6起；又續准咨交者8起，共計14起。內甫經准咨發委審辦者，均未逾限。
	嘉慶朝	臣欽奉恩命調任兩江，檢查檔案歷任督臣批發三省各屬未結詞訟積案，計有1393件。

〔註2〕 Melissa Macauley, *Social power and legal culture: litigation masters in late imperial China*, Stanford University Press, 1998, p.67。

江西（共8份）	嘉慶九年七月初五日	臣於上年到任後檢查積案共有 600 餘起，現已審結 300 餘起，其餘未結各案多在嘉慶元年大赦以前之事，並有辦案數十年未結者，其中官更吏換，人證逃亡，無可究竟，徒繁案牘，若不分別清釐嚴行整頓，力挽頹風，竊恐塵案甫清，新案又積。
	嘉慶十一年八月十九日	卷查積案由巡撫衙門發審者共有 640 餘件未經審結。
	嘉慶十二年正月二十二日	臣到任後，放告收狀，每期約三四十紙不等，大半俱係舊案。巡撫衙門未結詞訟 695 起。藩司冊報自理詞訟未結 268 起，臬司冊報自理詞訟未結 582 起。鹽、糧各巡道冊報自理詞訟未結 65 起，除府廳州縣尚未冊報到外，共計未結詞訟已有 1610 起。內有懸宕十餘年之久，尚未結案者。
	嘉慶十二年正月二十二日	學政衙門前任批查批審之案，各州縣延久未結者不下數百起，且有遲至十餘年尚未審結者。
	嘉慶十二年三月二十七日	前報臬司衙門未結詞訟 582 件，除現據詳結外，實在未結 561 案。
	嘉慶十五年十二月初四日	前經奏明，接收未結新舊積案 452 件，已據詳結 399 件，尚有未完 53 件。又奴才任內，自上年三月起至本年十一月止，共計新准詞訟 332 件，已催據各屬審結 156 件，尚未完結 176 件，統計前後任新舊案共 784 件，內現在已結 555 件，未結 229 件。
	嘉慶十七年八月	年餘以來，前奏未結 229 件，已催據陸續詳結 200 件，尚有未完 29 件。又自奏後，至今准理詞訟 469 件，已催據各屬審結 303 案，尚有未結 166 件，統計新舊案共 698 件，業已辦結 503 件，尚有未結 195 件。
	嘉慶十九年九月二十九日	查前撫臣先福奏明未結詞訟 107 案，又護撫臣袁秉直任內新准詞訟 2 案，計接交前任詞訟 109 案。臣到任後，共提審催結過 13 案，未結詞訟 96 案。
安徽（共4份）	嘉慶十二年六月十五日	查得巡撫衙門親提及批行兩司首府提審之案尚有 138 起，藩司衙門親提及批府州提審之案 196 起；臬司衙門 129 起。
	嘉慶十二年十二月十二日	巡撫衙門親提及批發兩司首府提審者共 138 起，藩臬兩司衙門親提及批行知府直隸州提審者共 325 起，其批令各州縣審理者每處自十數起至數十起不等，業經護撫臣鄂雲布奏明在案。此外尚有前撫臣初彭齡內准理未結新案 392 起，兩司衙門新案 57 起，內除巡撫衙門新舊案件陸續審結 124 起，藩臬兩司衙門審結 60 起。
	嘉慶十五年七月十七日	安省奉旨交審之案新舊共 6 案。
	嘉慶二十二年七月二十六日	自上年十二月具奏後，計今已屆半年之限，統計完結奏咨案件共 10 起。此外尚有都察院奏交和刑部咨交各 1 案。

江蘇（共6份）	嘉慶十二年六月二十二日	到任後，批結准銷者，共226案。現又詳細飭查，自嘉慶元年起至現今止，除已結外，江寧藩司經歷任督撫批提審訊之案共未結14案，自理未結6案；蘇州藩司經歷任督撫批提審訊之案，共未結33案，自理未結5案；臬司經歷任督撫批提審訊之案共未結44案，並無自理未結之案。其轉飭府州審辦之案，自二百餘案至十餘案不等。
	嘉慶十五年七月二十九日	截至七月底止，據各屬詳結之案共計473件，尚有歷任撫臣及臣蒞任以來批交江寧藩司親提者9起，江蘇藩司23起，臬司12起，並轉飭各府州審辦自十餘起至200餘起不等。
	嘉慶十七年十一月二十二日	數月以來，據各屬審詳批結之案，共計已有200餘起，尚有歷任撫臣暨臣蒞任後批發藩臬道府查辦以及轉飭州縣提審未結者，計每府州所屬自十餘起至一二百起不等。
	嘉慶十九年十一月二十八日	咨交控案未結10案，其中逾限共計有6案。
	嘉慶二十年十二月二十九日	茲屆下半年京控彙參之期，除已審明各案業經陸續咨部外，現在咨交未結當有9案。
	嘉慶二十三年六月二十一日	茲查江蘇省京控咨交案件，截至上年、下半年彙參，止計有逾限未結者3案，續准咨交委審者10案，經督臣孫玉庭於兼署撫篆時，查明提解逾限各員，開單參奏在案。臣於本年二月初回任後查卷，諄切嚴催勒提勘辦，截至五月底止，業經陸續審明咨部完結者共12案，尚有未完1案。此外，有2案均係甫經咨交，現在行提委審。
湖北（共6份）	嘉慶十二年八月二十五日	查特交事件及臣等據控親提之案，俱係隨審隨結，現在並無積壓。其司道衙門歷任各員，奉發及自理事件未結者，或自一二案至七八案止；或自二三案至一十八案止，為數無多。
	嘉慶十五年九月二十五日	臣到任後批准民詞共3652案，現在已據詳結詳銷者，共3401案，未結者共251案。
	嘉慶二十四年五月二十五日	巴東縣知縣趙栻名下有上控積案30餘起。
	嘉慶二十四年十一月二十四日	巴東縣革職留任知縣趙栻，前經督撫司道各衙門批發控案共34起，內批府提審者21起，飭縣審辦者13起。該縣已於一月限內全部完竣。
	道光九年十二月十七日	茲據藩臬兩司詳稱，查候補知縣唐樹義自上年五月至今，總計幫同審結委審京控、提審、駁審、奏咨要案90餘起，通省積案1400餘起，是一年有餘，屢著勤勞，自應從優獎勵。
	道光十二年十二月二十日	臣當即細加查核，該令阮克峻自道光十年三月到襄陽縣任起，至十一年十月底止共審結本任自理詞訟405起，命盜奸拐等案96起。該令承審前任內外結命盜奸拐竊雜及上控委審等案230起，自理詞訟180起，多有查銷、詳銷及解赴別處審辦。並該縣接審已違例限，業於本案附參，求其實在審明辦結，不逾例限者，不過十之五六。其各前縣遲積之

		案，現俱查明自嘉慶二十四年起至道光十年止，前縣關維紀任內未結案 2 起；竇欲峻任內未結案 3 起；鄭縷任內未結案 1 起；馬宏圖任內未結案 11 起；蔣祖暄任內未結案 14 起；林士煐任內未結案 170 起；周鳴鑾任內未結案 35 起；李會庚任內未結案 174 起。其李會庚一員即係阮克峻緊接前任，該員未結自理詞訟僅止 24 起。
湖南（共 10 份）	嘉慶十二年六月十八日	查自嘉慶元年大赦後起至奴才到任之日（十一年）止，巡撫衙門批審未結訟案 1217 件，藩司衙門自行批審未結訟案 327 件，臬司衙門自行批審未結訟案 1151 件。糧道衙門自理、批審未結訟案 135 件，又鹽道衙門原有自理、批審未結訟案 398 件。到任以後，巡撫衙門續有未結 343 件，藩司衙門又有 63 件，臬司衙門 148 件，糧道衙門 10 件，鹽道衙門 26 件。
	嘉慶十六年八月十五日	茲屆半年應行具奏之期，奉旨發交親審者尚有未結 2 案，先後咨交未結控案，尚有 8 件。
	嘉慶十六年九月二十五日	現值交卸，檢查原接前任移交積案 1217 件，業已全數完結。至奴才任內共准案 2055 件，現據詳結詳銷者 1655 件，又據道府州縣審明具詳，現在批交兩司核議者 61 件，統計奴才任內催辦完結及審詳新舊案共 2933 件，尚有未結新案 339 件。又藩司朱紹曾兩次護理巡撫，共批准控案 68 件，已結 45 件。
	嘉慶二十一年正月十五日	前撫臣任內批發未結各案共計 294 起。
	嘉慶二十一年五月二十六日	所有四月份審結積案 42 起，連前共已結案 144 起。五月份審結積案，現在尚止半月，查已結 26 起。
	嘉慶二十一年六月二十七日	茲五月內，催據兩司及各屬審詳完結案 54 起，連前共結過案 198 起，其餘未結案 96 起。
	嘉慶二十一年七月十一日	茲閏六月內，催據兩司及各府州屬審詳完結案 17 起，連前共結過 264 起，尚有未結案 30 起。
	嘉慶二十一年八月二十四	茲七月內，催據兩司及各府州屬審詳完結積案 14 起，連前共結過 278 起，尚有未結積案 16 起。
	嘉慶二十四年閏四月二十四日	臣於上年十二月到任後，查前撫臣任內有批發未結之案共 305 起，又有欽差熙昌、文孚前後接收咨交民詞 330 餘張，內新事呈詞 75 紙，其餘 260 餘張，即係前撫臣批發未結之事。迄今數月以來，各州縣盡有掃數全結者，亦有未結一二案至數案不等者。惟查湘陰、瀏陽二縣，各尚有未結積案 20 餘起。
	嘉慶二十四年十二月二十一日	署瀏陽縣知縣方為霖自奏參革職留任以後，將未結控案 21 起，統於限內審明具詳。

廣東（共5份）	嘉慶十二年十二月	通省未結積案，嘉慶元年起至十二年秋季止，歷任督撫藩臬批發通省詞訟共2107起。
	嘉慶十四年七月十七日	十二、三兩年，吳熊光任內未奏明審擬盜案22起，計犯78名。
	嘉慶十四年七月二十四日	茲查前督臣吳熊光、前撫臣孫玉庭單開奏自元年起至十二年秋季止，歷任督撫藩臬批發通省詞訟共2107起。自具奏後至十四年五月底止，尚未審結947起。又自十二年冬季起至十四年五月底止，批發通省詞訟審擬未結者，共667起。巡撫衙門歷任撫臣暨臣韓對到任後批發通省詞訟，審擬未結者，共96起，藩司衙門歷任移行通省詞訟未結者共129起，臬司衙門歷任移行通省詞訟未結者共117起。
	嘉慶十四年七月二十四日	十二年冬季具奏後，已結未結舊案數目清單：總督衙門：嘉慶元年正月初一日起至十二年秋季止，歷任督臣批發通省詞訟審辦未結者共919起，自具奏後至十四年五月底止，尚未結400起。巡撫衙門：嘉慶元年正月初一日起至十二年秋季止，歷任撫臣批發通省詞訟審辦未結者共537起，自具奏後至十四年五月底止，未結296起。藩司衙門：嘉慶元年正月初一日起至十二年秋季止，歷任藩司移行道府州縣通省詞訟審辦未結者共236起，自具奏後至十四年五月底止，未結117起。臬司衙門：嘉慶元年正月初一日起至十二年秋季止，歷任臬司移行道府州縣通省詞訟審辦未結者共415起，自具奏後至十四年五月底止，尚未結134起。
	道光二十三年二月二十八日	地方案件積壓，自上年英夷就犯，彼時積案較平時多至數倍。候補知縣陸孫鼎一員，計自奉委將及一年，始終矢勤矢慎，總共審擬新舊積案120餘起。
貴州（共4份）	嘉慶十四年四月二十日	巡撫衙門歷任批發未結控案，自嘉慶十年三月起至十三年十二月止，共計58起；藩司衙門自嘉慶七年十二月起至十三年十二月止，未結訟案共計93起；臬司衙門自嘉慶十二年六月起至十三年十二月止，未結訟案共計59起；糧儲道衙門自嘉慶十年三月起至十三年十二月止，未結訟案共計15起；貴東道衙門自嘉慶十一年十一月起至十三年十二月止，未結訟案共計11起；貴西道衙門自嘉慶十年六月起至十三年十二月止，未結訟案共計41起。
	嘉慶十四年六月二十六日	查前撫臣孫玉庭原奏藩司衙門自嘉慶七年起至十三年十二月止，未結各案共93起，數月以來，共銷27案，實有66案。
	嘉慶十四年八月十四日	巡撫衙門批發訟案續據詳銷14起，當有未結44起。藩司衙門訟案續據詳銷37起，當有未結56起；臬司衙門續據詳銷24起，當有未結35起；糧儲道衙門續據詳銷5起，當有未結10起；貴東道衙門續據詳銷5起，當有未結6起；貴西道衙門續據詳銷22起，當有未結19起。

	嘉慶十四年	再查黔省各衙門歷年未結訟案，經前署撫臣章煦附奏。臣到任後節次上緊行催，數月以來，統計各衙門已詳結 153 起，未結 17 起。
都察院（5份，因其要定時循例彙奏京控情形，遠不止這些奏報，茲僅舉 5 例而已）	嘉慶十六年七月初三日	逾限未結並上次展限已逾，仍未審結各案統計。臣衙門札行順天府逾限未結 1 件；直隸總督 19 件；山東巡撫 63 件；山西巡撫 2 件；江西巡撫 1 件；兩江總督 8 件，漕運總督 1 件；江蘇巡撫 7 件；安徽巡撫 1 件；湖廣總督 3 件，兩廣總督 1 件。步軍統領衙門咨交順天府逾限未結 1 件；直隸總督 8 件；山東巡撫 13 件；兩江總督 1 件；湖廣總督 2 件；兩廣總督 1 件；四川總督 1 件。
	嘉慶十九年四月初四日	臣查各省赴京具控案件，咨交本省督撫逾限未結者，直隸總督 32 件，兩江總督 10 件。其餘省分，亦不過 5、6 件至 3、4 件不等。唯山東最多。查自十四年至十八年，都察院等衙門咨交山東巡撫逾限未結者共 89 件。又查本年自正月至三月，山東來京控告者共 24 件。其已結覆控告者甚少，大抵皆因延案不辦，苦累多日，情急赴控。
	道光十七年六月二十一日	五城審理案件，歷係隨到隨辦，統計各項任內已結之案，自三百餘起至六百餘起不等，未結之案，自十餘起至數十起不等。
	道光十八年五月二十八日	都察院奏交未展限未結案 6 起，都察院奏交已展限未結案 2 起。
	道光十八年五月二十八日	道光十六年以前，由都察院奏奉特交兩江、福建、山西、黑龍江、熱河、吉林、盛京各將軍、都統、督撫，審辦插訟、婪贓、命盜、寢冤、劫殺、誣害等案，現有遲延而未咨報展限者 6 起，遲延而已展限者二起，計其逾至一二年或三四年之久，尚未覆奏，以都察院之案懸宕如此，則步軍統領各衙門所奏外省案件未結者可知。
熱河都統（1份）	嘉慶二十二年七月十二日	查得慶祥任內據道府州縣等詳結京外控案共 58 起，奴才任內續據詳結 46 起。京控各案，俱係隨時咨部核銷，尚有京控 10 案、外控 36 案，未據審詳。查歷年控案積至 150 起之多，自勒限清釐以來，已據審結 104 案，其未結 46 案內，承德府及所屬之平泉、灤平、豐寧、朝陽四州縣並四稅員未結僅止一、二、三案不等，建昌、赤峰二縣，每縣計有十餘案未結。
漕運總督衙門（共6份）	嘉慶五年二月二十四日	蒞任後，檢查歷年飭發，各有糧道及府衛審訊詞訟不下 600 餘案。
	嘉慶十二年八月初四日	總漕衙門批審未結之案截至本年六月初十以前，共 325 起。又特交會同督撫查辦者 2 起，都察院咨交者 2 起。

嘉慶十四年十一月初一日	計前漕臣吉綸任內共交未結控案 325 起，薩彬圖接任後已訊結舊案 144 起，未結 181 起。又薩彬圖任內新增控案 212 起，內已經訊結 56 起，未結 156 起；胡克家任內新增控案 3 起。以上新舊未結控案計至嘉慶十四年八月初九日止，統共 340 起。
嘉慶朝	抵任後即調查案檔，計漕督衙門批發各本省司道府州縣衛幫弁審理未結控案共 459 起，又都察院步軍統領衙門咨交控案各 1 起。
嘉慶二十五年正月十九日	上年蒞任後，當查漕督衙門未結控案當經前漕臣李鴻賓截數具奏共 461 起，嗣詳銷 18 案。茲陸續審結詳銷 91 案，尚有未結舊案 352 起。任內新控之案 5 起。
道光元年九月二十二日	嘉慶二十四年六月，臣到總漕任內，核計漕督衙門批發未結控案共 461 起，即經照例具奏。臣於是年八月卸事，在任未及兩月，銷結控案 18 起，尚有 443 起。成齡接任後，共銷結舊案 161 起，仍存 282 起，又有新案 31 起。臣本年八月初抵任，接收成齡移交新舊各案共 313 起，此內現已銷結 2 起。